FACULTÉ DE DROIT DE PARIS.

THÈSE
POUR LE DOCTORAT

DROIT ROMAIN.
DES CHEMINS PUBLICS ET PRIVÉS.

DROIT FRANÇAIS.
DE LA LÉGISLATION DES CHEMINS DE FER.

HENRI MICHELIN.

PARIS,
BOUCQUIN, IMPRIMEUR, RUE DE LA SAINTE-CHAPELLE, 5.
1873.

THÈSE

POUR LE DOCTORAT.

—

HENRI MICHELIN.

—

A MON PÈRE ET A MA MÈRE.

———

A MON FRÈRE ET A MA BELLE-SŒUR.

THÈSE

POUR LE DOCTORAT

DROIT ROMAIN.
DES CHEMINS PUBLICS ET PRIVÉS.

DROIT FRANÇAIS.
DE LA LÉGISLATION DES CHEMINS DE FER.

L'acte public sera présenté et soutenu, le Mercredi 22 Janvier 1873, à 2 heures,

PAR

HENRI MICHELIN,

Avocat, né à Paris le 3 Mai 1847.

Président :	**M. BEUDANT,**	*Professeur.*
Suffragants :	**MM. MACHELARD.** **VUATRIN,** **COLMET DE SANTERRE,**	*Professeurs.*
	LÉVEILLÉ,	*Agrégé.*

Le Candidat répondra, en outre, aux questions qui lui seront faites
sur les autres matières de l'enseignement.

PARIS,

BOUCQUIN, IMPRIMEUR, RUE DE LA SAINTE-CHAPELLE, 5.

1873.

DROIT ROMAIN

DES CHEMINS PUBLICS ET PRIVÉS.

Le peuple romain doit sans doute sa renommée aux hommes illustres de toutes sortes qu'il a produits ; dans la science du droit, dans la philosophie, dans la poésie, dans l'art oratoire et dans l'art militaire.

C'est, en effet, une gloire incontestable pour une nation de compter parmi ses citoyens des hommes tels que Fabius, Scipion, Ovide, Horace, Virgile, Cicéron, Sénèque, Ulpien, Papinien, ce grand jurisconsulte, qui a droit à toute notre admiration à cause de sa science et à toute notre vénération à cause de sa mort, qui prouve jusqu'à quel point l'étude du droit élève l'âme et inspire d'indépendance.

Mais là n'est pas toute la gloire du peuple romain. Il est encore et justement célèbre par les grands travaux qu'il a entrepris et réalisés. Cette nation, d'une activité vraiment prodigieuse, s'est livrée aux grands travaux publics, dans lesquels l'utilité l'emportait encore sur la magnificence, avec autant d'ardeur qu'aux travaux de l'esprit.

Qu'y a-t-il de plus remarquable que ces lieux et bâtiments publics de l'empire romain, tels que le Forum, cette vaste place publique destinée aux grandes assemblées qui se tenaient en plein air et au règlement des affaires judiciaires, le Capitole, les temples, les greniers publics, les théâtres, les cirques, les gymnases, les arcs de triomphe?

Mais, parmi tous ces grands travaux, les plus beaux et sans contredit les plus utiles qui furent faits par les Romains, sont les aqueducs, ces canaux suspendus, qui avaient souvent plusieurs milles de long; les égouts, ces canaux souterrains qui servaient à emporter les eaux pluviales des rues et les immondices des maisons particulières; enfin les grandes voies de communication construites avec autant de luxe que de solidité.

Ces grands chemins, dont on peut encore aujourd'hui voir les derniers vestiges, étaient, selon les expressions de Bergier, comme certaines grandes rues par le moyen desquelles et du rapport qu'elles avaient avec Rome, tout le monde semblait avoir été changé en une seule ville, ou plutôt Rome, pavant ses grands chemins ainsi que des rues et les dilatant jusqu'aux extrémités de son empire, semblait avoir changé sa nature et condition de ville en celle d'un monde entier.

Les Romains étant principalement et avant tout un peuple guerrier, ne rêvant que la conquête et n'aspirant qu'à la domination du monde, il est facile de s'expliquer l'ardeur et le soin apportés par eux à la construction des grandes voies de communication qui furent établies, non pas précisément pour donner de l'extension aux relations commerciales, pour favoriser les intérêts de l'industrie, puisque le commerce, l'industrie et l'agriculture n'étaient pas tenus en grande estime à Rome, mais afin de pouvoir transporter rapidement les armées d'un point à un autre, dans le but de s'assurer la victoire.

Les grands chemins étaient en telle estime, nous apprend Dion Cassius, que le peuple romain crut faire un grand honneur à Auguste en l'élisant curateur et administrateur des grands chemins des environs de la ville de Rome. L'empereur accepta cette charge, et prit pour ses commis des personnes de dignité prétorienne.

Le jurisconsulte Ulpien nous dit que les chemins étaient ou publics, ou privés, ou vicinaux : « Viarum quœdam sunt publicœ, quœdam privatœ, quœdam vicinales. » Cette classification ne sera pas adoptée par nous et nous diviserons simplement les chemins en deux catégories, savoir : les chemins publics d'une part, et les chemins privés d'autre part. Cette classification générale nous paraît plus simple et plus rationnelle, puisque les chemins vicinaux étaient tantôt publics et tantôt privés, suivant qu'ils avaient été construits aux frais du trésor public ou aux frais de simples particuliers.

Les chemins vicinaux, chez les Romains, n'étaient pas précisément ce qu'ils sont aujourd'hui en France. D'après notre droit, qui distingue parfaitement le domaine public de l'Etat, le domaine public du département et le domaine public de la commune, les chemins vicinaux font partie du domaine public de la commune comme les routes départementales font partie du domaine public du département, et comme les routes nationales font partie du domaine public de l'Etat. A Rome, au contraire, il n'y avait pas une distinction exacte et précise entre le domaine public national et le domaine public municipal. Ce n'est pas à dire, sans doute, qu'il y ait eu confusion complète entre ces deux domaines, mais enfin la distinction n'était pas nette et bien déterminée comme dans notre droit actuel. Cela tient probablement au système de centralisation poussée jusqu'à l'excès, qui fut en vigueur dans l'empire romain, et qui, il faut bien le reconnaître, contribua à amener sa décadence et sa chute, car un État, si fort et si puissant qu'il soit, finit toujours par sombrer, s'il ne jouit pas d'une large décentralisation administrative bien comprise et sagement organisée.

PREMIÈRE PARTIE.

DES CHEMINS PUBLICS.

On appelle voie publique celle dont le sol est public, à la différence de la voie privée qui est formée de terrains appartenant à des particuliers. Viæ privatæ solum alienum est, viæ « autem publicæ solum est publicum (l. 2, § 21, 43, 8) Les grands chemins doivent par conséquent être rangés parmi les choses publiques ou, mieux, parmi les res nullius. En effet, personne ne peut véritablement s'en dire propriétaire ; pas même l'Etat. qui n'a sur eux, à proprement parler, qu'un droit de garde et de protection ; mais l'usage en appartient à tous, car ils rentrent dans la classe des choses « quæ sunt in usu publico ; » ils font partie de ce que, dans notre droit, nous appelons le domaine public et, par conséquent, ils sont inaliénables et imprescriptibles (l. 6, p. Dig., 18, 1er et l. 9, Dig., 41, 3).

CHAPITRE PREMIER.

DIVISION DES CHEMINS PUBLICS.

On peut ranger les chemins publics en trois catégories. Nous trouvons d'abord les chemins royaux ou militaires, puis les chemins vicinaux publics et, enfin en dernier lieu, les chemins des villes. Il résulte de là que les Romains divisaient la voirie en voirie rustique, qui comprenait les grands chemins et les chemins vicinaux, et en voirie urbaine qui embrassait les rues et places des villes.

I. CHEMINS ROYAUX OU MILITAIRES. — Les chemins militaires correspondaient à nos routes nationales. Ce sont ceux, dit Bergier, par lesquels les capitaines ou empereurs romains faisaient la conduite de leurs armées et du bagage qu'ils avaient à leur suite. Ces chemins s'appelaient aussi prétoriens ou consulaires. Bergier nous apprend même qu'il y avait jusqu'à vingt noms différents pour les désigner. C'étaient les voies publiques par excellence de l'empire romain. Leur utilité était immense ainsi que leur étendue. Le jurisconsulte Ulpien nous dit qu'elles aboutissaient à la mer, à une ville, à une autre voie militaire ou à un fleuve public. C'est ce qui résulte de la loi 3, § 1, Dig., l. 43, tit. 7.

II. CHEMINS VICINAUX PUBLICS. — Nous appelons ainsi, nous le savons déjà, les viæ vicinales qui n'ont pas été construites aux frais des particuliers, c'est-à-dire qui ont cela de commun avec les chemins militaires d'avoir été percées sur des terrains appartenant au domaine public.

Rappelons ici que les Romains embrassaient sous une même expression ce que, dans notre droit, nous séparons en deux choses parfaitement distinctes : le domaine public national et le domaine public municipal. Cette distinction, chez nous, est indispensable sous plusieurs rapports : les frais de construction et d'entretien, la diversité des autorités chargées de l'administration et du jugement des contraventions. Chez les Romains il y avait bien une différence, quant à la manière dont les dépenses étaient supportées, selon qu'il s'agissait des chemins militaires ou des chemins vicinaux ; mais sous plusieurs autres rapports, notamment sous le rapport de l'exercice des actions relatives aux chemins publics en général, il n'y a pas comme chez nous, nous le verrons plus loin, de différences sensibles.

Il faut encore ranger dans cette classe de chemins les viæ vicinales qui, dans le principe, ont été faites des héritages appartenant à des particuliers, mais dont la contribution est si ancienne qu'il n'en reste plus aucune connaissance dans la mémoire des hommes. C'est ce que dit le jurisconsulte Paul : « Viæ vicinales quæ ex agris privatorum collatis factæ sunt quarum memoria non extat, publicarum viarum sunt numero » (l. 3 p., l. 43, tit. 7, Dig. Et notons que la présomption était en faveur de la publicité. Le domaine public était censé propriétaire des voies vicinales, tant que les particuliers ne rapportaient pas une preuve de leur droit.

Les chemins vicinaux, ainsi appelés à vicis sont, à proprement parler, des grandes rues dans un village comme « la via urbica est une rue dans une ville. « Vicinales viæ, dit Ulpien, sunt quæ in vicis sunt. » Voilà la définition propre ; mais on appelle encore, par extension, viæ vicinales les chemins qui reliaient les bourgs entre eux (loi 2, § 22, Dig. 43, 8). Quelquefois aussi elles débouchaient sur des voies militaires ; d'autres fois elles s'arrêtaient sans les atteindre (loi 3, § 1, Dig. 43, 7).

Mais on pourra se demander, si les chemins vicinaux sont publics, quelle différence il y a entre eux et les chemins militaires ? Nous répondrons que ces derniers forment la grande voirie et que les chemins vicinaux forment la petite voirie, que, par conséquent, les frais de construction et d'entretien ne sont pas supportés de la même façon. Nous ajouterons enfin, avec le jurisconsulte Paul, que tandis que les chemins militaires aboutissent à la mer, ayant quelque port pour extrémité, ou bien prennent fin à quelque grande ville ou à quelque grand fleuve, ou à d'autres chemins militaires ; les chemins vicinaux publics ont pour dernière limite quelque chemin militaire ou quelque bourg ou village, ou bien le milieu de quelque campagne, montagne ou vallée, où ils se viennent perdre et mourir sans issue (l. 3, § 1, Dig., liv. 43, tit. 7).

III. Voies urbaines. — Ce sont les routes qui se trouvent dans les villes. La voirie urbaine était dans les attributions des édiles qui étaient chargés, ainsi que nous le verrons dans le chapitre suivant, de faire tout ce qui était nécessaire pour le bon état de ces chemins. Les édiles existaient encore au temps de Papinien et avaient conservé leurs attributions en matière de voirie. Ce qui le prouve, c'est que le titre du Digeste, qui s'occupe de la voirie urbaine, est tiré d'un traité spécial de ce jurisconsulte sur l'office des édiles. Plus tard, lorsque le principe de la centralisation se fut développé de plus en plus, les attributions des édiles passèrent dans Rome et dans Constantinople au préfet de la ville, et, dans les provinces, aux gouverneurs (l. 7, § 2 de offic. proc. et l. 4 de offic. præsidis.)

CHAPITRE II.

CONSTRUCTION, RÉPARATIONS ET ADMINISTRATION DES CHEMINS PUBLICS.

Il importe de ne pas confondre les autorités qui pouvaient ordonner l'ouverture d'un chemin public avec les autorités qui étaient chargées de faire exécuter les travaux et de traiter avec les entrepreneurs.

Sous la république, quand le peuple était maître de lui-même, il fallait un plébiscite pour établir une route. Quand le peuple eut cessé de se réunir dans ses comices, le plébiscite fut remplacé par un sénatus-consulte; puis enfin, lorsque l'empereur fut devenu complétement le maître, on appliqua cette maxime : « Quod principi placuit legis habet vigorem », c'est-à-dire qu'un décret impérial suffit, mais il resta toujours nécessaire. Nous trouvons en effet au Code une constitution de Valentinien et de Valens qui enjoint aux présidents des provinces de ne rien entreprendre au sujet des travaux publics sans en référer au prince (l. 5, Cod. liv. 8, tit. 12). La loi 13, au même titre, est une constitution d'Honorius et d'Arcadius qui contient les mêmes dispositions : « Nemo judicum in id temeritatis erum-« pat, ut inconsulta pietate nostra, novi aliquid operis existi-« met inchoandum. »

Voilà, pour les chemins consulaires et prétoriens. Comment les choses se passaient-elles pour les chemins vicinaux ? M. de Serrigny répond à cette question en disant que, pour les chemins vicinaux qui étaient à la charge des bourgs ou villages dans l'intérêt desquels ils étaient établis, il devait suffire d'un décret de la curie pour les établir, sauf le recours devant le judex ou gouverneur, qui statuait sur le recours contentieux administratif tout aussi bien que sur le contentieux judiciaire contre les décisions des corps municipaux.

Ainsi, en résumé, pour ouvrir un chemin public, il fallait nécessairement une déclaration d'utilité publique émanant, suivant les cas, soit de l'empereur, soit des corps municipaux.

Au reste, cette nécessité de la déclaration d'utilité publique ne s'appliquait qu'aux travaux exécutés avec des deniers publics. Quand un particulier faisait construire une route à ses frais, il n'avait pas besoin d'autorisation, pourvu que l'ordre public ne fût pas compromis « Opus novum privato etiam sine principis auctoritate facere licet » (l. 3 et l. 5 pr. Dig. liv. 50, tit. 10).

Lorsque l'utilité publique était prononcée, on devait procéder à l'exécution des travaux. Ce soin était confié aux autorités préposées à l'administration des chemins publics. Ces magistrats ont varié suivant les temps. C'est ce que nous dit Bergier dans son histoire des Grands Chemins (l. 1, chap. III, n° 1").

Les premiers de tous les magistrats qui furent chargés de faire travailler aux grands chemins ont été les censeurs dont le pouvoir s'étendait tant à Rome qu'en Italie. Plus tard, l'administration des chemins de l'Italie a été partagée entre le censeur et d'autres magistrats, tels que les consuls et les tribuns du peuple. Quand le peuple romain eut conquis des provinces en dehors de l'Italie, l'administration des chemins de ces provinces fut confiée aux présidents ou gouverneurs auxquels on adjoignit bientôt, vu l'importance des chemins militaires, des magistrats inférieurs qui furent appelés « curatores viarum » ou, d'une façon plus générale, « curatores operum publicorum ». Dans chaque province, au moins dans les provinces du peuple romain, il y avait un questeur, qui avait la garde des finances. C'est ce que nous apprend Gaius dans son commentaire 1", § 6. C'est ce questeur qui, sur mandement du président, payait les matériaux employés à la construction ou aux réparations des chemins de la province, ainsi que les salaires des ouvriers ; mais là se bornaient toutes ses attributions au sujet des chemins publics.

Les attributions des « curatores viarum » peuvent se ramener à trois principales. Ils étaient chargés : 1° de publier les fermes des péages qui se levaient sur les grands chemins. Ces fermages étaient destinés à l'entretien des routes ; 2° de faire les adjudications des travaux. Les adjudicataires de ces travaux s'appelaient « mancipes » ou « redemptores ». On les appelait mancipes, parce qu'en élevant les mains ils donnaient à entendre qu'ils consentaient à l'adjudication ; 3° de veiller à ce que les chemins fussent bien entretenus. Ils étaient aussi chargés de punir les adjudicataires des fermes s'ils levaient des deniers outre les clauses de leur adjudication ou de les renvoyer devant le préfet de la ville pour qu'ils y fussent jugés. C'est ce que nous apprend Bergier dans le chapitre 4 du liv. 1er de son histoire des Grands Chemins de l'empire romain.

L'administration des viæ vicinales était confiée aux chefs des localités appelés magistri pagorum. C'est ce que nous rapporte Siculus Flaccus.

L'administration des rues et places publiques de la ville et lieux attenants, qui appartenaient tout d'abord aux censeurs, fut ensuite confiée à des magistrats spéciaux appelés édiles, qui étaient chargés de prendre toutes les mesures nécessaires pour le bon entretien des rues, qui avaient, en un mot, la police de la ville. A côté des édiles, dont les attributions étaient trop considérables, on institua quatre magistrats auxiliaires, appelés « quatuor viri curandarum viarum » (l. 2, § 30, de origine juris), qui furent chargés du soin des rues. Ces magistrats furent créés en même temps que le prœtor peregrinus, c'est-à-dire 510 ans à peu près de la fondation de Rome. Plus tard, sous l'empire, nous le savons déjà, les édiles disparurent et leurs attributions furent déférées, à Rome et à Constantinople, au préfet de la ville et dans les provinces aux gouverneurs.

Nous connaissons désormais les autorités qui pouvaient ordonner l'ouverture des chemins ainsi que les magistrats qui étaient préposés à l'administration des chemins publics et qui devaient par conséquent faire exécuter les travaux de constructions et de réparations, nous avons maintenant à rechercher comment et aux frais de qui ces travaux étaient effectués. Mais nous devons auparavant nous demander si les Romains ont connu l'expropriation pour cause d'utilité publique.

L'acte de l'autorité qui déclare l'utilité publique désigne les lieux que doit occuper la route, et qui, par conséquent, doivent passer dans le domaine public. Mais comment fera-t-on passer dans le domaine public ces terrains qui appartiennent à des particuliers ? La question que nous avons à résoudre ne pourra même pas se présenter pour les terrains situés dans les provinces, puisque la propriété en appartenait au peuple romain ou à l'empereur, et que les habitants n'en avaient que la possession et l'usufruit, comme cela résulte bien du § 7 du 2ᵉ commentaire de Gaius. La question ne peut se présenter qu'au sujet des biens fonds sur lesquels des particuliers auraient le dominium ex jure Quiritium, et encore faut-il supposer que ce propriétaire ne veuille, à aucune condition, abandonner sa terre.

Que décider dans ce dernier cas ? Faut-il dire que chez les Romains l'expropriation pour cause d'utilité publique était inconnue, que le refus du particulier limitait la puissance de l'Etat, que, soit par oubli du législateur, soit à dessein, la volonté de tous était obligée de fléchir devant l'obstination d'un seul citoyen ; ou bien, faut-il admettre, au contraire, que l'autorité pouvait vaincre la résistance des particuliers au moyen de l'expropriation ? Il semble difficile d'admettre que, dans un pays où on appliquait d'une façon aussi large ce principe autoritaire et despotique : « Quod principi placuit legis habet « vigorem, » il semble difficile d'admettre que l'autorité se fût laissé vaincre par le refus de simples particuliers.

Il est parfaitement vrai de dire que nous ne trouvons pas de textes consacrant, d'une façon formelle, le principe de l'expropriation ; mais cela ne veut pas dire qu'elle n'existait pas. Il en était de même dans l'ancien droit français. Il n'y avait pas de lois sur l'expropriation, et cependant on y avait recours, cela est parfaitement certain. C'est la Révolution française qui a eu l'honneur de proclamer, d'une façon formelle, des dispositions servant de garanties aux droits individuels et spécialement au droit de propriété, tout en reconnaissant cependant le principe de l'expropriation afin de pourvoir aux intérêts généraux devant lesquels les intérêts privés doivent toujours s'effacer et disparaître. Voici le grand principe posé par la grande Assemblée nationale de 1789, dans sa déclaration des droits de l'homme, art. 17, et qui a été à peu près reproduit par l'art. 545 de notre Code civil : « La propriété étant un droit inviolable et sacré, nul ne peut en être privé, si ce n'est lorsque la nécessité publique, légalement constatée, l'exige évidemment et sous la condition d'une juste et préalable indemnité. »

Mais enfin si le principe de l'expropriation n'était pas nettement posé à Rome, comme il l'est dans notre droit actuel, nul doute cependant qu'il ait été appliqué. Cela résulte au reste, implicitement au moins, de certains textes que nous allons examiner :

Nous avons d'abord la lex regia de imperio pour le règne

de Vespasien, qui s'exprime ainsi : « Utique quæcumque ex usu
« reipublicæ, majestate, divinarum, humanarum, publicarum,
« privatarumque rerum esse censebit, facere, jus potestasque
« sit. » Il résulte bien de cette loi que l'empereur avait le droit
et le pouvoir de disposer à son gré, pour l'usage et la majesté
de la république, des choses divines et humaines, publiques et
privées. Il avait par conséquent le pouvoir de recourir à l'expropriation.

Nous avons ensuite, au Digeste, la loi 33 « de locati con-
« ducti » qui prévoit l'hypothèse suivante : Scius m'a donné un
fonds en location, ce fonds est « publicatus; » je puis réclamer
de Scius le prix que je lui avais payé pour une jouissance que
je n'ai pas eue; mais je ne puis rien exiger de plus. Le jurisconsulte Africain s'exprime ainsi : « Si fundus quem mihi locaveris,
« publicatus sit, teneri te actione ex conducto ut mihi frui
« liceat, quamvis per te non stet, quo minus id præstes..... quod
« hactenus verum erit, ut pretium restituas, non ut etiam id
« præstes, si quid pluris mea intersit. »

Le mot « publicatus » contenu dans cette loi 33 ne désigne
pas autre chose ici que l'expropriation pour cause d'utilité
publique. En effet, publicare signifie lato sensu, rendre public. C'est bien dans ce sens que ce mot est pris dans la loi 2,
§ 21, ne quid in loco publico. Eh bien, une chose ne peut
être rendue publique que de trois manières : par aliénation volontairement consentie par le propriétaire à l'Etat; par confiscation ou par expropriation. Ce qui prouve qu'il s'agit ici d'expropriation et non pas des autres manières de rendre une
chose publique, c'est que l'hypothèse d'une expropriation est
seule conciliable avec la décision donnée par le jurisconsulte.
En effet, voyons ce qui arriverait s'il s'agissait soit d'une cession
amiable, soit d'une confiscation.

S'il s'agissait d'une cession amiable, la jouissance du locataire
cesserait par le fait du locateur, et alors ce dernier ne devrait
pas seulement restituer le prix du bail, indûment touché, mais

encore payer des dommages-intérêts. C'est Africain qui le dit lui-même immédiatement : « Si colonus tuus fundo frui a te « aut ab eo prohibetur quem tu prohibere ne id faciat possit, « tantum ei præstabis quantum ejus interfuerit frui, in quo « etiam lucrum ejus continebitur. » Ce n'est donc pas évidemment de cession volontaire qu'il s'agit dans le commencement de la loi 33, puisque le jurisconsulte dit que le locateur devra seulement restituer le prix indûment touché.

S'il s'agissait d'une confiscation, ce serait rentrer encore dans le cas de cessation de jouissance par le fait du bailleur, car la confiscation n'est jamais prononcée que pour un délit plus ou moins grave, plus ou moins sérieux, il est vrai, mais que le bailleur pouvait ne pas commettre et dans tous les cas dont le preneur ne doit pas souffrir. Donc, dans ce cas encore, le locataire aurait droit même à des dommages-intérêts et dans l'espèce de la loi 33, Africain refuse « id quod interfuerit frui. » Donc, ici le mot « publicatio » n'a pas le sens de confiscation. Il ne peut, par conséquent, signifier comme nous le disions tout-à-l'heure, qu'expropriation pour cause d'utilité publique. Dans ce cas, en effet, on comprend que le preneur n'ait pas droit à des dommages-intérêts de la part du bailleur, car il y a là un cas de force majeure dont le bailleur ne peut pas être responsable. Le bailleur n'y peut rien, il n'y a pas de sa faute, s'il y a éviction pour le preneur, c'est propter vim majorem aut poten- « tiam que le locateur ne peut pas empêcher « quam prohi- « bere non potest, » comme dit le même jurisconsulte Africain à la fin de la loi 33, locati conducti.

Nous pouvons donc affirmer que l'expropriation était connue et usitée dans le droit romain.

Plusieurs textes du Code, au titre de operibus publicis, viennent encore confirmer ce que nous venons de dire. Ce sont les lois 17 et 18.

La loi 17 permet à l'empereur de faire démolir les maisons particulières qui sont trop voisines du palais. La loi 18 permet également à l'empereur de faire démolir des maisons particulières pour faire construire des fortifications à la place. Il est évident que ces deux lois ne signifieraient absolument rien, si les particuliers pouvaient se refuser à être expropriés.

Enfin et en dernier lieu nous citerons une loi qui, selon nous, ne peut laisser subsister aucun doute. Elle prouve surabondamment, pour la puissance publique, le droit de faire abattre les maisons des particuliers, moyennant indemnité. C'est la loi 30 au Code Théodosien, qui a été reproduite dans le Code de Justinien et qui forme la loi 9 au titre de operibus publicis.

Lorsque l'expropriation était prononcée, on accordait ordinairement une indemnité. Cette loi 9, que nous venons de citer, en est une preuve. Au reste, d'autres lois contenues dans le Code Théodosien en font également mention. L'indemnité consistait, tantôt en une somme d'argent correspondant à la valeur de la chose, c'est ce qui résulte de la loi ultima au Code Théodosien de operibus publicis; d'autres fois on donnait, à titre d'indemnité, d'autres maisons aux particuliers qu'on expropriait. Il s'opérait alors une sorte d'échange forcé : « Ut « contractus quidam, et permutatio videatur facta. » C'est ce que dit la loi 50 au Code Théodosien de operibus publicis. Enfin, d'autres fois l'empereur accordait, à titre d'indemnité, des immunités, des priviléges. C'est ce que nous apprend la loi 51 au Code Théodosien, qui a été reproduite au Code de Justinien dans la loi 18 de operibus publicis. L'empereur, voulant faire construire des tours pour le nouveau mur d'enceinte de Constantinople, fut obligé d'exproprier des maisons particulières. Il accorda aux propriétaires expropriés, non pas une indemnité en argent, mais le droit d'habiter dans ces tours sans être obligés de contribuer à leurs réparations. La loi dit : de cette façon, l'intérêt public et l'intérêt privé se trouvent parfaitement conciliés « Ita enim splendor operis et civitatis « munitio cum privatorum usu et utilitate servabitur. »

Ainsi donc, nous pouvons conclure en disant qu'il est parfaitement certain que le principe de l'expropriation pour cause d'utilité publique existait dans le droit romain, bien qu'il ne fût pas réglementé d'une façon bien nette par les lois. Le principe de l'indemnité existait également; mais tout cela s'exerçait d'une façon arbitraire, et il ne pouvait pas en être autrement dans une société où tout était laissé au bon plaisir de l'empereur et de ses fonctionnaires, et où, par conséquent, il y avait bien peu de garanties pour les droits individuels.

Quand l'autorité avait ordonné l'ouverture d'une voie, et que l'Etat s'était rendu propriétaire, par acquisition amiable ou par expropriation, des terrains compris dans le tracé, les magistrats que nous avons indiqués plus haut comme étant préposés à l'administration des chemins, procédaient à l'établissement, à la construction des routes.

Nous allons voir comment et aux frais de qui les routes étaient construites et entretenues.

Les travaux d'établissement des chemins pouvaient s'exécuter de deux manières. Quelquefois, on les donnait en adjudication à des entrepreneurs, d'autres fois, l'Etat les faisait exécuter lui-même.

Quand il y avait des adjudications à des entrepreneurs, c'étaient, nous le savons déjà, les viarum curatores qui passaient les marchés. Quand ces travaux étaient terminés, ces mêmes magistrats étaient chargés de les accepter ou de les refuser. Au reste, les entrepreneurs restaient responsables de leurs travaux pendant quinze ans. Ils répondaient, pendant ce temps, de toutes les détériorations survenues par vice de la construction. C'est ce que décide la loi 8 au Code de operibus publicis. C'était, au reste, une disposition analogue à celle contenue dans l'article 1792 de notre Code civil.

Lorsque l'Etat faisait faire lui-même les travaux, il employait très-souvent les soldats des légions. C'est ce que nous dit la loi 13 au Code Théodosien de operibus publicis. C'était là un excellent système, car les soldats, au lieu de rester dans l'oisiveté, rendaient ainsi de grands services à l'Etat, même au point de vue militaire, puisque les grands chemins avaient, à Rome, une grande importance stratégique.

L'Etat, nous dit Bergier, employait encore à ces ouvrages la populace des provinces, de peur qu'elle ne demeurât oiseuse. « Romani vias per omnem pene orbem deposuerunt propter rec- « titudinem itinerum et ne plebs esset otiosa. »

Enfin, on condamnait les criminels à travailler aux chemins publics comme, chez nous, ils sont employés à des travaux for- cés; et quelquefois, de mauvais empereurs, qui furent malheu- reusement assez nombreux, ne se faisaient pas scrupule d'y condamner des honnêtes gens. C'est ce que nous rapporte Sué- tone, au sujet de Caligula : «Multos, nous dit-il, honesti « ordinis deformatos prius stigmatum notis, ad metalla et mu- « nitiones viarum, aut ad bestias condemnavit. »

Voilà pour les grands chemins, pour les chemins militaires ou royaux.

Les chemins vicinaux ne se construisaient pas ainsi. Ils se faisaient par corvées ou journées de prestations. C'est ce que nous dit Siculus Flaccus : « Viarum omnium non est eadem « conditio. Nam sunt viæ publicæ regalesque, quæ publice mu- « niuntur et per redemptores. Vicinales autem viæ aliter mu- « niuntur, per pagos id est per magistros pagorum, qui operas « a possessoribus ad eas tuendas exigere soliti sunt; aut, ut « comperimus unicuique possessori per singulos agros certa « spatia assignantur quæ suis impensis tuentur.» La dernière partie de ce passage fait allusion à des travaux en tâche.

Il en était de même pour l'établissement des rues des villes, qui n'étaient pas construites aux frais du trésor public. Chaque habitant devait entretenir la partie de la rue qui se trouvait de- vant sa maison. Le locataire était tenu de le faire comme le propriétaire, seulement il pouvait retenir le montant de ces dépenses sur le prix du loyer. C'est ce qui est décidé par la loi unique, § 3, au Digeste, livre 43, titre 12. Les édiles curules, à Rome, et les édiles municipaux, dans les provinces, étaient chargés de veiller à ce que ces travaux fussent bien exécutés. Les propriétaires riverains pouvaient, au reste, se dispenser de faire ces corvées, en payant aux édiles une certaine somme destinée à faire faire ces travaux. C'est ce qui nous est dit par Bergier dans le chapitre 22 du livre Ier de son Histoire des Chemins.

Les grands chemins étaient construits et entretenus d'abord avec les deniers publics. C'est ce que dit Bergier en ces termes : « Il est bien certain que c'étoit principalement au faict de la guerre que les finances publiques estoient employées, mais non toutes entières, car il en restoit une bonne et notable partie pour fournir aux édifices et ouvrages publics, tels qu'estoient les temples et autres grands édifices dans la ville et dehors, les grands chemins, les ponts et les portes. »

Indépendamment des deniers publics, il y avait ce que nous appellerons des dons volontaires. Les personnages qui aspiraient aux honneurs, et même les empereurs, pour se rendre populaires, employaient souvent des sommes énormes pour faire construire des grands chemins. C'est, au reste, un système qui a eu des imitateurs, même dans les temps modernes. N'a-t-on pas vu, en effet, des candidats aux honneurs publics, pour s'attirer des suffrages, promettre, s'ils étaient élus, l'établissement de tel ou tel chemin, la construction de tel ou tel édifice? Il y a toutefois cette différence entre ces derniers et ces grands personnages romains, que ceux-ci exécutaient réellement les travaux, tandis que le rôle de ceux-là se bornait le plus souvent à de belles et pompeuses promesses, dont on n'est pas avare dans les professions de foi, parce qu'on sait très-bien qu'elles ne constituent pas un engagement sérieux.

Quelquefois les empereurs obligeaient, en quelque sorte, les grands personnages à faire de ces dons volontaires. qui devraient alors prendre plutôt la dénomination de dons obligatoires. Voici dans quelles circonstances l'empereur agissait ainsi : Lorsqu'un peuple ennemi avait été vaincu, l'armée revenait à Rome chargée de dépouilles. Les personnages de haute dignité, les sénateurs, par exemple, se partageaient ces dépouilles Eh bien, souvent les empereurs ordonnaient à ces triomphateurs, de consacrer la valeur de leur butin à la construction ou à la réparation de chemins publics ou à tout autre genre de grands travaux. C'est de cette façon que César-Auguste décréta les réparations de la voie flaminienne. Il commanda à ceux qui avaient l'honneur du triomphe, de faire quelque œuvre publique de l'argent pris sur les ennemis, pour mémoire de leurs beaux faits. C'est ce que nous apprend Bergier dans le chapitre 21 du livre I de son Histoire des Chemins. Il rapporte un passage de Dion Cassius qui est ainsi conçu : « Augustus iis, qui triumpharent man- « davit ut, in rerum a se gestarum memoriam, aliquod opus « ex manubiis facerent. »

CHAPITRE III.

CHARGES ET SERVITUDES QU'ENTRAINENT LES CHEMINS PUBLICS.

Nous avons déjà parlé, dans le chapitre précédent, des charges qui pesaient sur les particuliers pour subvenir aux frais de constructions et de réparations des chemins publics. Nous allons maintenant entrer dans plus de détails sur ce sujet.

La principale charge qui était imposée aux particuliers consistait en des taxes pécuniaires.

Mais indépendamment de ces contributions en argent, ils étaient assujettis à des prestations en nature, c'est-à-dire à des corvées. C'est bien ce qui résulte d'une loi de Constantin, insérée au Code de Justinien, c'est la loi 1, livre 11, titre 64. Le mot « obsequium » renfermé dans cette loi signifie bien, en effet, corvée, prestation en nature.

Les taxes pécuniaires ne rentraient pas dans les impôts ordinaires, c'étaient des taxes spéciales, des centimes additionnels spéciaux à la contribution foncière, comme nous dirions. Dans le principe, ces taxes pécuniaires n'atteignaient pas tout le monde également : on distinguait en effet les « munera sordida » et les « munera nobilia. » Les princes, sénateurs et ecclésiastiques, en un mot tous les grands personnages étaient dispensés des « munera sordida. » Les contributions pour les chemins furent d'abord considérées comme des munera sordida, par conséquent les personnes que nous venons d'énumérer en étaient exemptées. Mais une constitution d'Honorius leur enleva ce caractère. Dès lors tout le monde y fut soumis sans distinction aucune, sans immunités, pas même pour les églises, pas même pour l'empereur. C'est ce qui résulte de deux lois insérées dans le Code de Justinien : la loi 7, liv. 1, tit. 2. et la loi 4, tit. 74, liv. 2.

La taxe dont nous nous occupons actuellement était une charge foncière qui avait un caractère de réalité et qui, par conséquent, devait être payée par tout détenteur du fonds. Ainsi, elle pesait sur l'usufruitier (l. 23. Dig. § 3 de usufructu), sur le créancier gagiste ou antichrésiste (l. 6, au Code de pign. et hyp.).

Celui qui dégradait un chemin était tenu de le réparer à ses frais. « Qui viam publicam exaraverit, ad munitionem ejus solus « compellitur, » dit la loi 3, § 1, Dig., liv. 43, tit. 11.

Parmi les servitudes qui frappaient les propriétés riveraines, nous citerons d'abord la servitude de fouilles et d'extraction de matériaux. Cette servitude était instituée pour éviter les trop longs transports de matériaux ; on les prenait le plus près possible. Les propriétaires des terrains ainsi fouillés avaient droit à une indemnité. Cette servitude de fouilles et d'extraction entraînait forcément la servitude de passage. Comment en effet faire la fouille si on ne peut pas passer sur le fonds ? C'est absolument comme celui qui aurait le droit de puiser de l'eau dans le fonds voisin et qui n'aurait pas le droit de passer sur ce fonds. Ce serait là un droit de servitude vraiment dérisoire. C'est pourquoi il faut nécessairement accorder le droit de passage. C'est au reste ce que décide la loi 3, § 3, au Digeste, liv. 8, titre 3.

Quand un chemin était impraticable, il y avait encore une servitude de passage sur les fonds voisins. Il en était ainsi que le mauvais état de la route provînt, soit du défaut de réparation, soit d'une dégradation par cas fortuit : « Cum via publica « vel fluminis impetu vel ruina amissa est vicinus proximus « viam præstare debet. » C'est ce que dit la loi 14, § 1, livre 8, au Digeste, titre 6.

Pour la ville de Rome, il y avait un foule de charges, ou mieux, une foule de prohibitions spéciales. C'est ainsi, par exemple, que les riverains étaient obligés de purger les aqueducs construits à ciel ouvert. Il était défendu de déposer, sur la voie publique, du fumier, des bêtes mortes ou des peaux d'animaux. Il était également défendu de faire circuler dans la ville des chariots, depuis le lever du soleil jusqu'à la dixième heure, à moins que ce ne fût pour les besoins des temples ou autres causes d'utilité publique. On ne pouvait construire qu'à une certaine distance qui était de deux pieds et demi. Cette disposition avait été prise pour faciliter la circulation de l'air et pour prévenir surtout les dangers des incendies. Cette distance de deux pieds et demi fut portée par Théodore-le-Jeune, à dix pieds entre les maisons des particuliers, et à quinze pieds entre les maisons des particuliers et les édifices publics. C'est ce que nous trouvons dans la loi 9 et dans la loi 11 au Code, livre 8, titre 10. Enfin, il y avait à Rome et dans les autres villes des règlements ou des usages qui fixaient la hauteur que devaient avoir les maisons, mais les particuliers pouvaient déroger par leurs conventions à ces règlements ou à ces usages, ainsi qu'à ceux fixant la distance à observer entre les maisons. C'est ce que nous dit la loi 12 au Code §§ 1er et 4, l. 8, tit. 10.

La convention par laquelle un propriétaire consentait à ce que son voisin élevât sa maison au-dessus de la hauteur légale avait pour résultat de grever son fonds de la servitude altius tollendi, en faveur de la maison de ce voisin, autrement il serait impossible d'expliquer la servitude « altius tollendi. »

CHAPITRE IV.

INTERDITS ACCORDÉS AU SUJET DES CHEMINS PUBLICS.

L'action proprement dite suppose la violation d'un droit, reconnu par la loi positive, au profit de celui qui veut agir. Mais il y avait à Rome des rapports et des intérêts qui n'étaient pas sanctionnés par la loi positive. Ainsi, les particuliers avaient l'usage des choses publiques et par conséquent des chemins publics, mais précisément, comme le fait remarquer l'infortuné M. Bonjean, peut-être parce que l'usage de ces choses avait été établi en faveur de tous, il n'était pas considéré comme constituant un droit proprement dit au profit de tel ou tel citoyen en particulier, et dès lors il ne pouvait devenir le fondement d'une action privée.

La surveillance et la police des chemins publics, nous le savons déjà, appartenaient bien à l'autorité. Mais cela était insuffisant, car les magistrats ne pouvaient pas tout connaître ni tout prévoir. Il y avait là évidemment une lacune dans la législation puisque d'une part la surveillance des magistrats était insuffisante et que d'autre part les particuliers, qui sont cependant intéressés au bon état des chemins, puisqu'ils en ont l'usage, n'avaient pas le pouvoir d'intenter une action pour faire respecter leur droit. Pour combler cette lacune, le préteur, agissant en vertu, non plus de sa jurisdictio comme dans les actions, mais de son imperium, introduisit en matière de voies publiques, plusieurs interdits qui eurent pour but de protéger le domaine public et en même temps, par conséquent, le droit d'usage appartenant à chaque citoyen. De cette façon, chaque particulier fut, en quelque sorte, associé au pouvoir de surveillance et de police des chemins publics, puisque la plupart des interdits qui vont nous occuper sont populaires, c'est-à-dire qu'ils peuvent être invoqués par tout le monde. C'est ce qui résulte de la loi 2 au Dig. § 34, tit. 8, liv. 43, et de la loi 1 au Dig. § 3, tit. 11, liv. 43.

Le premier de ces interdits contient défense de rien faire dans un lieu public qui puisse causer du dommage à autrui, à moins d'en avoir obtenu la permission émanant de l'autorité compétente. « Ait prætor : Ne quid in loco publico facias inve
» cum locum immittas, qua ex re quid illi damni detur, præ-
» terquam quod lege, senatus-consulto, edicto, decretove prin-
» cipum tibi concessum est, (L. 2, p. Dig., liv. 48, tit. 8). »

Cet interdit s'explique parfaitement puisque tout le monde a le droit de participer aux établissements destinés à l'usage public tels que les chemins publics. (L. 1 Dig., liv. 43, tit. 7). Cet interdit s'applique donc parfaitement aux chemins publics, puisqu'ils sont compris dans l'expression lieu public. (L. 2, § 3 Dig., liv. 43, tit. 8). Cet interdit était simplement prohibitoire et non restitutoire, c'est-à-dire que si un individu avait construit sans contradiction, sans opposition, il n'était pas tenu de démolir, à moins que l'ouvrage ne fût nuisible au public, cas auquel le curateur des travaux publics devait ordonner la destruction ou imposer une redevance. C'est ce qui résulte de la loi 2, § 1ᵉʳ et § 17 au Dig., liv. 43, titre 8 : « Ne quid in
» loco publico vel itinere fiat. » Par cet interdit, le préteur pourvoit non-seulement à l'intérêt du public, mais encore à celui des particuliers ; car les lieux publics sont destinés à l'usage des particuliers, qui en usent, non pas comme de leur propre chose, mais en vertu du droit de tous. On a tellement le droit d'en jouir que l'on conserve l'usage de ce qu'on y a

construit sans opposition, comme chacun avait le droit d'empêcher de faire la construction. C'est ce que dit la loi 2, § 2,
au Dig., liv. 43, tit. 8. C'est pourquoi cet interdit était simplement prohibitoire et non pas restitutoire. Ce premier interdit
n'était pas populaire, car il n'avait en vue que de pourvoir aux
dommages privés, il n'avait lieu que pour l'utilité des particuliers. Le préteur défend, par cet interdit, tout ouvrage qui
peut nuire à qui que ce soit. Il est même indifférent qu'on ait
bâti un nouvel ouvrage ou qu'on en ait réparé un ancien. Par
conséquent, si quelqu'un veut réparer un ouvrage qu'il avait
fait construire dans un lieu public, l'interdit qui nous occupe
en ce moment pourra être invoqué. C'est ce que dit la loi 2, § 7,
Dig., liv. 43, tit. 8. Peu importe aussi que celui qui a fait un
travail quelconque sur un chemin public ait demandé et obtenu
l'autorisation. Car toutes les fois qu'on permet de faire un
ouvrage dans un lieu public, ce doit être sous la condition qu'il
ne portera préjudice à personne ; et l'empereur était dans l'u-
sage d'apposer cette clause à toutes les permissions qu'il accordait, ainsi que nous le montre la loi 2, § 10, liv. 43, tit. 8. D'où
il suit que si l'empereur a accordé purement et simplement la
permission de construire un édifice sur un chemin public, il
n'est pas censé pour cela avoir permis de construire un édifice
qui pourrait nuire à quelqu'un, à moins qu'il ne l'ait dit expressément. C'est ce qui résulte de la loi 2, § 16, au Dig., à notre
titre. Quand est-on censé éprouver un préjudice ? Le jurisconsulte Ulpien nous répond, dans la loi 2, § 11, à notre titre,
qu'on est censé éprouver un préjudice toutes les fois qu'on perd
un avantage qu'on retirait du lieu public, quel que puisse être
cet avantage, par exemple : si quelqu'un construit un édifice
qui intercepte les vues de ma maison, comme l'indique le § 14
de la loi 2, à notre titre. Mais je ne suis pas censé vous porter
dommage si l'avantage dont je vous prive ne venait pas du lieu
public, mais de celui qui m'appartient. Par exemple : si j'ai
construit dans un lieu public un édifice pour empêcher que des

eaux qui coulaient de mon terrain sur le vôtre continuassent d'y couler, et que je ne c'usse pas les y laisser couler, je ne suis pas tenu de l'interdit. C'est ce que décide, avec une grande justesse, le jurisconsulte Labéon dans la loi 2, § 19, à notre titre.

Le second interdit, qui est spécial aux chemins publics, défend de rien faire et de rien déposer sur une route ou chemin public qui pût le détériorer. « Ait prœtor : in via publica itinereve publico facere, immittere quid, quo ea via, idve iter deterius sit, fiat veto. » C'est ce qui résulte de la loi 2, § 20, au Dig., liv. 43, tit. 8. Cet interdit était perpétuel et populaire, c'est-à-dire qu'il pouvait être exercé par toute personne, ainsi que l'indique la loi 2, § 34, à notre titre. Il ne s'appliquait qu'aux chemins ruraux et ne concernait pas les rues des villes dont les magistrats sont chargés de prendre soin. C'est ce que nous dit la loi 2, § 24 Dig. à notre titre. Cet interdit a un sens très-large. Il défend de détériorer un chemin, peu importe, au reste, que la détérioration dût être produite immédiatement ou seulement dans l'avenir. C'est ce qui résulte de la loi 2, § 31, à notre titre. Par détériorer un chemin, il faut entendre en rendre l'usage plus difficile, comme, par exemple, le rendre montueux, s'il était uni; raboteux, s'il était doux; plus étroit, s'il était large; marécageux, s'il était sec. C'est ce que dit le § 32 de notre loi 2. Le jurisconsulte Ulpien, dans les §§ 20 à 35 de notre loi 2, passe en revue différentes hypothèses dans lesquelles les chemins publics ont subi un préjudice, une détérioration. Nous ne pouvons pas examiner ces hypothèses, qui nous entraîneraient trop loin. Le texte de l'interdit nous donne au reste une idée suffisante de sa portée générale.

Le troisième interdit avait pour objet de faire enlever ce qui détériorait une route ou un chemin public. « Prœtor ait : Quod » in via publica itinereve publico factum, immissum habes, » quod ea via idve iter deterius sit, fiat restituas. » Ce texte de l'interdit est rapporté dans la loi 2, § 35, au même tit. 8, liv. 43 du Dig. Ce troisième interdit avait la plus grande anologie avec

le précédent. Il n'en différait même qu'en ce qu'il était restitutoire tandis que l'autre était simplement prohibitoire. « Hoc
» interdictum, » nous dit le § 30 de notre loi 2, « ex eadem
» causa proficiscitur ex qua et superius : et tantum interest,
» quod hoc réstitutorium, illud prohibitorium est. » Cet interdit n'est pas temporaire, mais perpétuel, ainsi que nous l'apprend le § 44 de notre loi 2. Il est perpétuel, parce qu'il a pour
objet l'intérêt public qui est permanent. Cela prouve bien que
les chemins publics, c'est-à-dire les routes royales ou militaires
et les chemins vicinaux étaient imprescriptibles. C'est au reste
ce qui ressort très-clairement de la loi 9, au Dig., tit. 3, liv. 41,
ainsi conçue : « Usucapionem recipiunt maxime res corporales,
» exceptis rebus sacris, sanctis, publicis populi romani et civi-
» tatum. » Le même principe d'imprescriptibilité résulte encore de la loi 2, au Dig., liv. 43, tit. 11, ainsi conçue : « Viam
» publicam populus non utendo amittere non potest. » L'interdit qui nous occupe en ce moment ne se donnait pas seulement contre l'auteur de l'œuvre nuisible. Il se donnait encore
contre celui qui possédait l'ouvrage fait. « Hoc interdicto,
nous dit le § 37 de la loi 2 du tit. 8, liv. 43, au Dig., non is
» tenetur qui in via publica aliquid fecit sed is qui factum habet;
» et hoc utilius : quia is potest restituere qui factum, immissum
» habet. » Ainsi, cet interdit se donnait contre le possesseur
de l'ouvrage fait, que ce fut celui qui l'avait exécuté ou tout
autre individu. On ne peut donc pas poursuivre, au moyen de
cet interdit, celui qui a fait cet ouvrage, s'il cesse de le posséder,
puisque la condition essentielle, pour être tenu de cet interdit,
est de posséder; mais n'a-t-on aucun recours contre lui? Le
jurisconsulte Ofilius répond à cette question en accordant l'interdit utile pour obliger ce constructeur, qui a cessé de posséder le travail qu'il a fait, à le démolir. C'est ce que nous dit
le § 39 de notre loi 2.

Le quatrième interdit était accordé à celui qui était empêché d'aller sur une route ou sur un chemin public, ou de s'en

sorvir « Prœtor ait : Quominus illi via publica itinerovo publico » iro agere liceat, vim fieri veto » Le texte de cet interdit se trouve dans le § 45 de notre loi 2. De plus, la personne qui avait subi des voies de fait, de violences personnelles pouvait c'est le droit commun, avoir recours à l'action d'injures.

Enfin, par un cinquième et dernier interdit, le préteur protégeait le particulier qui voulait dégager ou réparer la voie publique. « Prœtor, ait Quominus illi viam publicam itervo pu- » blicum aperire reficere liceat, dum ne ea via idve iter deterius » fiat : vim fieri veto. » Le texte de cet interdit se trouve dans la loi 1 pr. liv. 43, Dig. titro 11. Mais celui qui, sous prétexte de réparer un chemin, le détériore, peut impunément en être empêché; par exemple, on ne pourrait pas, comme l'indique très-bien la loi 1, § 2, titre 11 au Dig. liv. 43, faire le chemin plus long ou plus large, plus haut ou plus bas qu'il n'était, ni mettre du gravier sur un chemin de terre, ni couvrir de terre un chemin qui était pavé. Ce ne serait plus en effet réparer le chemin, mais y apporter de réelles modifications, droit qui n'appartient pas aux particuliers. Cet interdit, qui nous occupe était perpétuel et populaire, et il avait pour objet de faire condamner le défendeur à des dommages-intérêts envers le demandeur, ainsi que le dit la loi 1 § 3, titre 11, Dig., liv. 43.

Voilà les cinq interdits donnés en matière de chemins publics. L'usage s'en est conservé sous Justinien, puisqu'il en est fait mention au Digesto, seulement ils s'étaient transformés, comme tous les interdits en de véritables actions. C'est ce qui résulte du titre 15 pr. et § 8 aux Institutes, liv. 4.

Les cinq interdits dont nous venons de parler s'appliquaient indistinctement aux chemins militaires ou royaux, et aux chemins vicinaux. Voyons maintenant comment étaient régies et protégées les voies urbaines.

La voirie urbaine était, nous le savons déjà, sous la protection à Rome des édiles curules, dans les autres villes, des édiles municipaux. Ces magistrats prenaient toutes les mesures de polico nécessaires pour que les voies fussent toujours en bon état. Ils devaient, par exemple, faire niveler les rues; ils donnaient les alignements; ils veillaient aux réparations et à l'entretien des ponts et aqueducs. Ils devaient ordonner la réparation des murs qui menaçaient ruine et qui, en s'écroulant, auraient encombré les chemins, les voies de communication. Ils veillaient au bon ordre et empêchaient les disputes et les rixes. Au reste, toutes ces attributions fort importantes des édiles sont mentionnées au titre 10 du livre 43 du Digeste. Les édiles devaient encore prohiber d'entreprendre dans les rues aucun ouvrage qui pût gêner la libre circulation. S'ils ignoraient les travaux entrepris dans les rues, ou s'ils négligeaient de s'y opposer, les particuliers ne pouvaient pas recourir aux quatre derniers interdits dont nous venons de parler, parce qu'ils ne s'appliquaient qu'aux chemins militaires ou royaux et aux chemins vicinaux; mais ils pouvaient très-bien, cela est au moins plus que probable, invoquer le premier, c'est-à-dire l'interdit général: Ne quid in loco publico, etc., de la loi 2 pr. au Digeste, livre 43, titre 8, car les rues des villes rentrant dans les chemins publics, l'expression : locus publicus, leur est parfaitement applicable.

DEUXIÈME PARTIE.

DES CHEMINS PRIVÉS.

CHAPITRE PREMIER.

DES VOIES PRIVÉES EN GÉNÉRAL.

On appelle voies privées celles dont le sol appartient à des particuliers : Solum alienum est viæ privatæ. Le sol d'un chemin privé appartient toujours au propriétaire du terrain qui l'a formé ; les autres n'ont que le droit d'y passer à pied, à cheval, en voiture. La loi 2 § 21, au Digeste, livre 43, titre 8, nous dit en effet : Jus tantum eundi et agendi nobis competit, au lieu que le sol d'un chemin public appartient au public, comme nous l'avons vu dans notre première partie : « Viæ publicæ solum est publicum. »

Les viæ privatæ étaient de trois sortes : Il y avait d'abord les chemins vicinaux privés, c'est-à-dire les chemins vicinaux construits sur des terrains appartenant à des particuliers, « viæ vicinales ex collationne privatorum constitutæ » comme nous dit la loi 2, § 22, au Digeste, titre 8, livre 43.

Il y avait en second lieu, les « viæ agrariæ ainsi appelées parce qu'elles conduisaient aux champs, « quæ ad agros du-
» runt, per quas omnibus permeare liceat. » comme nous dit la même loi 2 § 23. Ces voies agraires différaient des chemins vicinaux, seulement en ce que l'utilité en était moins étendue,

Nous supposons, bien entendu, en disant que les voies agraires étaient des chemins privés, qu'elles ont été construites aux frais des particuliers, autrement elles seraient publiques. Les viæ agrariæ n'étaient, en quelque sorte, que des chemins vicinaux d'une importance moindre que des chemins vicinaux de petite communication.

Il y avait enfin, en troisième lieu, les voies de servitude, que l'on appelle encore droit de chemin, ou servitude de passage.

Nous n'ajouterons rien pour ce qui concerne les deux premières espèces de chemins privés. Quant à la troisième espèce, nous allons l'étudier dans le chapitre suivant.

CHAPITRE II.

VOIES DE SERVITUDES OU DROIT DE PASSAGE.

SECTION PREMIÈRE.

Notions générales.

Le droit de servitude est une fraction, un démembrement du droit de propriété. C'est le droit de tirer une utilité restreinte d'une chose qui, pour le reste, appartient à une autre personne : « Jus quoddam in re aliena. » La servitude est un droit réel comme la propriété elle-même dont elle est une fraction, un démembrement. Tout droit de servitude suppose donc nécessairement un sujet actif auquel il est étroitement attaché, duquel il ne peut être séparé pour être appliqué à un autre. Ce sujet actif peut être une personne déterminée ou bien un immeuble. Dans le premier cas, la servitude est personnelle et dans le second, elle est réelle ou prédiale. La servitude personnelle est celle qui existe sur une chose meuble ou immeuble, au profit d'une personne déterminée, ce droit est limité par conséquent à la vie de cette personne. Quoique dite personnelle, cette servitude n'en constitue pas moins un droit réel, un « jus in re aliena » ; mais elle est dite personnelle, en ce sens qu'elle appartient à une personne individuellement déterminée, à laquelle elle ne peut cesser d'appartenir sans cesser d'exister; il en résulte qu'elle est intransmissible. Les servitudes personnelles sont au nombre de trois : l'usufruit, l'usage, l'habitation.

La servitude réelle ou prédiale ne peut exister que sur un immeuble; c'est de là que lui vient son nom de prédiale. Elle ne peut exister qu'au profit d'un immeuble; ou pour mieux dire, qu'au profit de quiconque est propriétaire d'un immeuble; c'est de là que lui vient sa désignation de servitude réelle, par opposition à la servitude personnelle. Il résulte de là, que la transmission du fonds dominant emporte nécessairement la transmission de la servitude.

Le nombre des servitudes prédiales est indéterminé, nous pouvons citer, à titre d'exemple, le droit de passage, qui va faire l'objet d'une étude spéciale, le droit de vue, le droit de puisage etc.

Toute servitude prédiale doit réunir les trois conditions suivantes : 1° la servitude doit procurer utilité ou au moins agrément au propriétaire du fonds dominant ; puisque la servitude constitue une qualité du fonds, il doit nécessairement, en raison de la servitude, avoir une valeur plus grande que si la servitude n'existait pas; 2° la servitude prédiale suppose une « causa perpetua », c'est-à-dire un état de chose naturel et permanent tel que la servitude peut être exercée indépendamment d'un travail du propriétaire du fonds servant et tel que l'exercice actuel ne rende pas impossible l'exercice futur. « Naturalis et perpetua, servitutis, causa esse, debet», nous dit la loi 28, au Dig. livre 8, titre 2 ; 3° toute servitude prédiale est indivisible, en ce sens qu'il est impossible de comprendre qu'une servitude de cette espèce existe au profit d'une part indivise ou à la charge d'une part indivise; car on ne peut pas supposer qu'une partie indivise d'un fonds, d'un tout homogène, ait une qualité bonne ou mauvaise que le tout n'aurait pas, une servitude étant une qualité du fonds ne saurait affecter la part de Primus, sans affecter celle de Secundus. Ainsi, par exemple, si un fonds de terre appartient par indivis à plusieurs personnes, l'un des co-propriétaires ne pourra pas tout seul le grever d'une servitude. C'est ce que dit Ulpien, dans la loi 2, titre I, au Digeste, livre 8 : « Unus ex dominis communium œdium servitutem » imponere non potest. » Voici encore une hypothèse qui prouve bien l'indivisibilité de la servitude : Une servitude de passage, par exemple, existe entre deux fonds, le propriétaire du fonds dominant laisse deux héritiers, parmi eux se trouve le propriétaire du fonds servant, le droit de passage subsistera néanmoins pour la totalité, ainsi que le dit la loi 8, § 1er titre I, au Digeste, livre 8. Cette hypothèse, ou mieux la décision donnée par cette loi au sujet de l'hypothèse que nous venons de citer prouve bien l'indivisibilité de la servitude. De même encore dans l'hypothèse suivante : Un fonds jouit du droit de passage sur le fonds voisin, ce fonds devenu indivis entre deux héritiers du propriétaire décédé, est divisé par régions entre les deux héritiers; il y a, en quelque sorte, deux fonds au lieu d'un, par suite de ce partage, la servitude sera-t-elle divisée comme le fonds ? Non, car elle est indivisible, elle existera au profit de chaque région comme si elle avait été constituée uniquement pour chaque région. Toutefois, elle ne pourra être exercée en des endroits différents, car le propriétaire unique du fonds dominant ne pouvait l'exercer en des endroits divers et ses héritiers ne peuvent pas avoir plus de droit que leur auteur. L'hypothèse que nous venons de reproduire est prévue par la loi 6, § I, au Digeste, livre 8, titre 6.

Comment diviser les servitudes prédiales ? Le droit romain divise les servitudes prédiales en deux classes, savoir : « les jura prædiorum rusticorum et les jura prædiorum urbano-

rum. » C'est ce qui résulte du titre 2, § 3, au livre 2 des Institutes, ou, plus brièvement, ainsi que le fait la loi 1, titre 5, au
Digeste, livre 8, « les servitutes rusticæ et les servitudes ur-
« banæ ». L'origine de cette distinction des servitudes remonte
à la classification ancienne des choses en res mancipi et en res
nec mancipi. Les res mancipi étaient celles qui avaient le plus
de valeur. Ulpien nous en donne l'énumération, mais il ne nous
signale nullement ce qui les caractérise. M. Demangeat pense
que le caractère distinctif de cette classe de biens se trouve dans
l'application très-ancienne, à l'agriculture, des différentes choses qu'on nous présente comme res mancipi. La classe des res
mancipi, c'est-à-dire des choses les plus estimées, comprenait
donc les choses employées à l'agriculture. Il n'est donc pas
étonnant, comme le fait remarquer M. Machelard, qu'on dût
attacher une haute importance aux servitudes qui avaient pour
but de rendre les fonds de terre plus productifs. Aussi plaça-
t-on les « jura prædiorum rusticorum » parmi les « res mancipi ». Quant à l'intérêt que pouvait présenter l'amélioration
de la jouissance des bâtiments, il ne fut pas pris en même considération, et les « jura prædiorum urbanorum » restèrent re-
légués dans la foule des « res nec mancipi. » Plus tard cette distinction des choses en « res mancipi et res nec mancipi » ayant
disparu, la division des servitudes en « servitutes urbanæ et servitutes rusticæ » n'avait plus raison d'être, et par conséquent
nous disons avec M. Machelard qu'elle aurait dû disparaître.
Mais enfin cette division primitive resta en vigueur, et nous la
retrouvons dans les compilations de Justinien. Seulement, nous
dirons que les rédacteurs de notre Code civil auraient dû ne
pas se laisser entraîner par la tradition, et se dispenser de reproduire cette distinction, qui est sans aucune utilité dans notre droit.

Dans quelle classe de servitudes rangerons-nous la servitude
de passage qui doit nous occuper maintenant plus spécialement? Pour répondre à cette question il nous faut d'abord re-

chercher ce qu'il faut entendre par servitudes urbaines et par servitudes rustiques.

Les Institutes définissent seulement les servitudes urbaines : « prædiorum urbanorum servitutes sunt quæ ædificiis inhæ- « rent : ideo urbanorum prædiorum dictæ quoniam ædificia « omnia urbana prædia appellamus, etsi in villa ædificata sint. » C'est ce que nous trouvons au titre 3, § 1, livre 2 des Institutes.

Que penser de cette définition des « Institutes? » Dire que les servitudes urbaines « ædificiis inhærent », ce n'est pas assurément s'exprimer d'une façon nette et précise. On peut faire aussi le même reproche à la définition donnée par Paul qui dit que ces servitudes « in superficie consistunt ». Cette dernière définition se trouve au Digeste, titre 1, loi 3, l. 8.

Dirons-nous que la servitude est urbaine ou qu'elle est rustique, suivant qu'elle existe au profit d'un bâtiment ou au profit d'un terrain, ou, en d'autres termes, prendrons-nous pour déterminer la nature de la servitude la qualité du fonds dominant? Il existe sur cette question une grande controverse dans le détail de laquelle nous ne pouvons pas entrer, parce qu'elle nous mènerait trop loin. Nous nous contenterons de résumer ici l'opinion courante, et nous dirons, avec M. Demangeat, que toute servitude à laquelle vous ne pouvez songer sans que l'idée de construction se présente à votre esprit est une servitude urbaine, lors même qu'il n'existe pour le moment aucune construction; au contraire, est rustique la servitude que vous pouvez concevoir sans qu'elle appelle nécessairement dans votre esprit l'idée de construction. Il est plus que probable que c'était la règle suivie par les Romains, et les jurisconsultes romains ne paraissent pas s'être arrêtés à l'idée que, pour déterminer la nature de la servitude, il faut envisager la qualité du fonds dominant. Les rédacteurs du Code civil ont cependant reproduit ce système dans l'article 687. Mais ce qui prouve bien que ce système n'était pas suivi par les jurisconsultes romains, c'est qu'ils nous présentent toujours la servitude de passage comme étant une servitude rurale, sans distinguer si elle est établie au profit d'un bâtiment ou au profit d'un fonds de terre.

Il nous reste maintenant, pour terminer ces notions générales, à bien préciser ce qu'est la servitude de passage. On distingue « l'iter, l'actus et la via. »

L'iter, ou simple sentier, est un chemin par lequel il est loisible d'aller et de venir, et de marcher tant à pied qu'à cheval, voire même en litière. C'est ce que nous dit la loi 12 au Dig., titre 3, livre 8.

L'actus est un chemin plus considérable que l'iter. Celui qui a l'actus peut faire passer une bête de somme ou un chariot, « jus agendi vel jumentum, vel vehiculum sed trahendi lapidem « aut tignam jus non est », mais il ne peut pas transporter de lourds fardeaux tels que des pierres ou des poutres. C'est ce que nous dit la loi 7, pr., au Digeste, au même titre. On pense même que celui qui a l'actus ne peut pas y porter une perche droite, car il pourrait nuire aux fruits des arbres plantés le long du chemin.

Après l'iter et l'actus vient la via, qui est un chemin plus considérable que les précédents. La via comprend l'iter et l'actus : « Qui viam habet, eundi agendique jus habet. » Elle comprend même ordinairement le droit de voiturer de la pierre et de porter une perche droite, en ayant soin de ne pas nuire aux fruits : « Plerique et trahendi quoque et rectam hastam referendi, « si modo fructus non lædat, jus habet. » C'est ce que nous apprend la loi 7, pr. au même titre.

Au-dessous de l'iter, il y a le simple sentier semita, où l'on ne peut passer qu'à pied. « Quam anguste semita ut semi iter « dicta. »

Quelle est la largeur des voies de passage ? Il est de règle que la largeur dépende de la convention des parties : « latitudo « actus itinerisque est ea quæ demonstrata. » C'est ce que nous dit la loi 13, § 2, au Digeste, livre 8, titre 3. Il en est de même pour la via. S'il n'y a pas eu de convention à cet égard, la largeur doit être déterminée par un arbitre pour « l'iter et l'actus » ; quant à la « via » il n'en est pas de même, à défaut de convention exprimée, elle a de droit la largeur légale sans avoir besoin de recourir à un arbitre. C'est ce que dit la loi 13 § 2, au Digeste, livre 8, titre 3. La largeur légale était fixée déjà par la loi des Douze Tables : « Viæ latitudo ex lege 12 Tabula- « rum in porrectum octo pedes habet, in anfractum id est, ubi « flexum, sexdecim. » C'est ce que rapporte la loi 8, au même titre.

SECTION II.

Établissement de la servitude de passage.

Nous allons rechercher successivement les différents modes d'établissement de la servitude de passage, d'abord selon le droit civil, puis selon le droit prétorien, et enfin selon le droit de Justinien.

I. DROIT CIVIL. — La servitude de passage s'établit toujours par voie de « translatio ou par voie de deductio. » Il y a translatio lorsque je grève mon fonds d'un droit de passage au profit du voisin ; il y a deductio lorsque, en aliénant un de mes fonds, je réserve sur ce fonds un droit de passage au profit d'un autre fonds que je garde.

La servitude de passage peut être « translata ou deducta « mortis causa ou inter vivos. »

« Mortis causa : » Un testateur peut me léguer le droit de passage sur son fonds, il y a alors « translatio servitutis. » Il peut aussi y avoir « deductio, » par exemple, le testateur peut, en me léguant le fonds Cornélien, ajouter que ce même fonds sera grevé d'une servitude de passage au profit du fonds Sempronien qui reste à l'héritier. C'est ce que dit la loi 19, au Dig., liv. 7, tit. 1er.

Voyons maintenant comment la servitude de passage peut être « translata ou deducta inter vivos. »

La seule convention ne pouvait pas transférer la propriété, elle ne pouvait pas non plus, cela va de soi, constituer une servitude, qui n'est qu'un démembrement de la propriété. La convention n'avait pour effet que de créer une obligation, mais, pour établir une servitude, il fallait nécessairement avoir recours à l'un des modes civils d'acquérir le « dominium ». La loi 33, au Digeste, livre 8, titre 3, est formelle.

La servitude de passage, comme toute servitude rustique, est une « res mancipi, » et, par conséquent, peut être constituée par mancipation, « Jura prædiorum rusticorum mancipari pos- « sunt, » les servitudes urbaines au contraire, étant « res nec « mancipi, » ne peuvent pas être constituées par mancipation, mais seulement par « in jure cessio ; sed jura prædiorum urba- « norum in jure tantum cedi possunt. » C'est ce que nous apprend Gaïus dans son deuxième commentaire, § 20.

La servitude de passage est aussi susceptible d'être transférée par « l'in jure cessio, » qui produit les mêmes effets que la mancipation, seulement on devait préférer la mancipation parce qu'elle était beaucoup plus simple que « l'in jure cessio. » La mancipation n'exigeait, en effet, que la présence de cinq citoyens et du libripens; tandis que, pour accomplir une « in jure « cessio »; il fallait aller trouver le magistrat qu'on n'avait pas toujours sous la main. Au fond il y a, au reste, la plus grande analogie entre la mancipation et « l'in jure cessio, » comme le fait très-bien remarquer M. Machelard. Nous retrouvons, dit-il, dans l'un et l'autre de ces procédés, l'affirmation solennelle du droit de l'acquéreur : « Aio hanc rem esse meam, » affirmation, qui tantôt se produit devant cinq témoins, tantôt se passe en présence du magistrat, affirmation, qui tantôt apparaît comme la création d'un droit nouveau résultant d'un achat, qui n'est d'ailleurs qu'imaginaire, tantôt se manifeste sous la forme d'un droit préexistant, susceptible de contestation de la part de l'adversaire qui, en déclinant le débat, transfère ainsi au revendiquant ce qu'il ne veut pas lui disputer.

La servitude de passage pouvait donc être translata par voie de « mancipatio ou de cessio in jure. » Elle pouvait aussi être « retenta dans la mancipatio ou la cessio in jure de la propriété.

Le droit de passage peut encore être établi par le juge dans les actions qui comportent « l'adjudicatio », c'est-à-dire dans les actions « communi dividundo et familiæ erciscundæ. » Le juge peut constituer la servitude de passage en divisant un fonds en deux régions dont l'une sera sans accès sur la voie publique. C'est ce qui résulte de la loi 7, au Digeste, liv. 10, titre 3. Mais, pour que le droit de passage soit ainsi constitué « jure civili », il faut que l'adjudication ait eu lieu dans une instance légitime, « judicum legitimum », c'est-à-dire quand le jugement a été rendu dans l'enceinte de Rome, ou dans un rayon d'un mille au plus, entre citoyens romains, devant un juge lui-même citoyen romain. Si une seule de ces conditions fait défaut, l'instance est dite non plus « legitimum », mais « imperio magistratus continens, » contenue dans le pouvoir du magistrat, elle ne produit pas d'effet selon le droit civil et n'a d'autre sanction que les moyens mis à la disposition du préteur.

Il paraît que dans l'ancien droit, les servitudes prédiales et et par conséquent la servitude de passage pouvaient être acquises par « usucapion; » mais une loi Scribonia est venue supprimer ce mode d'acquisition pour les servitudes. « Eam « usucapionem sustulit lex Scribonia quæ servitutem consti- « tuebat, » nous dit la loi 4, § 29, au Digeste, liv. 41, titre 3. Au reste, la loi Scribonia ne s'oppose pas à ce que celui qui acquiert par usucapion la propriété d'un immeuble, acquière en même temps les servitudes qui peuvent appartenir à cet immeuble. C'est ce qui résulte de la loi 10, § 1, au Digeste, liv. 41, titre 3.

Tout ce que nous venons de dire s'applique au sol italique puisqu'il n'y a que lui qui est admis à la participation du droit civil. Ainsi la mancipation, l'in jure cessio et l'adjudicatio ne peuvent servir à constituer une servitude de passage que sur

un terrain jouissant du jus italicum. A l'égard des fonds pro-
vinciaux, aucune servitude de passage ou autre ne pouvait être
constituée « jure civili », mais les particuliers créaient entre
eux des rapports analogues au moyen de pactes et de stipula-
tions. En principe, le pacte n'engendre pas d'action, c'est-à-
dire que quand un pacte intervient, s'il n'est pas exécuté volontairement, on ne peut recourir à l'autorité pour obtenir l'exécution forcée. Pour avoir la garantie d'une action, il faut faire
une stipulation. C'est ce qu'on faisait pour le sujet qui nous
occupe. Dans le pacte on décrit la servitude, puis on fait la stipulation suivante. Le stipulant dit : Promets-tu de me donner
cent livres si tu n'exécutes pas la convention ? Je le promets,
répond le promettant. On ne constituait pas ainsi une véritable
servitude, car la stipulation ne peut engendrer un droit réel,
mais si le promettant n'exécute pas son obligation, il sera condamné à payer le montant de la sponsio.

II. Droit prétorien. — La possession est l'exercice du droit de
propriété, qui ne peut exister que sur une chose corporelle.
Donc, à proprement parler, il ne peut y avoir possession que
relativement à une chose corporelle. C'est pourquoi, en vertu de
la loi Scribonia, nous le savons, il ne pouvait pas être question
de l'usucapion pour l'acquisition de toutes les servitudes en
général et de la servitude de passage en particulier. Néanmoins,
à côté de l'interdiction de l'usucapion, l'usage s'établit, sous
l'influence de l'édit du préteur, de prendre en considération la
jouissance, les actes de jouissance pratiqués à titre de servitude.
En effet, comme le fait bien remarquer M. Machelard, le droit,
bien qu'incorporel, se manifestait par des faits qui tombaient
sous les sens et dont la preuve ne présentait pas plus de difficulté que celle de l'exercice de la propriété, c'est-à-dire de la
possession proprement dite. On se contenta de qualifier de
quasi-possession ou de « possessio juris » l'exercice du droit
de servitude Le préteur admit la possibilité d'une tradition ou

d'une quasi-tradition, si l'on veut, et le vendeur d'une servitude faisait délivrance à l'acheteur en le mettant à même d'exercer la servitude. Le droit prétorien admet donc que la servitude de passage pût être acquise quasi- traditione ou patientia lorsque mon voisin me met à même de l'exercer. « Traditio plane et patientia servitutum inducet officium prætoris. » C'est ce qui résulte de la loi 1, § 2, au Dig., liv. 8, tit. 3. Au reste, sous les premiers empereurs, ce mode d'acquérir du droit prétorien n'était pas encore reconnu, ainsi que l'indique la loi 20, au Dig , liv. 8, tit. 1.

La possession des servitudes était protégée par le préteur au moyen d'interdits quasi-possessoires.

La possession une fois admise en matière de servitudes, on admet très-bien que cette possession continuée pendant un certain temps fût un moyen de constituer le droit même de servitude. La preuve d'un exercice prolongé de la servitude équivalait à un mode civil de constitution et le préteur accordait une action confessoire utile. Il accordait aussi l'action publicienne au possesseur du droit de servitude qui avait perdu sa possession. C'est ce qui résulte de la loi 19, pr. au Dig., liv. 8, tit. 5, et la loi 11, § 1 au Dig., liv. 6. tit. 2. Le préteur, de de cette façon, réagissait contre le principe de la loi Scribonia prohibant l'usucapion en matière de servitudes.

III. Droit de Justinien. — A l'époque de Justinien, nous le savons déjà, on ne distingue plus les « res mancipi » et les « res nec mancipi, la « mancipatio » et « l'in jure cessio » ont disparu. Le droit de Justinien a sanctionné, en quelque sorte, les règles du droit prétorien, qui a pris la place de l'ancien droit civil, comme on peut s'en convaincre en lisant le § 40, titre 1 du liv. 2 des Iustitutes. A cette époque, les modes d'établissement de la servitude de passage sont les pactes insérés dans la tradition de l'un des fonds; les legs, sans aucune distinction de forme; le long usage et l'adjudication. C'est ce qui résulte du tit. 3, § 4 au liv. 2 des Iustitutes. Nous avons donc raison de dire que le droit de Justinien a sactionné simplement le droit prétorien.

Nous avons, maintenant que nous connaissons comment peut s'établir une servitude de passage, à nous demander si on peut, en constituant cette servitude, y ajouter une modalité.

Il y a sur cette question deux systèmes.

Dans un premier système soutenu par Pothier et reproduit par M. Demangeat, on dit : Dans la rigueur du droit civil, la servitude de passage ne peut pas être établie ni à terme ni sans condition. Il en est autrement des servitudes personnelles, cela tient à ce que les servitudes personnelles sont des droits inhérents à la personne et qu'il ne répugne pas de les accorder pour un temps ; au lieu que les servitudes réelles sont des qualités inhérentes aux fonds, dont ceux-ci ne peuvent être dépouillés ni par le seul laps de temps, ni par la seule existence d'une condition. Voilà la rigueur du droit civil, continue cette première opinion, mais si on a ajouté soit un terme, soit une condition, le jurisconsulte Papinien dit que celui qui revendiquerait la servitude, sans tenir compte de ce qui a été dit, pourrait être repoussé par l'exception de dol, ou par l'exception de pacte, ainsi que cela résulte de la loi 4, au Dig., liv. 8. tit. 1.

Dans une seconde opinion, soutenue par M. Bufnoir, et qui nous paraît préférable, on dit : si le droit civil ne permet pas d'opposer une modalité lors de la constitution d'une servitude prédiale, cela tient non pas à la nature même de la servitude, mais uniquement au mode de constitution employé. La servitude en elle-même est parfaitement susceptible d'une modalité. Ce qui le prouve, c'est qu'on peut très-bien léguer une servitude de passage même « sub conditione », et que ce legs est parfaitement valable, même en droit civil, ainsi que le dit la loi 3 in fine, titre 3, au Dig., liv. 33. Nous dirons donc que même en droit civil, la servitude de passage, considérée en elle-même, peut très-bien être affectée d'une modalité. Si maintenant le mode employé pour constituer la servitude ne comporte pas de modalité, comme la mancipation ou « l'in jure cessio », et que cependant les parties en aient ajouté une, alors nous appliquerons, comme le premier système, ce que dit Papinien dans la loi 4 que nous avons citée plus haut, et nous repousserons par l'exception de pacte ou par celle de dol celui qui revendiquerait la servitude sans tenir compte de la modalité que le pacte a ajouté.

Au reste, ces deux opinions arrivent, on le voit, au même résultat. La controverse est purement théorique et ne présente aucun intérêt pratique.

Même si le mode employé pour la constitution de la servitude de passage ne comporte pas de modalité, on pourra très-bien, cela est certain, réglementer l'exercice de la servitude comme on l'entend. Ainsi, par exemple, on pourra très-bien dire que le propriétaire du fonds dominant ne pourra passer que le jour, comme nous le dit la loi 14, tit. 4, au Dig., liv. 8. On pourra aussi convenir à quelle voiture on donnera passage, il pourra très-bien être décidé que le propriétaire du fonds dominant ne pourra passer qu'à cheval, qu'il ne pourra transporter qu'une certaine charge, qu'il ne pourra faire passer qu'un troupeau ou voiturer que du charbon. C'est ce qui résulte de la loi 4, § 1, tit. 11, au Dig., livre 8. On peut très-bien faire toutes ces conventions, car elles ne font que déterminer le mode d'user de la servitude et ne constituent pas de modalités, qui seraient incompatibles, en droit civil, avec les modes d'établissement de la servitude de passage qui n'admettent pas de modalités.

SECTION III.

Actions et interdits.

Nous avons, maintenant que nous savons comment la servitude de passage peut être constituée, à rechercher comment

elle est protégée, comment l'exercice en est assuré. La jouissance du droit de passage est sanctionnée par deux moyens. Il
y a, en effet, sur ce sujet des actions et des interdits; au moyen
des actions, on tranche la question de droit, les interdits sont
donnés pour protéger la possession paisible et utile.

I. Actions. — Nous avons, au sujet de la servitude de passage, comme en toute matière de servitudes, deux actions : l'action confessoire et l'action négatoire.

L'action confessoire est celle par laquelle quelqu'un prétend
avoir un droit de passage sur le fonds d'autrui. C'est une action
in rem civile dont la formule est ainsi conçue : « Si paret
« A. Agerio jus esse ambulandi, agendi..... »

L'action confessoire ne peut être intentée avec succès que par
celui qui a une véritable servitude, c'est-à-dire une servitude
établie selon les modes du droit civil. Mais le préteur, nous le
savons, admit que la servitude pût être acquise « patientia
« quasi-traditione, » et il accorda une action confessoire utile
à celui qui avait ainsi acquis la servitude de passage. C'est ce
que rapporte la loi 19, au Digeste, liv. 8, tit. 5. Et si la prétention était fondée, on triomphait, aussi bien par cette action utile
que par l'action ordinaire, de même que, dans la revendication,
le revendiquant triomphait aussi bien s'il avait acquis la propriété par un mode du droit naturel que s'il était devenu propriétaire par un mode du droit civil, ainsi que le décide la loi
23 pr. au Digeste, liv. 6, tit. 1. En principe, l'action en revendication ne pouvait être intentée que contre le possesseur. Il
fallait donc nécessairement que le revendiquant n'eût pas la
possession de la chose qu'il revendiquait. C'est ce qui résulte
de la loi 30 pr. au Digeste, liv. 6, tit. 1. Au contraire, l'action
confessoire est donnée à celui qui prétend avoir un droit de
passage sans distinguer s'il a ou s'il n'a pas la « possessio
juris, » ainsi que cela résulte de la loi 6, § 1, au Dig., liv. 8, tit. 5.

L'action confessoire est donnée contre toute personne qui

met obstacle à l'exercice du droit de passage, peu importe que cette personne soit le propriétaire du fonds servant ou un tiers.

L'action nég. toire, au contraire, est celle par laquelle on soutient qu'un fonds est libre de toute servitude de passage envers tel autre fonds. C'est aussi une action in rem civile dont la formule est ainsi conçue : « Si paret A. Agerio jus non esse « ambulandi, agendi... » Malgré son nom, l'action négatoire est une action affirmative; le demandeur affirme la liberté de son fonds. Elle est donnée au propriétaire du fonds prétendu servant, qui doit prouver l'inexistence de la servitude de passage contre celui qui, au contraire, prétend y avoir droit, car c'est au demandeur à prouver que sa prétention est fondée, ainsi que cela résulte de la loi 15, au Digeste, liv. 39, tit. 1.

II. INTERDITS. — A côté des actions confessoires et négatoires, qui ont pour but de trancher la question de l'existence ou de l'inexistence de la servitude, il y a des interdits dont le but est d'empêcher d'apporter un obstacle à l'exercice du droit de passage.

Le Digeste mentionne deux interdits : 1° l'interdit « ut ire, agere liceat, » et 2° l'interdit « ut iter reficere liceat. » Le titre du Digeste qui s'occupe de ces interdits est le tit. 19 du livre 43.

Le premier interdit est ainsi conçu : « Prætor ait : Quo iti- « nere actuque privato, quo de agitur, vel via hoc anno nec vi, « nec clam, nec precario ab illo usus es : quominus ita utaris, « vim fieri veto ». C'est ce qui est contenu dans la loi 1 pr. au Digeste, à notre tit. 19. Cet interdit est seulement prohibitoire. Pour l'accorder, le préteur n'examine pas si celui qui le demande a un droit de servitude valablement établi ou non, il suffit qu'il ait joui du chemin pendant l'année sans violence, sans clandestinité, et non à titre précaire, et il le maintient dans sa possession, quoiqu'il ne possède pas actuellement. Soit donc qu'il ait ou qu'il n'ait pas droit au passage, s'il a joui de ce droit dans l'année pendant au moins trente jours, le préteur lui accorde l'interdit qui nous occupe, ainsi que cela résulte de la loi 1, § 2, au Digeste, à notre titre. Cela est juste, car la servitude de passage ne peut s'exercer que par actes intermittents; il faut que pendant les intervalles le quasi-possesseur ne soit pas déchu du bénéfice de sa possession. Il faut donc que le demandeur à l'interdit ait usé du passage au moins trente jours dans l'année. On compte l'année du jour où l'interdit est demandé, en remontant à pareil jour de l'année précédente. C'est ce que décide la loi 1, § 3, à notre titre. Mais cette règle reçoit exception s'il y a eu l'année précédente un cas de force majeure, par exemple, une inondation qui a empêché le demandeur à l'interdit de jouir pendant trente jours de son droit de passage, il obtiendra alors une « restitutio in integrum », pourvu que l'année précédente il ait joui de son droit pendant trente jours. C'est ce que décide la loi 1, § 9, à notre titre. Seulement, comme le fait remarquer M. Machelard, le préteur sera obligé de modifier la formule de son interdit, au lieu de dire : « Quo « itinere hoc anno .. » il dira : « Superiore anno. » Il y aura encore exception, si c'est par violence que le demandeur à l'interdit a été empêché de jouir l'année précédente; il y aura encore dans ce cas « restitutio in integrum » à son profit. Cela résulte encore du § 9 de la loi 1, à notre titre.

Pour demander et obtenir cet interdit il faut, mais il suffit, qu'on ait joui du passage « non vi non clam, non precario » pendant trente jours, l'année précédente, ainsi que le veut la loi 1, § 2, à notre titre.

Cet interdit, cela va sans dire, appartient au quasi-possesseur du droit de passage; puisqu'il a droit à l'action confessoire doit-il, par conséquent, et à fortiori, avoir droit à l'interdit. Il appartient même à l'usufruitier du fonds dominant, ainsi que cela résulte de la loi 1, § 2, à notre titre; car l'interdit est uniquement donné pour protéger la jouissance ; or, l'usufruitier a cette jouissance, et il l'exerce en vertu de son droit d'usufruit. Il n'aurait pas, au contraire, l'action confessoire de la servitude de passage, car dans l'action confessoire, le demandeur affirme qu'un droit de servitude lui appartient ; or, la servitude de passage ne peut pas appartenir à l'usufruitier, qui n'en peut avoir que la jouissance. Au contraire, l'interdit qui nous occupe lui appartient, car alors il affirme un fait, et non pas un droit. C'est ce qui résulte de la loi 2 , § 3, au Dig., l. 8 titre 5. Notons que l'interdit, ainsi acquis par l'usufruitier, ne profite qu'à lui, et que son passage ne fait nullement obtenir l'interdit au nu-propriétaire parce que l'interdit est attaché à la jouissance du fonds ; or, l'usufruitier ayant la jouissance acquiert pour lui-même l'interdit. Le nu-propriétaire, au contraire, n'ayant pas la jouissance, ne peut prétendre à l'interdit. L'usufruitier n'acquiert donc pas l'interdit pour le nu-propriétaire parce que celui-ci n'est pas censé user de son droit par l'usufruitier. Au contraire, je suis censé avoir fait moi-même usage d'un chemin, si le droit de passage a été exercé par mes esclaves, mes fermiers, mes amis. C'est ce que décide la loi 3, § 4, au Digeste, à notre titre 19. Mais il faut, bien entendu, que ces personnes fassent usage du chemin en mon nom ; car si elles en faisaient usage pour elles-mêmes, il est évident qu'elles n'acquerraient pas pour moi l'interdit qui nous occupe. Si, par exemple, mon fermier fait, pour cultiver mon champ, un chemin sur le champ d'autrui croyant que le champ lui appartient, il acquiert alors l'interdit pour lui-même et non pour moi, C'est ce que dit la loi 1, § 7, au Digeste, à notre titre 19.

Le deuxième interdit est ainsi conçu : « Quo itinere actuque » privato hoc anno non vi, non clam, non precario ab alio usus » es, quo minus iter actumque, ut tibi jus esset, reficere vim fieri » veto. Qui hoc interdicto uti volet, is adversario damni infecti, » quod per ejus vitium datum sit caveat. » Ce texte est rapporté dans la loi 3, § 11, au Digeste, à notre titre 19.

Ce second interdit a pour but de permettre la réparation d'un chemin sans entrave de la part du propriétaire du fonds servant.

Il ne peut appartenir, à la différence du précédent, qu'au propriétaire du fonds dominant. Pour pouvoir user de cet interdit il faut prouver deux choses, savoir : qu'on a usé de la servitude de passage dans l'année, et, de plus, qu'on avait réellement droit au passage. Et cela est parfaitement juste. En effet, celui qui demande à jouir d'un chemin, en attendant que son droit de servitude soit prouvé, n'est pas obligé de prouver de suite son droit. En effet, quel tort fait-il, en jouissant du chemin pendant quelque temps, à celui qui l'a laissé jouir depuis un an ? Mais celui qui veut réparer le chemin entreprend une nouveauté, et on ne doit pas lui permettre de le faire, à moins qu'il ne prouve que la servitude lui est réellement due. C'est ce qui résulte de la loi 3, § 13, au Digeste, à notre titre 19. Peu importe, bien entendu, que le droit de passage ait été acquis « jure civili » ou « jure prætorio ». On peut, dans l'un et l'autre cas, se prévaloir de l'interdit qui nous occupe. C'est ce qui est décidé par la loi 5, § 5, au Digeste, à notre titre.

Il peut arriver qu'on ait le droit de passer sur le fonds du voisin, sans avoir pour cela le droit de réparer le chemin, ou bien qu'on ait seulement le droit d'y faire telle ou telle réparation. Il faut donc, pour connaître quel est le droit du propriétaire dominant, s'en rapporter à ce qui a été convenu lors de la constitution de la servitude. C'est ce qui résulte de la loi 3, § 14, au Digeste, à notre titre 19.

Que faut-il entendre par réparer ? La loi 3, § 15, à notre titre, nous dit que, par réparer, on entend refaire, rétablir le chemin dans son premier état, de manière qu'il ne soit ni élargi, ni allongé, ni baissé, ni haussé, car autre chose est de faire un chemin, autre chose de le refaire ; mais il serait défendu de faire un nouveau chemin. Le jurisconsulte Labéon demande s'il est permis de faire un nouveau pont pour l'utilité du chemin, et, après avoir posé cette question, il répond que cela est, à son avis, permis, parce que cette construction peut être regardée comme faisant partie de la réparation du chemin Ulpien est du même avis, pourvu que ce pont soit indispensable à l'exercice de la servitude. C'est ce qui résulte de la loi 3, § 16, à notre titre 19, livre 43 du Digeste.

L'ancien édit ajoutait qu'on n'empêcherait pas d'apporter les matériaux nécessaires à la réparation du chemin. Cette disposition était inutile, parce que si on empêchait le propriétaire du fonds dominant d'apporter les matériaux, il est évident que cet acte, de la part du propriétaire du fonds servant équivaudrait à un obstacle apporté à la réparation même du chemin. C'est ce qui résulte de la loi 4 au Digeste, à notre titre.

Cet interdit, de même que le précédent, appartient non-seulement à celui qui a souffert l'empêchement, mais encore à ses successeurs. Il est également donné à l'acheteur du fonds dominant et contre l'acheteur du fonds servant, C'est ce que décide la loi 5 § 2, à notre titre 19.

Le propriétaire du fonds dominant devra, s'il veut user de l'interdit qui nous occupe, donner caution au propriétaire du fonds servant, de payer les dégradations qu'il pourra causer à ce fonds par suite de l'exécution des réparations. C'est ce que décide la loi 5, § 4, à notre titre.

Nous savons maintenant ce qu'est la servitude de passage, comment elle peut s'établir et comment elle est protégée, il nous reste à voir comment elle s'éteint.

SECTION IV.

Extinction de la servitude de passage.

La servitude prédiale suppose une « causa perpetua », nous le savons, c'est-à-dire que l'exercice actuel de la servitude ne doit pas rendre impossible l'exercice futur; mais il ne faut pas s'y tromper : si la « causa fruendi » doit être « perpetua », le droit de servitude n'est pas nécessairement perpétuel. Il peut parfaitement prendre fin et c'est même là ce qui doit arriver tôt ou tard, car l'extinction de la servitude est le retour au droit commun et cet événement finit toujours par se réaliser.

Comment peut prendre fin la servitude de passage ? Elle peut s'éteindre de différentes manières que nous allons examiner successivement.

Elle peut prendre fin, tout d'abord, par la confusion, c'est-à-dire par la réunion sur la même tête, de la qualité d'ayant droit à la servitude et de propriétaire servant. C'est là, l'application de la règle : « Nemini res sua servit ». Il faut que le propriétaire de l'un des deux fonds devienne l'unique propriétaire de l'autre; s'il en acquérait seulement une part indivise on appliquerait la règle « Servitus per partes retinetur » de la loi 8, § 1, au Digeste, livre 8, titre 1. Si les deux fonds, après avoir été réunis sont de nouveau séparés, la servitude de passage renaitra-t-elle ? Non, car elle a été bien éteinte et il faudrait en constituer une nouvelle, « nominatim imponenda est servitus, alioquin liberæ veniunt œdes », dit le jurisconsulte Paul dans la loi 30 pr. au Digeste, livre 8, titre 2.

La servitude de passage prend encore fin par la remise que le propriétaire du fonds dominant fait au propriétaire du fonds servant de son droit de servitude. Dans l'ancien droit civil, cette remise se faisait au moyen d'une « in jure cessio ». On simulait un procès. On avait recours au simulacre d'une action négatoire pour éteindre la servitude de passage, de même que pour l'établir on pouvait avoir recours au simulacre d'une action confessoire. Aussi, le jurisconsulte Paul fait-il figurer la cession in jure parmi les causes d'extinction de la servitude. Le propriétaire du fonds dominant pouvait aussi faire remise de la servitude, en léguant au propriétaire du fonds servant la liberté de son fonds.

La servitude de passage est encore éteinte par la résolution du droit du constituant, ainsi, par exemple, je suis propriétaire d'un fonds, je le vends sous condition suspensive, je reste propriétaire sous condition résolutoire. En cet état, je constitue purement et simplement une servitude de passage sur ce fonds, la servitude est elle-même soumise à la condition résolutoire, et si la condition se réalise, la servitude sera éteinte. Mais à l'inverse, la résolution du droit de celui qui s'est fait concéder la servitude, laisserait subsister cette servitude. Ainsi, par exemple, un fonds est légué sous condition, avant l'arrivée de la condition, l'héritier acquiert une servitude pour ce fonds, puis la condition se réalise, l'héritier cesse d'être propriétaire de ce fonds, qui passe au légataire ; mais la servitude qu'il a acquise pour ce fonds subsistera et profitera au légataire. C'est ce que décide la loi 11, § 1, au Digeste, liv. 8, titre 6.

La servitude de passage peut aussi s'éteindre, lorsque le fonds dominant ou le fonds servant périt ou est transformé, de telle sorte que la servitude ne puisse plus être exercée.

Enfin, la servitude de passage peut s'éteindre par le non-usage. Le propriétaire peut rester aussi longtemps qu'il lui plaît sans exercer son droit, et cependant le conserver intact, tant qu'un tiers ne l'aura pas usucapé. Il n'en est pas de même pour le titulaire d'un droit de passage. S'il reste un certain temps sans l'exercer, il le perdra par le non-usage, et le propriétaire du fonds servant acquerra ainsi la liberté de son fonds.

Dans l'ancien droit, le non-usage devait durer deux ans. « Viam, iter, actum, qui biennio usus non est, amisse videtur, » dit le jurisconsulte Paul, dans le titre 17, § 1, liv. 1, de ses sentences. Il en est ainsi pour la servitude de passage, parce que cette servitude consiste « in faciendo » de la part de l'ayant-droit. Il n'en était pas de même pour les servitudes urbaines qui consistent « in habendo », le non-usage ne suffit pas, il doit y avoir en outre un acte contraire à la servitude émané du propriétaire du fonds servant. Il doit y avoir de sa part « usucapio libertatis, usucapio lucrativa », parce qu'elle s'opère sans juste titre ni bonne foi,

Sous Justinien, le non-usage pendant deux ans ne suffit plus. Il faut qu'il ait duré dix ans entre présents et vingt ans entre absents. C'est ce que nous trouvons dans la loi 13, au Code, liv. 3, titre 34.

Il importe de remarquer que les actes d'exercice qui empêcheraient la servitude de s'éteindre par le non-usage ne doivent pas nécessairement émaner du propriétaire du fonds dominant. Les actes d'exercice de la servitude de passage la conserveront même, s'ils émanent d'un possesseur de mauvaise foi. C'est ce que nous trouvons dans la loi 12, liv. 8, titre 6, au Digeste, et dans la loi 20, au même titre.

Rappelons enfin en terminant, que la servitude de passage peut encore, selon l'opinion que nous avons admise au moins, s'éteindre, même « jure civili », et, à plus forte raison, « jure « prætorio », par l'échéance d'un terme ou par l'arrivée d'une condition.

DROIT FRANÇAIS.

DE LA LÉGISLATION DES CHEMINS DE FER.

INTRODUCTION.

Les secrets de la nature sont cachés, mais le temps les révèle d'âge en âge, a écrit Pascal, dans ses *Pensées philosophiques*. L'admirable invention de la vapeur, appliquée aujourd'hui avec tant de succès à l'industrie et aux moyens de communication, soit par terre, soit par eau, est une preuve que ce philosophe a dit la vérité, et que l'homme n'est produit que pour l'infinité, puisqu'il s'instruit sans cesse dans son progrès.

La marche du progrès est souvent lente et difficile, mais il finit toujours par se frayer un chemin à travers l'ignorance et la routine des foules, car il est irrésistible. Que d'objections ne fit-on pas au sujet de la découverte des chemins de fer! Les roues devaient tourner sur elles-mêmes sans pouvoir avancer sur la voie ferrée. La fumée détruirait la végétation. Les étincelles incendieraient les maisons. Les voyageurs seraient exposés à des dangers considérables, à des accidents terribles. En un mot, c'était, disait-on, l'invention la plus déplorable qu'on pût imaginer, et elle ne méritait que critiques et railleries. Les chemins de fer furent néanmoins créés, et le succès de l'entreprise a donné un démenti formel aux détracteurs de cette invention si utile, si parfaite, et qui est aujourd'hui regardée, avec raison, comme l'un des moyens les plus puissants et les plus efficaces de civilisation. On ne voulait pas entendre parler de cette invention que l'on considérait comme insensée, on l'admire aujourd'hui. Telle est la force inévitable de la loi du progrès, qui s'impose même aux plus récalcitrants.

Avant d'entrer dans l'examen de la législation des chemins de fer, nous allons donner quelques notions historiques, puis nous exposerons le plan de notre travail.

Si la locomotive est une invention moderne, il n'en est pas de même des chemins à rails. Les peuples de l'antiquité eux-mêmes les ont connus. Il paraît, en effet, que les Grecs, les Carthaginois, et peut-être encore d'autres nations, ont fait usage des rails pour faciliter le tirage des chevaux. Ce qui est certain, c'est que, vers le milieu du xvii° siècle, le transport du charbon de terre, depuis le lieu de l'extraction jusqu'à celui de l'embarquement, s'opérait en Angleterre, dans les districts houillers de Durham et de Northumberland, au moyen d'un chemin formé de rails en bois de chêne ; mais comme ces rails s'usaient rapidement, on imagina de placer sur la face supérieure une lame de fer. Plus tard, vers 1770, on jugea ce perfectionnement insuffisant, et on imagina de substituer aux rails en bois des rails tout de fonte de fer. En 1810, Georges Stephenson substitua aux rails de fonte les rails en fer forgé. Ce changement exerça une grande influence sur le développement des railways. En effet, s'il n'y avait eu que des rails de fonte, naturellement très-cassants, on n'aurait pas pu faire usage, ni des convois à grande vitesse, ni des lourdes machines que l'on emploie aujourd'hui. Heureusement cette amélioration se produisit au moment où l'application de la locomotive aux chemins de fer allait opérer une révolution complète dans le système des voies de communication.

Voilà pour la voie ferrée elle-même; disons maintenant quelques mots sur la locomotive.

Il est assez difficile de dire au juste quel est le peuple qui peut revendiquer l'honneur de l'invention de la locomotive. On peut dire que cet honneur doit être partagé par la France, par l'Angleterre et par les États-Unis d'Amérique Ces trois peuples se sont en effet associés en quelque sorte, pour concourir soit à l'invention, soit au perfectionnement de la locomotive.

L'idée première de substituer la vapeur comme force de traction à celle des animaux, semble devoir être attribuée à l'ingénieur français Cugnot qui, en 1769, présenta au gouvernement un chariot à vapeur, destiné au transport rapide de l'artillerie. Ce chariot fut essayé à Paris, mais l'expérience ne réussit pas. La quantité d'eau que l'on pouvait admettre sur le chariot étant peu considérable, il aurait fallu s'arrêter tous les quarts d'heure environ pour renouveler la provision d'eau de la chaudière, et la trop grande violence des mouvements de la machine ne permettait pas de la diriger. Mais enfin il n'en est pas moins vrai que la science doit rendre hommage à Cugnot qui, le premier, a construit une machine à vapeur destinée au transport par terre. Denis Papin qui, le premier, a construit une machine à vapeur, en faisait déjà l'application en 1707 à la navigation. Le chariot de Cugnot a été placé en 1800 au Conservatoire des Arts et Métiers, où on peut encore le voir aujourd'hui.

Cugnot avait donné le signal; son exemple fut suivi. En 1786, l'américain Olivier Evans aborda, lui aussi, la solution du difficile problème de la traction par la vapeur. Après bien des recherches, il parvint en 1804, à faire marcher une voiture à vapeur dans les rues de Philadelphie; mais l'expérience n'aboufit guère mieux que celle de Cugnot. Ce qui en faisait l'insuccès, c'était l'impossibilité de direction, embarras qui, jusqu'à nos jours, a tenu en échec la navigation des ballons. Il paraît cependant, que M. Dupuy de Lome vient de trouver la solution du problème de l'aérostat dirigeable.

A peu près vers le même temps, au commencement de notre siècle, deux constructeurs anglais, Vivian et Trewethick, imaginèrent d'essayer une voiture à vapeur sur un chemin à rails de fer. L'expérience, qui se fit dans le pays de Galles, n'obtint pas encore un résultat satisfaisant, bien qu'il y eût progrès, et même progrès saillant, car la direction devenait plus facile au moyen des rails. On peut même dire que la solution était sur le point d'être trouvée. En 1813, Blackett fit une expérience qui réussit mieux que les précédentes. Mais la machine locomotive était encore dans l'enfance.

A Georges Stephenson était réservé l'honneur d'établir la locomotive dont on put réellement tirer parti. Les machines construites antérieurement manquaient à la fois de puissance et d'adhérence. En 1815, Stephenson essaya de parer à ces deux inconvénients, et il obtint un grand résultat. Il doubla la production de vapeur, et par conséquent la puissance de la machine, en rétrécissant l'orifice d'échappement. Il obtint l'adhérence en accouplant les roues par des bielles.

Néanmoins, malgré le succès, très-important sans doute, obtenu par Stephenson, les locomotives continuèrent à fonctionner très-imparfaitement, parce que la partie destinée à la formation de la vapeur ne présentant qu'un seul cylindre, la production de la vapeur était tout-à-fait insuffisante. Enfin, en 1828, un ingénieur français, Marc Séguin, neveu de Montgolfier, l'inventeur des ballons, conçut l'heureuse idée de la chaudière tubulaire, et inventa ainsi la locomotive à grande vitesse. C'est encore la machine de Seguin qui fonctionne aujourd'hui avec quelques perfectionnements. On peut dire que c'est la découverte de Seguin qui provoqua réellement la création des chemins de fer, et que, par conséquent, cet ingénieur français en est le véritable créateur.

Jusqu'en 1830, les chemins de fer n'avaient guère servi qu'au transport des produits des usines et des mines jusqu'au lieu de l'embarquement. Il n'y avait eu jusqu'alors que des chemins de fer industriels. Ce n'est que le 15 septembre 1830, que l'on vit le premier convoi de voyageurs à grande vitesse parcourir la voie ferrée de Manchester à Liverpool La locomotive, qui remorquait ce convoi, avait été construite par Stephenson, qui dut son succès à l'emploi de la chaudière tubulaire de Seguin. C'est seulement à cette époque, que l'on commença à se servir des chemins de fer comme voies de grande communication pour le transport des marchandises et des voyageurs.

La France, il faut bien le reconnaître, a montré au début une assez grande indifférence au sujet de ce nouveau moyen de transport qui devait être cependant, si fécond en grands résultats.

Ce fut seulement en 1823, que le premier chemin de fer fut établi dans notre pays. Ce chemin liant le bassin houiller de Saint-Etienne au pont d'Andrezieux, sur la Loire, avait pour objet le transport du charbon provenant de ce bassin jusqu'au fleuve sur lequel on devait l'embarquer. Un peu plus tard, on créa le chemin de Saint-Etienne à Lyon, puis celui d'Andrezieux à Roanne. Ces chemins n'étaient pas destinés au transport des voyageurs, mais seulement à celui des produits des mines et n'étaient même pas desservis dans tout leur parcours par la locomotive. Ce n'est qu'en 1835, que l'Etat concéda le premier chemin de fer sérieux, celui de Saint-Germain En 1836, on commença le chemin de Montpellier à Cette; en 1837, ceux de Versailles, de Mulhouse à Thann et de Bordeaux à la Teste. En 1838, il y eut de nouvelles concessions; mais la confiance, sans laquelle il n'y a pas de succès possible, était loin d'être grande, et la plupart des compagnies concessionnaires manquaient de capitaux. Plusieurs d'entre elles durent même renoncer à leurs entreprises et abandonner leurs concessions. Ce défaut de confiance en ces grandes entreprises fit qu'en 1842 nous ne possédions qu'un nombre tout-à-fait insignifiant de chemins de fer. A cette époque, on comprit enfin que la France ne pouvait pas rester en arrière des autres nations et qu'il fallait, sans plus attendre, procéder à l'établissement des grandes voies ferrées. C'est ce que prescrivit la loi du 11 juin 1842.

La France a attendu longtemps, mais elle n'a peut-être pas perdu pour attendre; car, comme le fait très-bien remarquer M. Perdonnet, le projet de toutes nos grandes lignes, ayant été pour ainsi dire enfanté dans un seul jour, on en a retiré au moins cet avantage qu'elles ont été tracées dans des idées d'ensemble qui n'ont pas présidé à la conception des chemins de fer anglais et allemands. Je sais très-bien qu'il ne faudrait pas tenir ce langage devant un allemand, car il répondrait immédiatement que cela ne peut pas être, attendu que tout est bien supérieur en Allemagne. Mais laissons dire les Allemands : soyons unis, travaillons et ayons confiance dans les destinées de la France qui se relève; s'ils sont supérieurs à nous, tant mieux pour eux; qu'ils fassent en sorte qu'il en soit toujours de même !

Aujourd'hui nos principales lignes sont terminées, ou à peu près; mais la France ne s'arrêtera pas là. Elle multipliera sans cesse les chemins de fer, parce qu'elle sait à merveille que la richesse et la civilisation croîtront avec le développement donné à ces voies de communication

Les Conseils généraux, dont les attributions viennent d'être étendues par la loi du 10 août 1871 useront, il faut l'espérer, dans la plus large mesure possible de la faculté accordée par la loi de 1805 aux départements de créer des chemins de fer d'intérêt local. Déjà plusieurs de ces chemins sont en voie de construction et même d'exploitation. Il y aura même des voies ferrées jusque dans l'intérieur de Paris. Le Conseil général de la Seine qui, après nos revers, s'est mis à l'œuvre de réorganisation avec une ardeur et un patriotisme dignes de tous les éloges, vient en effet de voter l'établissement d'un chemin de fer métropolitain.

Lorsque tous les chemins de fer d'intérêt local seront construits, nous croyons pouvoir dire, sans craindre d'être accusé de vantardise, que le système de nos voies ferrées sera bon, et même excellent, car il procurera à la fois les avantages de la centralisation et les bienfaits de la décentralisation.

Puis enfin si les grandes lignes deviennent insuffisantes, ce qu'il faut souhaiter, puisque ce sera une preuve de l'extension de notre commerce, rien n'empêchera d'en créer de nouvelles qui viendraient aboutir, soit à Paris, soit à un autre endroit, suivant les besoins. Il ne faut pas, en effet, qu'il y ait en France une seule localité qui ne puisse jouir des bienfaits de l'exportation et de l'importation procurés par les chemins de fer, parce qu'il ne faut pas qu'il y ait une seule source de richesses qui reste improductive.

On a dit souvent que les chemins de fer produiraient dans la société actuelle une révolution analogue à celle amenée au vx° siècle par l'imprimerie, et cette assertion, il faut bien le reconnaître, n'a rien d'exagéré. Nous n'avons pas, au reste, à tracer le tableau des bienfaits que l'agriculture, le commerce, l'industrie, et par conséquent les particuliers eux-mêmes retirent des chemins de fer. Ce serait une besogne superflue, puisque tout le monde les connaît aussi bien que nous. Nous nous contenterons de les résumer avec M. Perdonnet, en ces trois mots, qui pourraient être donnés comme devise aux chemins de fer : économie, régularité, vitesse.

Les chemins de fer ont été l'objet de dispositions législatives spéciales. Il y a d'abord la loi du 11 juin 1842, qui a prescrit la construction des grandes lignes. Nous mentionnerons ensuite la loi du 15 juillet 1845, ainsi que l'ordonnance du 15 novembre 1846 qui s'occupent de la police des chemins de fer. Il y a ensuite le cahier des charges que nous appellerons le cahier général, parce qu'il est applicable à toutes les grandes lignes. Avant que ce cahier général eût été rédigé, chaque compagnie concessionnaire avait son cahier des charges spécial, ce qui était très-défectueux et très-regrettable. En effet, les cahiers des charges ont force de loi et nous dirons, avec M. Duverdy, qu'il ne convenait pas qu'en France où le principe de l'égalité devant la loi domine toute la législation, chaque compagnie eût une loi différente. Cela était fâcheux encore à un autre point de vue, car il fallait, soit dans les transactions commerciales, soit dans les procès, que les particuliers et les tribunaux connûssent les cahiers des charges de chaque compagnie.

Voilà pour les grandes lignes. Il y a maintenant la loi du 12 juillet 1865, pour les chemins d'intérêt local qui ont un cahier des charges spécial.

A côté de cette législation spéciale aux chemins de fer, il y a des lois de droit commun qui leur sont applicables. Mentionnons le Code civil, le Code de commerce, le Code pénal, puis une foule de lois qui rentrent dans le droit administratif, qui malheureusement n'est pas codifié, telles que la loi du 28 pluviôse an VIII, la loi du 10 septembre 1807, celle du 9 ventôse an XIII, celle du 21 avril 1810, celle du 3 mai 1841, etc., etc.

Nous diviserons nos études sur les chemins de fer en deux parties.

Dans la première, sous la rubrique : Notions générales, nous examinerons les questions suivantes qui formeront autant de chapitres : Concession de la voie ferrée; formation et administration de la compagnie; expropriation et exécution des travaux d'établissement de la voie ferrée; servitudes imposées aux propriétés riveraines ; droits et obligations de la compagnie concessionnaire; contrôle et surveillance exercée par l'administration sur la compagnie.

Nous consacrerons la deuxième partie à l'examen de la question la plus importante qui puisse se présenter sur notre sujet, c'est-à-dire au transport par chemins de fer.

PREMIÈRE PARTIE.

NOTIONS GÉNÉRALES.

CHAPITRE PREMIER.

CONCESSION DE LA VOIE FERRÉE.

La concession est l'acte par lequel le gouvernement accorde à une compagnie le droit d'exploiter une voie ferrée. En France, toutes les lignes de chemins de fer sont concédées à des compagnies, il n'y en a pas qui soient exploitées par l'État, comme cela a lieu, au contraire, dans certains pays, en Belgique, notamment.

La concession d'un chemin de fer peut être accordée de deux manières : ou par voie d'adjudication au rabais, qui peut porter sur la subvention, si l'État en accorde une, et sur le maximum de la durée de jouissance ; ou par une convention passée de gré à gré entre le ministre des travaux publics et une compagnie. Ce dernier mode de concession est de beaucoup le plus fréquent.

Pour obtenir une concession de chemin de fer, il faut remplir certaines formalités qui diffèrent suivant que la concession est accordée par adjudication ou par une simple convention entre le gouvernement et la compagnie.

Dans le premier cas, c'est-à-dire en cas d'adjudication, il faut se conformer aux conditions prescrites par l'arrêté ministériel du 19 avril 1862. Cet arrêté ministériel institue une commission chargée de procéder à l'adjudication des concessions de chemin de fer. Cette commission, présidée par le ministre des travaux publics, est composée du président de la section des travaux publics au conseil d'État, qui est le vice-président de la commission. Elle comprend ensuite le gouverneur de la Banque de France; le secrétaire général du ministère des travaux publics, le directeur général des ponts et chaussées et des chemins de fer; le directeur du mouvement général des fonds, au ministère des finances; un inspecteur général des ponts et chaussées; un inspecteur général des mines. Il y a de plus un secrétaire qui est le chef de la division des études et des travaux de chemins de fer.

Lorsqu'il doit y avoir une adjudication de chemin de fer, un arrêté ministériel le fait connaître au public en indiquant les conditions de l'adjudication. Les personnes qui voudront concourir et qui auront été préalablement agréées par le ministre, seront tenues de déclarer, dans le délai fixé, leur intention par écrit, et de déposer au secrétariat général du ministère des travaux publics, les états de souscription et autres pièces propres à justifier des ressources nécessaires pour remplir les engagements à contracter vis-à-vis de l'État. Le montant des sommes souscrites devra s'élever avant l'adjudication au moins au quart du capital total à réaliser par la compagnie; le surplus du capital social devant être ultérieurement l'objet d'une souscription publique. Les pièces produites par les soumissionnaires seront soumises à l'examen de la commission des adjudications, qui proposera les admissions ou les rejets sur lesquels il sera définitivement statué par le ministre. Chaque soumissionnaire sera averti de la décision prise en ce qui le concerne. et s'il y a lieu, du jour de l'adjudication. Les personnes admises à concourir à l'adjudication devront faire, à la caisse des dépôts et consignations, le dépôt de garantie, dont le montant aura été fixé par arrêté ministériel. La somme à déposer à titre de garantie est au moins égale au trentième de la dépense à faire par la compagnie. Les dépôts de garantie seront restitués aux concurrents dont les offres n'auront pas été acceptées. Au jour indiqué pour l'adjudication, le ministre procède à l'ouverture des soumissions dans l'ordre de leur présentation et prononce sur leur acceptation. Si deux ou plusieurs soumissionnaires proposent le même rabais, un nouveau concours sera ouvert, immédiatement et séance tenante, entre les signataires des soumissions qui proposent les mêmes conditions.

L'adjudication prononcée par le ministre ne sera valable et définitive, qu'après avoir été homologuée par un décret du président de la république, qui prononcera l'utilité publique, ou par une loi, suivant les cas.

Voilà les formalités à remplir pour devenir concessionnaire d'un chemin de fer au moyen d'une adjudication. Voyons maintenant ce qui se passe dans l'autre cas, c'est-à-dire en cas de concession consentie de gré à gré par le gouvernement.

Il faut, dans ce dernier cas. se conformer à une instruction insérée au *Moniteur* du 13 novembre 1854. La personne qui veut obtenir une concession doit adresser sa demande au ministre des travaux publics, qui lui fait subir les épreuves suivantes : Il commence par procéder à des enquêtes dans lesquelles les populations sont appelées à faire connaître leurs réclamations sur les questions de tracé. Les projets sont communiqués aux chambres de commerce des localités que doit parcourir le chemin de fer et, au besoin, aux chambres consultatives des arts et manufactures des villes intéressées à l'exécution des travaux, afin qu'elles délibèrent et expriment leur opinion sur l'utilité et la convenance de l'opération C'est ce que prescrit l'article 8 de l'ordonnance du 18 février 1834, On doit aussi, en vertu de l'article 6 de la même ordonnance, entendre dans les enquêtes les ingénieurs des ponts et chaussées et des mines employés dans les départements intéressés.

Après ces enquêtes, dans lesquelles on entend les populations, les chambres de commerce et les ingénieurs des départements intéressés, on fait subir à la demande de concession les phases suivantes d'instruction: 1° les ingénieurs de l'État et les inspecteurs généraux des ponts et chaussées ont à prononcer sur les questions d'art, de dépense et de produit; 2° le conseil général des ponts et chaussées examine et discute les projets des ingénieurs; 3° le comité consultatif des chemins de fer apprécie à son tour le projet, principalement au point de vue des intérêts commerciaux et des conditions financières proposées par la compagnie soumissionnaire; 4° enfin, en dernier lieu, le projet et la demande, ou les demandes, s'il y en a plusieurs, sont soumises au conseil d'État qui les examine, d'abord en section, puis en assemblée générale, sous tous les aspects, et donne son avis au gouvernement sur les conditions des cahiers des charges et sur la valeur de la compagnie ou des compagnies soumissionnaires.

Ce n'est qu'après l'accomplissement de toutes ces formalités, destinées à sauvegarder en même temps les intérêts des localités traversées par la nouvelle ligne, celui du commerce en général et celui du trésor, que le ministre des travaux publics passe avec la compagnie soumissionnaire la convention, qui sera ensuite approuvée par un décret ou par une loi, suivant les cas.

Les conditions de la concession sont contenues dans le cahier des charges, qui est annexé au décret et à la loi de concession et qui a lui-même force de loi. Nous savons déjà qu'aujourd'hui toutes les compagnies ont le même cahier des charges.

Il y a des concessions définitives et des concessions éventuelles. La concession définitive est celle qui assure à la compagnie le droit de faire exécuter les travaux de construction et ensuite d'exploiter la ligne, conformément au cahier des charges. La concession éventuelle est celle qui ne deviendra définitive que plus tard, lorsque l'utilité publique des lignes qui en font l'objet aura été réellement reconnue après l'accomplissement des formalités de l'enquête. Par la concession éventuelle, la compagnie n'acquiert pas le droit de faire exécuter les travaux, elle n'acquiert, autant dire, qu'une espérance.

Voilà pour la concession des grandes lignes. Quelques mots maintenant sur la concession des chemins d'intérêt local.

D'après l'art. 2 de la loi du 12 juillet 1865, c'est le conseil général qui arrête, après instruction préalable faite par le préfet, la direction des chemins de fer d'intérêt local et les conditions de leur construction, ainsi que les traités et les dispositions nécessaires pour en assurer l'exploitation. Ensuite le préfet, en exécution des délibérations du conseil général, traite au nom du département avec la compagnie concessionnaire. Puis enfin intervient le décret du président de la République déclarant l'utilité publique de la concession et autorisant l'exécution des travaux. Le chef de l'État peut, en vertu de l'art. 5 de la loi de 1865, accorder aux concessionnaires une subvention qui, toutefois, ne devra pas dépasser le maximum établi par cet article. Pour qu'une subvention plus élevée pût être accordée à une compagnie concessionnaire d'un chemin local il faudrait l'intervention du pouvoir législatif.

Voilà ce qui était admis sans conteste, avant la loi du 10 août 1871 sur les conseils généraux. Cette importante loi de décentralisation dit, dans son art. 46, n. 12, que le conseil général statue définitivement sur la direction des chemins de fer d'intérêt local, modes et conditions de leur construction, traités et dispositions nécessaires pour en assurer l'exploitation. On s'est demandé si la déclaration d'utilité publique par le gouvernement était encore nécessaire puisque la loi de 1871 dit : « Le conseil général statue définitivement ? » Une circulaire adressée, le 8 octobre 1871, aux préfets par le Ministre de l'Intérieur, décide que le § 12 de l'art. 46 de la loi de 1871 n'a pas eu pour effet d'abroger la loi spéciale du 12 juillet 1865. La circulaire s'exprime ainsi : « Il est douteux qu'un chemin de fer d'intérêt local puisse être établi sans qu'il soit nécessaire d'acquérir des terrains par voie d'expropriation ; l'entreprise devra donc être déclarée d'utilité publique et, à ce point de vue, il sera indispensable de recourir à un décret. En outre, comme l'État intervient dans l'opération par une subvention fixée au quart, au tiers ou à la moitié de la dépense, suivant le produit du centime dans le département, le gouvernement aura toujours le droit d'examiner le contrat de concession et les conditions du cahier des charges, et par suite de refuser son adhésion. » La circulaire ajoute : « Les dispositions du § 12 ne sauraient donc être appliquées que dans des cas exceptionnels et qu'autant que le conseil général, renonçant à toute subvention de l'État, ouvrirait la voie ferrée sur des terrains dont la cession aurait été opérée à l'amiable. »

Ainsi, dans l'opinion du gouvernement, la circulaire est on ne peut plus claire, le décret prononçant l'utilité publique est nécessaire, et l'État doit intervenir dans la concession d'un chemin d'intérêt local, pour déclarer l'utilité publique et pour accorder la subvention.

Malgré cette explication de l'art. 46 n. 12, donnée par le Ministre de l'Intérieur, on soutient encore que le décret d'utilité publique n'est pas nécessaire pour que la concession soit valable. La plupart des conseils généraux, qui ont fait de nombreuses concessions de chemins départementaux pour lesquels le décret d'utilité publique n'est pas encore intervenu, soutiennent que le gouvernement ne peut pas refuser ce décret lorsque l'utilité d'un chemin est reconnue. Donner et retenir ne vaut, disent-ils. Or, il est évident que, d'après l'interprétation donnée par le gouvernement, l'art. 46 donne et retient. Il est, en effet, incompatible que l'administration ait le droit d'annuler lorsque les conseils départementaux ont celui de statuer définitivement.

Voilà les deux systèmes en présence sur cette question d'un intérêt immense. Lequel vaut le mieux ? Pour nous, l'explication donnée par le gouvernement sur l'art. 46 est plus conforme

aux lois existantes que celle qui est donnée par les conseils
généraux : seulement nous nous empressons d'ajouter qu'il y
aurait peut-être des modifications à introduire dans la législation qui nous régit ; mais enfin tant qu'elle nous régit, il faut
bien s'y soumettre.

Il serait peut-être bon de suivre la voie de décentralisation
dans laquelle est entrée hardiment l'Assemblée nationale en
votant la loi du 10 août 1871, et d'attribuer aux conseils généraux le droit de déclarer l'utilité publique pour tous les travaux
qui intéressent les départements. Mais enfin nous ne croyons
pas que ce droit existe pour eux en vertu de l'art. 46 de la loi
du 10 août 1871. Il paraît, au reste, que le gouvernement a l'intention de demander à l'Assemblée nationale une interprétation
de cet art. 46. De cette façon la question sera tranchée définitivement et ne laissera plus aucun doute.

Le temps de la durée de la concession est fixé par le cahier
des charges aussi bien pour les grandes lignes que pour les
chemins d'intérêt local.

D'après la loi de 1842, l'exploitation ne devait pas appartenir pendant bien longtemps aux compagnies concessionnaires,
car elles n'avaient que des baux à court terme. Les gros travaux
étaient à la charge de l'État, les compagnies se chargeaient
seulement de poser les rails, de fournir le matériel et d'entretenir et de réparer les chemins ainsi que le matériel. A l'expiration du bail, la valeur de la voie de fer et du matériel devait
être remboursée, à dire d'experts, à la compagnie par celle
qui lui succéderait ou par l'État. Si on s'en était tenu à la loi de
1842, les grandes lignes seraient sur le point de revenir à
l'État. Mais on alla beaucoup plus loin, on accorda bientôt des
concessions à long terme, 38 ans par exemple à la compagnie
du Nord. En 1852, par la loi du 8 juillet, les réseaux furent
remaniés et les concessions uniformément prorogées à 99 ans
avec report de la date d'entrée en jouissance. C'est de la même
époque que datent les fusions entre les diverses compagnies.

Par ce moyen on est arrivé à organiser les grands réseaux de chemins de fer, cela est incontestable; mais il faut bien aussi le reconnaître, on a créé un monopole au profit de six grandes compagnies concessionnaires. Il y aurait peut-être eu pour l'État un résultat plus satisfaisant à retirer des voies ferrées sans constituer un monopole au profit de quelques particuliers, tout en formant les grands réseaux et en établissant tout autant de chemins de fer qu'il y en a aujourd'hui en exploitation. Enfin, quoi qu'on puisse dire contre le système adopté, il existe et il faut bien le prendre tel qu'il est. Il faut accepter ce monopole qui doit durer 99 ans, à moins que l'État n'entende user de son droit de rachat.

Toutes les concessions doivent durer 99 ans, voilà le principe; mais elles peuvent prendre fin avant l'expiration de ce long terme.

Elles pourraient prendre fin par le rachat. C'est ce que nous dit expressément l'art. 37 du cahier des charges général ainsi conçu : A toute époque, après l'expiration des quinze premières années de la concession, le gouvernement aura la faculté de racheter la concession entière du chemin de fer. Pour régler le prix de rachat, on relèvera les produits nets annuels obtenus par la compagnie pendant les sept années qui auront précédé celle où le rachat sera effectué; on en déduira les produits nets des deux plus faibles années et l'on établira le produit net moyen des cinq autres années. Ce produit net formera le montant d'une annuité, qui sera due et payée à la compagnie pendant chacune des années restant à courir sur la durée de la concession. Dans aucun cas, le montant de l'annuité ne sera inférieur au produit net de la dernière des sept années prises pour termes de comparaison. La compagnie recevra en outre, dans les trois mois qui suivront le rachat, les remboursements auxquels elle aurait droit à l'expiration de la concession. C'est ce que nous verrons un peu plus loin.

Si l'État a la faculté d'exercer son droit de rachat, il est peu probable qu'il en use, car on le voit, indépendamment des remboursements auxquels il est tenu à l'expiration de la concession, il serait tenu de fournir aux compagnies concessionnaires une indemnité qui absorberait en grande partie les bénéfices qu'il pourrait réaliser en exploitant lui-même, il aurait tout le mal sans en retirer aucun avantage sérieux. Nous avons donc raison de dire que les compagnies jouissent d'un véritable monopole, d'un véritable privilége, et que si elles rendent des services incontestables à notre pays, elles en sont largement récompensées, surtout si on ajoute aux avantages qu'elles retirent de l'exploitation elle-même des voies ferrées, les subventions que l'État s'est engagé à fournir et les intérêts qu'il a garantis pour la construction de ce qu'on appelle le nouveau réseau.

Voilà pour le cas où l'État entendrait user de son droit de rachat. La concession cesserait encore avant l'expiration de 90 ans par la déchéance de la compagnie. Les articles 38, 39 et 40 du cahier des charges général règlent de la manière suivante les circonstances qui peuvent entraîner la déchéance de la compagnie concessionnaire et indiquent quelles sont les mesures à prendre lorsque la déchéance est prononcée. La déchéance est encourue dans trois cas : 1° si la compagnie n'a pas commencé les travaux dans le délai fixé, la déchéance est alors encourue sans qu'il soit besoin d'avoir recours à aucune notification, à aucune mise en demeure préalable et le cautionnement qui a été déposé par la compagnie est attribué à l'État, en toute propriété ; 2° si la compagnie n'a pas achevé les travaux dans le délai fixé ou si elle ne remplit pas les obligations qui lui sont imposées par le cahier des charges. Dans ce cas il sera pourvu tant à la continuation et à l'achèvement qu'à l'exécution des autres engagements au moyen d'une adjudication que l'on ouvrira sur une mise à prix des ouvrages exécutés, des matériaux et des parties du chemin de fer déjà livrées à l'exploitation. Les soumissions pourront être inférieures à la mise à prix. La compagnie perdra également son cautionnement, comme dans le cas précédent. La nouvelle compagnie sera soumise aux clauses du cahier des charges de la compagnie évincée, qui percevra, à titre d'indemnité, le prix que l'adjudication aura donné. Si l'adjudication n'avait produit aucun résultat, on en tentera une seconde après un délai de trois mois ; si cette seconde tentative reste infructueuse, la compagnie sera définitivement déchue de tous droits, et alors les ouvrages exécutés, les matériaux et les parties de la voie déjà livrées à l'exploitation appartiendront à l'État ; 3° il y a enfin déchéance si l'exploitation du chemin de fer vient à être interrompue en totalité ou en partie. L'administration prendra immédiatement, aux frais et risques de la compagnie, les mesures nécessaires pour assurer provisoirement le service. Si dans les trois mois de l'organisation du service provisoire, la compagnie n'a pas valablement justifié qu'elle est en état de reprendre et de continuer l'exploitation, et si elle ne l'a pas effectivement reprise, la déchéance pourra être prononcée par le ministre. Cette déchéance prononcée, le chemin de fer et toutes ses dépendances seront mis en adjudication, et il sera procédé comme dans le cas précédent.

L'article 41 du cahier des charges déclare que la déchéance ne serait pas encourue, dans le cas où le concessionnaire n'aurait pu remplir ses obligations par suite de circonstances de force majeure dûment constatées.

En dehors du cas de rachat et en dehors du cas de déchéance, la concession ne peut prendre fin que par l'expiration du terme, c'est-à-dire après les 99 ans accomplis. Qu'arrivera-t-il à l'expiration de ce terme? L'article 36 du cahier des charges répond à la question : A l'époque fixée pour l'expiration de la concession et par le seul fait de cette expiration, le gouvernement sera subrogé à tous les droits de la compagnie sur le chemin de fer et ses dépendances, et il entrera immédiatement en jouissance de tous ses produits. La compagnie devra remettre en bon état d'entretien le chemin de fer et tous les immeubles qui en dépendent, quelle qu'en soit l'origine, tels que les bâtiments des gares et stations, les remises, ateliers et dépôts, les maisons de gardes, etc. Il en sera de même de tous les objets immobiliers dépendant également dudit chemin, tels que les barrières et clôtures, les voies, plaques tournantes, machines fixes, etc. Dans les cinq dernières années qui précéderont le terme de la concession, le gouvernement aura le droit de faire saisir les revenus du chemin de fer et de les employer à rétablir en bon état le chemin et ses dépendances, si la compagnie ne se mettait pas en mesure de satisfaire pleinement à cette obligation. En ce qui concerne les objets mobiliers, tels que le matériel roulant, les matériaux, combustibles, approvisionnements de tout genre, le mobilier des stations, l'outillage des ateliers et des gares, l'État sera tenu, si la compagnie le requiert, de prendre tous ces objets sur l'estimation qui en sera faite à dire d'experts et réciproquement ; si l'État le requiert, la compagnie sera tenue de les céder de la même manière.

Quelle est l'autorité compétente pour trancher les contestations qui pourraient s'élever entre l'administration et la compagnie concessionnaire ? L'article 70 du cahier des charges répond que les contestations qui s'élèveraient, au sujet de l'exécution et de l'interprétation du cahier des charges seront jugées par le conseil de préfecture de la Seine, sauf recours au conseil d'État. Mais l'autorité judiciaire serait exclusivement compétente pour connaître des contestations d'intérêt privé qui pourraient s'élever sur l'exécution du cahier des charges, qui fait partie intégrante de la loi de concession et qui, par conséquent, est lui-même une loi dont l'interprétation ne peut appartenir qu'aux tribunaux. Le cahier des charges ne peut pas être considéré comme un simple acte administratif, dont la connaissance appartiendrait à l'autorité administrative. C'est ce qu'a décidé la cour de cassation dans un arrêt du 5 février 1861. Ainsi, c'est à l'autorité judiciaire qu'il appartient d'interpréter et d'appliquer les dispositions du cahier des charges qui constituent, à l'égard des tiers, des droits particuliers et des obligations déterminées. C'est à la même autorité qu'il appartient de statuer sur les dommages-intérêts résultant de la violation ou de l'inexécution desdites dispositions.

Disons en passant que cette division du contentieux administratif et du contentieux judiciaire est une chose défectueuse et déplorable, qui ne repose que sur une mauvaise interprétation de la théorie de la séparation des pouvoirs. Il ne devrait y avoir qu'une seule autorité chargée de juger : l'autorité judiciaire, puisque l'action de juger est une et absolument semblable qu'il s'agisse d'un différend entre particuliers ou d'un différend entre un particulier et l'administration. Il ne faut pas que l'administration soit à la fois juge et partie. Les tribunaux administratifs doivent nécessairement disparaître, comme étant une institution mauvaise et sans utilité pour la bonne administration de la justice, et être simplement remplacés par une chambre administrative que l'on créérait auprès de chaque tribunal.

Quelle est la nature du droit de la compagnie concessionnaire ? Sous l'empire de la loi de 1842 il n'y avait pas de doute possible. Le contrat qui intervenait entre l'État et la compagnie était un pur louage, un louage d'industrie que faisait la compagnie. L'État devait fournir la voie à la compagnie, qui s'engageait à poser les rails et à fournir le matériel. Comme prix, comme rémunération de ce travail, l'État s'engageait à laisser la compagnie bénéficier, pendant un certain temps, de l'exploitation de la voie ferrée, et à rembourser à la compagnie, à l'expiration de ce temps, la valeur de la voie de fer et du matériel. On pourrait même dire qu'il y avait un double louage : un louage d'industrie de la part de la compagnie et un louage de la voie de la part de l'État, l'un étant le prix de l'autre, l'un étant regardé comme l'équivalent de l'autre. D'après ce système, la situation était nettement définie. La Compagnie était absolument dans la situation où se trouve un preneur vis-à-vis de son bailleur, elle n'avait qu'un droit personnel puisque le louage ne confère pas un droit réel. L'État était dans la situation où se trouve une personne qui loue les services d'un entrepreneur. La compagnie n'était, en quelque sorte, qu'un entrepreneur travaillant pour le compte de l'État, qui s'engageait, à titre de paiement envers elle à la laisser jouir pendant un certain temps de la voie ferrée. Le système de la loi de 1842 était donc on ne peut plus simple; mais malheureusement il ne fut pas suivi, on se lança dans la fantaisie, qui était peut-être commandée par les circonstances, nous n'en savons rien; mais enfin il n'en est pas moins vrai que les choses se compliquent. Il y eut d'abord des subventions en travaux, en argent. Jusque là le mal n'est pas grand, cela ne change en rien la nature du contrat passé entre l'État et la compagnie. La subvention indique tout simplement une augmentation de prix accordée par l'État pour le louage d'ouvrage que la compagnie avait consenti. Mais plus tard, la compagnie acquiert le droit de faire prononcer l'expropriation, de faire exécuter les travaux elle-même; elle acquiert une concession de 99 ans; elle est, en quelque sorte, substituée pour ce temps à l'État qui s'efface devant elle et qui ne conserve, pour ainsi dire, qu'un droit de contrôle et de surveillance. Quelle est donc aujourd'hui la nature du droit de la compagnie concessionnaire? Nous pouvons déjà dire, avec certitude que la compagnie concessionnaire n'est pas propriétaire, car la propriété est un droit exclusif, privatif et perpétuel. Eh bien, la compagnie concessionnaire n'a pas un droit exclusif et privatif, puisqu'elle est placée sous la surveillance de l'administration. Elle ne peut pas faire ce qu'elle veut de la voie ferrée, elle est obligée, sous peine de déchéance, de l'exploiter conformément aux conventions passées entre elle et l'administration, elle ne pourrait pas céder son droit à un tiers, sans l'assentiment et l'approbation de l'administration. C'est ce qu'a décidé la cour de cassation dans un arrêt du 14 février 1859. Son droit n'est pas non plus perpétuel, puisqu'il ne doit durer que 99 ans et que, même avant cette époque, l'État peut user du droit de rachat. La compagnie n'est donc pas propriétaire de la voie ferrée. La propriété en appartient à l'État. Au reste, l'article 1er de la loi du 15 juillet 1845 ne peut laisser aucun doute, car il est formel : Les chemins de fer construits ou concédés par l'État sont rangés dans la grande voirie. Ils appartiennent par conséquent au domaine public.

Si la compagnie n'est pas propriétaire de la voie ferrée, en a-t-elle au moins l'usufruit ? Là encore nous répondrons négativement. En effet, l'usufruit est un droit aléatoire ; il est difficile de savoir au juste ce que vaut un usufruit. Il n'en est pas de même du droit d'une compagnie ; on peut parfaitement savoir ce que vaut un droit de concession. Puis l'usufruitier prend les choses dans l'état où elles sont et doit les restituer dans le même état, il n'est pas tenu d'effectuer de gros travaux, il ne peut même pas changer la nature de la chose dont il a l'usufruit. Au contraire, la concession d'un chemin de fer n'est donnée à une compagnie que pour qu'elle exécute de grands travaux, que pour qu'elle crée en un mot le chemin qui sera exploité. Puis l'usufruitier peut céder son droit. Nous savons, au contraire, qu'on ne reconnaît pas ce droit à la compagnie concessionnaire. Enfin, si l'usufruitier a fait des constructions sur le terrain dont il a la jouissance il pourra être traité comme un possesseur de mauvaise foi, c'est-à-dire que le nu-propriétaire, conformément à l'article 555 du Code civil, pourra exiger la démolition de ces constructions ou bien les conserver en en remboursant la valeur à l'usufruitier. Au contraire, les constructions faites par la compagnie concessionnaire appartiennent à l'État, sans indemnité aucune, à l'expiration du délai de la concession. C'est ce qui résulte de l'article 36 du cahier des charges. Le droit de la compagnie concessionnaire n'est donc pas un droit d'usufruit.

Faut-il dire que le droit qui résulte de la concession est celui qui découle d'un contrat de louage ? Pas davantage. Il en était ainsi, nous l'avons vu, sous l'empire de la loi de 1842 ;

mais à la suite des modifications, des remaniements qui ont porté sur les concessions de chemins de fer, il est impossible de dire que le droit d'une compagnie soit celui qui résulte d'un contrat de louage. On ne comprendrait pas en effet le louage d'une chose qui n'existerait pas, puisque le bailleur est tenu de délivrer au preneur la chose en état et de plus d'entretenir cette chose en état de servir à l'usage pour lequel elle a été louée. C'est ce qui résulte de l'article 1719. Et dans notre espèce la chose qui est l'objet de la convention, c'est-à-dire le chemin n'existe pas lors de la concession, puisque c'est la compagnie qui est obligée d'exécuter de grands travaux pour l'établir.

Quelle est donc enfin la nature du droit de la compagnie concessionnaire? Nous dirons que le droit de la compagnie est un droit d'emphytéose, car l'emphytéote a le droit de changer la nature de la chose sur laquelle porte son droit. C'est même là sa mission. Le contrat est en effet passé à la condition que le preneur améliorera le fonds, soit en le défrichant, soit en y élevant des constructions, en y faisant en un mot des travaux de tous genres, améliorations dont profitera le bailleur à l'expiration du bail emphytéotique, qui est ordinairement de 99 ans. Ce sont bien là, je crois, les règles qui régissent la concession d'un chemin de fer. L'emphytéose est-il un droit réel ou un droit personnel? C'est une question sur laquelle il y a doute. Il y a même des personnes qui prétendent que l'emphytéose n'existe plus dans notre droit, c'est là, selon nous, une grave erreur. Il est très-vrai que le Code civil n'en fait pas mention; mais cela tient à ce que ce contrat est peu usité. Dans tous les cas, s'il ne l'autorise pas expressément, il ne le prohibe du moins pas. Nous dirons, par conséquent, qu'en vertu du principe de la liberté des conventions, l'emphytéose peut très-bien exister chez nous. Les concessions de chemin de fer, au reste, en sont bien la preuve. Maintenant est-ce un droit réel ou un simple droit personnel? C'est, nous le répétons, une question très-douteuse et très-embarrassante. Quant à nous, nous croyons que l'on peut dire avec la cour de cassation, qui a rendu un arrêt sur cette question, le 26 janvier 1864, que l'emphytéose est un droit réel, car si c'est un contrat qui tient du louage, qui n'est, selon nous, qu'un droit de créance, il faut bien reconnaître que l'emphytéote a, sur la chose qui fait l'objet du contrat, des droits beaucoup plus étendus que ceux qui appartiennent à un simple preneur. Au reste, c'est un contrat sui generis, excessivement rare, ce qui fait que sa nature est mal définie.

En résumé, la compagnie concessionnaire n'est pas propriétaire de la voie ferrée qui appartient à l'État comme faisant partie de la grande voirie et elle n'en a pas davantage l'usufruit. A l'origine, sous l'empire de la loi de 1842, la concession n'était pas autre chose qu'un double louage dont l'un était le prix de l'autre. Il y avait, en effet, louage d'industrie d'une part et louage de la voie d'autre part. Plus tard, à la suite des transformations qui ont porté sur les concessions, le droit des compagnies s'est modifié en prenant de l'extension et est devenu un droit d'emphytéose.

CHAPITRE II.

FORMATION ET ADMINISTRATION DE LA COMPAGNIE.

Lorsqu'une ou plusieurs personnes ont obtenu une concession de chemin de fer, il faut nécessairement faire appel aux capitaux pour constituer la société qui devra effectuer les grands travaux d'établissement de la ligne concédée et l'exploiter ensuite.

Les compagnies de chemins de fer sont des sociétés anonymes, c'est-à-dire qu'il n'y a pas de nom social. Elles sont qualifiées, comme toute société anonyme, suivant la nature de l'objet de l'entreprise : Compagnie du chemin de fer du Midi ;

compagnie du chemin de fer d'Orléans, etc. Les bénéfices à réaliser par les associés sont illimités ; mais les pertes ne peuvent pas excéder l'apport social, comme le décide l'art. 33 du Code de commerce. Il n'y a pas de responsabilité individuelle comme dans les sociétés en nom collectif. Cette responsabilité individuelle, qui serait illusoire à cause de la longue durée de la société, est remplacée par la garantie offerte par le fonds social.

Les compagnies de chemins de fer sont régies suivant les prescriptions du Code de commerce et les lois, ordonnances et décrets spéciaux. La grande loi sur les sociétés, du 24 juillet 1867, ne leur est pas applicable, car elle n'a pas d'effet rétroactif, ainsi que le décide l'art. 46 de cette loi. Il y a cependant certains articles qui leur sont applicables ainsi que le décide l'art. 45.

SECTION PREMIÈRE.

Actions et Obligations.

Nous avons à rechercher ici comment se forme le fonds social, le capital des compagnies de chemins de fer. Le capital d'une compagnie est divisé comme le capital de toute société anonyme, en vertu de l'art. 34 du Code de commerce, en actions d'une valeur égale. C'est ce que nous appellerons le capital-actions, qui est l'apport des associés. Les expressions associés ou actionnaires sont synonymes. Très-souvent les compagnies, jugeant le capital-actions insuffisant, émettent des emprunts, contractent des obligations vis-à-vis de ceux qui consentent à leur prêter de l'argent. Le numéraire obtenu par la compagnie à la suite d'un emprunt forme ce que nous appellerons le capital-obligations. Notons bien que si on ne comprend pas de société anonyme et par conséquent de compagnie de chemin de fer sans le capital-actions, le capital-obligations n'est pas nécessaire et peut très-bien ne pas exister.

Les actions de chemins de fer sont généralement de 500 fr. On divise le capital entier de la compagnie en actions de 500 fr., puis on cherche à les placer, à les lancer dans le public. Les personnes qui les prennent doivent verser immédiatement ou s'engager à verser le montant des actions qu'elles ont souscrites, mais là se borne leur responsabilité. Celui ou ceux qui ont obtenu la concession prennent des actions jusqu'à concurrence de la valeur de la concession, qui est considérée comme leur apport à la société.

Lorsqu'on a souscrit des actions on est associé et on a le droit de participer aux assemblées d'actionnaires. L'action donne droit au dividende et à une part dans le fonds social après la liquidation de la société. Chaque action comprend deux sortes de coupons Il y a d'abord le coupon d'intérêt qui est d'une somme fixe, puis ensuite le coupon de dividende, dont le montant n'est pas déterminé. Il peut paraître étonnant, au premier abord, qu'on accorde des intérêts aux associés comme on le fait pour les prêteurs, que les actions donnent droit à des intérêts absolument comme les obligations, Cependant on peut s'expliquer cette pratique de la façon suivante : Les intérêts qui sont payés aux actionnaires sont considérés comme une partie des dividendes. Il faut bien allécher le public. Bien des gens ne placeraient pas leur argent dans une compagnie de chemin de fer, s'ils ne voyaient pas ce coupon d'intérêt, s'ils ne voyaient que le coupon de dividende, bien que dans le fond ce soit absolument la même chose, car si la société faisait de mauvaises affaires, c'est au moins notre opinion, le coupon d'intérêt ne serait pas plus payé que le coupon de dividende.

Ces deux coupons sont encore nécessaires à un autre point de vue : Il y a des actionnaires qui ont droit aux deux coupons et d'autres qui n'ont droit qu'à un seul, au coupon de dividende. C'est ce qui se présente en cas d'amortissement. Lorsqu'une action est sortie au tirage au sort, elle est amortie, c'est-à-dire qu'elle est remboursée ; mais l'associé à qui cette action appartient ne cesse pas pour cela de faire partie de la compagnie. On lui change simplement son titre, on lui donne une action de jouissance qui lui confère seulement le droit au dividende. Il n'a plus droit aux intérêts puisqu'il a été remboursé. Lorsqu'une action a été amortie, elle l'est définitivement et jamais, pas même si la compagnie fait faillite, l'actionnaire ne peut être contraint à en rapporter le montant, car l'amortissement est effectué avec une portion du bénéfice net, avec une partie du dividende. Si on n'avait pas amorti, on aurait distribué cet argent entre tous les actionnaires et les créanciers n'en auraient pas plus aujourd'hui, puisque les dividendes légitimement perçus, ne se rapportent pas, en vertu de l'art. 10, 3° de la loi de 1867.

Nous venons de voir qu'il pouvait se faire qu'un associé eût une action ayant seulement un coupon de jouissance ou de dividende, ce qui est la même chose, eh bien, l'inverse peut très-bien se présenter. Il peut très-bien arriver qu'un associé ait une action ayant seulement un coupon d'intérêt et non un coupon de dividende ou de jouissance. C'est ce qui arrivera dans le cas suivant : Une compagnie a besoin d'argent, au lieu d'émettre des obligations, c'est-à-dire au lieu d'avoir recours à un emprunt, elle fait appel à l'association, elle cherche de nouveaux actionnaires Cela prouve, bien entendu, que la société marche bien puisqu'on va lui donner de l'extension. Les nouveaux associés, qui n'auront pas à encourir les mêmes risques que les anciens, qui trouvent la situation déjà bien établie, ne jouiront pas des mêmes avantages. On émet souvent les actions à un prix plus élevé que celui des anciennes et indépendamment de cela on dit souvent aux nouveaux associés : Pendant tant d'années vous n'aurez droit qu'au coupon d'intérêt et non au coupon de dividende.

L'associé ou actionnaire est tenu commercialement à verser son apport de suite ou aux époques fixées pour les versements. Il est tenu vis-à-vis de la société, cela va sans dire, et vis-à-vis des créanciers de la société. Ces derniers ont-ils une action directe ou seulement une action oblique contre l'associé qui ne tient pas ses engagements ? Nous dirons qu'ils ont une action directe parce que, le montant du capital étant publié, les créanciers doivent pouvoir réellement compter sur cette promesse permanente de garantie des prêts qu'ils ont effectués. C'est comme si les actionnaires avaient dit aux créanciers : Voilà sur quoi vous pouvez compter ; ils se sont réellement obligés envers les créanciers par l'intermédiaire de l'administrateur de la société. Les créanciers ont tout intérêt à avoir une action directe contre les actionnaires qui n'exécutent pas leurs engagements ; supposons, en effet, que la compagnie tombe en faillite, si les créanciers n'avaient pas une action directe, s'ils n'avaient que l'action de la société, ils ne pourraient pas exercer d'action, puisque, en raison de la faillite, la société ne peut pas poursuivre ses débiteurs, tandis que, au moyen de l'action directe, c'est tout simple, les actionnaires récalcitrants pourront, malgré la faillite, être atteints par les créanciers. Avant 1856 il y avait encore un autre intérêt pour les créanciers de la société, à avoir une action directe, le voici : Si les créanciers avaient exercé l'action de la société, il aurait fallu avoir recours à l'arbitrage forcé, parce que toute contestation entre associés devait se terminer de cette façon ; tandis qu'en agissant, en vertu de l'action directe, ils auraient actionné l'associé récalcitrant purement et simplement devant le tribunal de commerce. Aujourd'hui, les créanciers n'ont plus d'intérêt, sous ce rapport, à avoir une action directe puisque l'arbitrage forcé a disparu en 1856 et que les contestations entre associés sont portées devant le tribunal de commerce.

Les actions des chemins de fer sont cotées à la Bourse. Elles sont cessibles et négociables, c'est-à-dire que l'actionnaire peut vendre son titre, et alors il cesse d'être associé. Les actions sont toutes d'une égale valeur, précisément pour qu'elles puissent être négociées facilement, puis aussi afin qu'on puisse facilement compter les voix des associés dans les assemblées d'actionnaires, car plus on a d'actions plus on y a de voix.

Les titres des actions peuvent être nominatifs ou au porteur, mais notons que la plupart du temps ils sont au porteur.

Le titre au porteur est celui qui est censé appartenir à celui qui en est possesseur. On lui applique l'article 2279 du Code civil.

Le titre nominatif porte le nom du propriétaire et les numéros de ses actions. C'est, en quelque sorte, un certificat constatant que telle personne est propriétaire de tant d'actions. Les titres nominatifs sont mentionnés sur un livre qui constate également les mutations. On admet généralement dans toutes les sociétés que les coupons peuvent être payés au porteur, même en cas de titre nominatif ; mais le titre ne serait remboursé qu'au titulaire ou à ses héritiers. Le titre nominatif peut donner lieu à transfert et à conversion. Il y a transfert, lorsque le titulaire du titre le cède à une autre personne, alors la société annule le titre de Primus et en donne un autre à Secundus, qui devra payer un droit de mutation. Il y a conversion lorsque le titre nominatif est changé pour un titre au porteur, le titre nominatif est alors converti en un titre au porteur.

Il y a intérêt à préférer le titre nominatif, pour éviter le danger de la perte du titre. Si on a perdu un titre nominatif, il n'y a pas grand mal, car le titulaire formera opposition au siége de la compagnie pour le paiement des coupons, puis il obtiendra un nouveau titre. Au contraire, il y a beaucoup plus de difficulté lorsque c'est un titre au porteur qui est perdu. Comment, dans ce dernier cas, faut-il procéder? Nous distinguerons si le propriétaire a ou n'a pas les numéros de ses actions. S'il ne les a pas, il n'y a rien à faire; s'il les a, il pourra former opposition, au siége de la Compagnie, au paiement des coupons.

L'opposition devra également être formée au syndicat des

agents de change. Quand le porteur actuel se présentera pour se faire payer, on ne le paiera pas, à cause de l'opposition, et on lui demandera comment il se fait qu'il ait ces titres en les mains. S'il ne peut dire d'où il les tient, il est très-probable alors que c'est la personne qui a trouvé ou volé les actions, et alors le véritable propriétaire pourra rentrer en possession de ses titres Si, au contraire, le porteur peut dire d'où il les tient, il faut alors établir une sous-distinction : si le titre a été soustrait par abus de confiance, le propriétaire ne triomphera pas, car il y a faute de sa part, il devait mieux choisir son monde, il ne pourra recourir que contre la personne qui s'est rendue coupable de l'abus de confiance; si, au contraire, le titre a été perdu ou volé, le propriétaire pourra le réclamer pendant trois ans, en se conformant à l'article 2280 du Code civil, c'est-à-dire en remboursant le porteur, si l'action a été achetée à la Bourse ou même simplement chez un changeur. Le propriétaire peut avoir intérêt à le faire, si l'action a considérablement monté depuis l'époque où le porteur l'a achetée. Si, maintenant, aucun porteur ne se présente pour toucher les coupons, alors la compagnie ne donnera pas, bien entendu, un nouveau titre au propriétaire, mais tous les cinq ans, le coupon lui sera attribué, car on est alors certain, au bout de ce temps, que le porteur ne pourra pas réclamer le montant du coupon. C'est ce qui résulte de l'article 2277 du Code civil.

Un mot maintenant sur les obligations de chemins de fer. Lorsque la compagnie a besoin d'argent, elle a recours à un emprunt en créant des obligations. Elle émet des titres de 500 francs par exemple, en stipulant une époque assez éloignée pour le remboursement, mais la compagnie s'arrange pour que ces titres soient remboursés avant l'expiration de la concession. Une fois ces titres émis, la compagnie va les lancer dans le public. La valeur nominale est de 500 francs, mais ils ne seront pas vendus à ce prix, ils atteindront peut-être le chiffre de 300 francs. Tous les ans on fait un tirage au sort de

numéros d'obligations et les numéros sortis sont immédiatement remboursés au taux de la valeur nominale, ce qui fait que
toutes les obligations sont, dans un temps plus ou moins éloigné
de l'émission, remboursées au taux de la valeur nominale

Les obligations peuvent être, au choix du prêteur, ou nomi-
natives ou au porteur. Ce que nous avons dit, à ce sujet, des
actions est également applicable aux obligations.

L'obligation ne donne droit qu'à des intérêts et au remboursement; elle ne donne pas lieu, comme l'action, à un dividende.
Mais l'obligation, considérée comme placement d'argent, offre
plus de garanties que l'action. L'actionnaire, en effet, est
associé, et, comme tel, co-débiteur des dettes de la société
jusqu'à concurrence de son apport, tandis que l'obligataire est
au contraire créancier de la société, il sera, par conséquent
payé avant les actionnaires si la compagnie fait de mauvaises
affaires.

En cas de faillite d'une compagnie de chemin de fer, il se
présente une question très-intéressante qui est celle-ci : Les
porteurs d'obligations auront-ils le droit de se faire rembourser
la valeur nominale, c'est-à-dire 500 francs, ou bien ne pourront-
ils obtenir que le remboursement de ce qu'ils ont réellement
versé, c'est-à-dire 300 francs? La question s'est présentée devant
les tribunaux. Les porteurs d'obligations eurent la prétention
de produire à la faillite pour 500 francs, valeur nominale de
l'obligation, et voici comment ils justifiaient leur prétention :
Ils disaient que l'article 444 du Code de commerce décide que
le jugement déclaratif de la faillite rend exigibles, à l'égard du
failli, toutes les dettes non échues, eh bien le failli, c'est-à-dire
la compagnie doit rembourser 500 francs, bien qu'il n'ait été
versé que 300 francs, parce qu'elle est déchue du bénéfice du
terme et qu'elle doit 500 francs à terme. Le tribunal de commerce sanctionna cette prétention des obligataires dans un jugement en date du 30 septembre 1861. L'affaire vint en appel.
La cour de Paris infirma le jugement du tribunal de commerce

et déclara que les obligataires ne pouvaient prétendre qu'à la restitution de la valeur d'émission. La cour de cassation, dans un arrêt en date du 10 août 1863, approuva l'arrêt de la cour de Paris. Nous admettons pleinement l'arrêt de la cour de Paris, maintenu par la cour de cassation. En effet, si on admettait les porteurs d'obligations à se faire rembourser la valeur nominale des obligations, on violerait l'article 445 du Code de commerce, qui arrête à l'égard de la masse le cours des intérêts. On accorderait en effet aux obligataires des intérêts postérieurs au jugement déclaratif, car il faut savoir que si la compagnie s'engage à rembourser 500 francs, alors qu'elle n'a reçu que 300 francs, cela tient à une accumulation d'intérêts qui se produit de la façon suivante : Le prêteur pourrait prêter à la compagnie au taux de 6 p. cent, c'est le taux commercial ; il pourrait donc percevoir chaque année 18 francs d'intérêts pour les 300 francs qu'il prête. Eh bien, les choses ne se passent pas ainsi, il abandonne 3 francs par an et ne touche par conséquent que 15 francs d'intérêts. La compagnie garde 3 francs chaque année sur les intérêts de chaque obligation, cela compose un certain capital avec lequel elle crée la prime de remboursement. Donc la compagnie doit rembourser 300 francs, par cela seul qu'elle les a reçus ; quant aux autres 200 francs, elle ne peut les rembourser que lorsqu'elle a retenu sur les intérêts une certaine somme pour former la prime de remboursement. Eh bien, lorsqu'une compagnie tombe en faillite, les intérêts cessent de courir, en vertu de l'article 445 du Code de commerce, la prime de remboursement ne peut pas se former et les obligataires ne peuvent produire que pour ce qui leur est réellement dû, c'est-à-dire pour 300 francs, la valeur d'émission. Ajoutons, avec la cour de cassation, qu'ils pourront recevoir, à titre de dommages-intérêts, une indemnité représentant à la fois le complément de l'intérêt légal par eux abandonné à la compagnie jusqu'au jour de la déclaration de faillite, et l'accroissement proportionnel de valeur desdites

obligations en raison des chances de leur remboursement dans
la période d'amortissement où la faillite a éclaté.

Les actions et les obligations de chemin de fer sont frappées
de certains droits fiscaux. Le dernier état de la législation, qui
a souvent varié en cette matière, suivant les temps et suivant les
besoins, est la loi du 29 juin 1872. Cette loi établit sur les
actions et obligations de chemins de fer, indépendamment des
droits de timbre et de transmission, une taxe annuelle et obligatoire. La quotité de cette taxe est de 3 pour cent du revenu
des actions et obligations. De plus, la transmission ou la conversion des titres nominatifs est frappée d'un droit de 0,50 par
100 francs. Les titres au porteur sont frappés d'une taxe annuelle de 0,20 par 100 francs. C'est la compagnie qui en est
responsable, seulement lorsqu'elle paie les coupons elle opère
une retenue équivalent au montant de cette taxe.

Nous connaissons maintenant comment est formé le capital
social d'une compagnie de chemin de fer, nous connaissons ses
ressources, ajoutons que l'État s'est intéressé, à diverses époques,
à la formation des compagnies concessionnaires et qu'il a soutenu leur crédit tantôt par des prêts ou des subventions de
nature variée, tantôt en garantissant l'intérêt de leur capital
ou de leurs emprunts.

SECTION II.

Organisation et Administration.

Nous avons, dans cette section, à examiner les assemblées
des actionnaires, le rôle des administrateurs et celui de la
commission de surveillance.

I. ASSEMBLÉES DES ACTIONNAIRES. — En principe, on n'admet
pas tous les actionnaires à faire partie de ces assemblées, sauf
pour l'assemblée constitutive de la société. Il faut, pour être

aux assemblées des actionnaires, avoir un certain nombre d'actions. Parmi les actionnaires qui y sont admis, tous n'ont pas le même nombre de voix, on a une voix par tant d'actions, ce qui fait qu'un seul actionnaire peut avoir plusieurs voix. C'est, en quelque sorte, un système censitaire. Mais cependant il ne faut pas exagérer ce que nous disons et croire qu'un seul actionnaire pourra avoir plus de voix à lui seul que tous les autres, car on ne peut pas avoir plus d'un certain nombre de voix dont le chiffre est fixé par les statuts de la compagnie. Ce ne sont pas, en définitive, des sacs d'argent, mais des hommes qui délibèrent. On cherche cependant quelquefois à éluder cette règle. Un actionnaire qui possède des actions en très-grand nombre et qui cependant a atteint le maximum de voix qu'il peut avoir, pourrait s'entendre avec des compères, avec des hommes de paille, leur confier ses actions et les introduire ainsi dans les assemblées et imposer peut-être de cette manière sa volonté aux autres actionnaires. Mais l'article 13 de la loi du 24 juillet 1867, qui est applicable à toutes les sociétés anonymes, même à celles qui ont été fondées avant cette date, prévoit cette fraude et la punit d'une amende qui peut monter de 500 à 10,000 francs, et même d'un emprisonnement de quinze jours à six mois.

Habituellement on exige des actionnaires, qui veulent assister aux assemblées, le dépôt de leurs actions au siége de la société, afin qu'on puisse contrôler s'ils ont réellement le droit d'y être admis. S'il est reconnu qu'un actionnaire a ce droit, on lui délivre une feuille d'entrée.

On peut ranger les assemblées des actionnaires en trois catégories : l'assemblée constitutive de la société ; les assemblées ordinaires et les assemblées extraordinaires.

L'assemblée constitutive de la compagnie, de la société, qui est convoquée par les fondateurs, c'est-à-dire par ceux qui ont obtenu la concession du chemin de fer, est chargée de vérifier si toutes les conditions imposées par la loi sont remplies, elle doit en outre arrêter les statuts de la compagnie, nommer les administrateurs et les commissaires de surveillance. La société n'est constituée réellement qu'après cette assemblée, qui est certainement de beaucoup la plus importante, puisque c'est elle qui est chargée de constituer définitivement la société. C'est pourquoi on y admet généralement tous les actionnaires sans distinction, parce qu'on veut que tout le monde y soit présent, afin de pouvoir défendre ses intérêts. Cette assemblée doit être assez nombreuse. L'art. 30 de la loi de 1867 exige, pour que les délibérations soient valables, que les actionnaires présents représentent au moins la moitié du capital, autrement elle ne pourrait prendre qu'une délibération provisoire. Il faudrait alors convoquer une nouvelle assemblée, après avoir prévenu les associés au moyen d'avis insérés dans l'un des journaux désignés pour recevoir les annonces légales. Cette nouvelle assemblée pourra ratifier les délibérations précédentes si elle est formée d'actionnaires représentant au moins un cinquième du capital social.

L'assemblée ordinaire, qui est certainement beaucoup moins importante que la précédente, doit être convoquée au moins une fois par an pour entendre les rapports des administrateurs et pour procéder, s'il y a lieu, à l'élection de nouveaux administrateurs ou d'un nouveau conseil de surveillance. Pour que cette assemblée générale annuelle délibère valablement, il suffit, d'après l'art. 29 de la loi de 1867, que les actionnaires présents représentent le quart du capital social. Si elle ne réunit pas ce nombre, une nouvelle assemblée est convoquée dans les formes et dans les délais prescrits par les statuts. Cette nouvelle assemblée délibère valablement, quelle que soit la portion du capital représenté par les actionnaires présents.

Quant aux assemblées extraordinaires, leur nom l'indique suffisamment, elles ne sont convoquées que lorsque des circonstances graves et exceptionnelles l'exigent, par exemple, pour modifier les statuts de la compagnie ou pour dissoudre la société. Mais pour une transformation, par exemple pour opérer une fusion entre plusieurs compagnies, nous pensons qu'il faudrait l'unanimité des actionnaires, à moins, bien entendu, que le contraire ne fût dit dans les statuts de la compagnie. Mais, dans le silence des statuts sur ce sujet, il faudrait l'unanimité des actionnaires ; la composition de l'assemblée, selon l'art. 31 de la loi de 1867, ne suffirait pas, car cet article ne parle que de modification et une fusion est plus qu'une modification, c'est une transformation. Mais il y a un moyen pour arriver au même but : On dissoudra et on liquidera chacune des sociétés que l'on veut fusionner. Ceux qui seront satisfaits fusionneront, les autres se borneront à reprendre leur apport social.

Les assemblées extraordinaires ne délibèrent valablement en vertu de l'art. 31 de la loi de 1867, qu'autant qu'elles sont composées d'un nombre d'actionnaires représentant la moitié au moins du capital social.

II. Administrateurs. — Les administrateurs ne sont pas personnellement obligés des dettes de la société, car ils ne sont que des mandataires, ils ne sont responsables que du mandat qu'ils ont reçu. C'est ce que dit l'art. 32 du Code de commerce. Ils sont responsables de leur gestion envers les actionnaires, en vertu de l'art. 1992 du Code civil, parce qu'ils sont leurs mandataires. Ils sont responsables envers les tiers, envers les créanciers de la société, non pas en vertu de l'idée de mandat, non pas non plus parce qu'ils sont personnellement tenus des dettes de la compagnie ; mais en vertu de l'art. 1382 du Code civil. Ils sont responsables et comme tels ils peuvent être condamnés à des dommages-intérêts, par exemple s'ils ont distribué des dividendes fictifs. C'est ce que décide l'art. 44 de la loi de 1867. S'il y avait eu inventaire frauduleux ils seraient punis conformément à l'art. 405 du Code pénal, en vertu des art. 15 et 45 de la loi de 1867.

Les administrateurs sont nommés, nous le savons déjà, par

l'assemblée générale qui peut les révoquer même ad nutum selon les règles du mandat. Il peut y en avoir un ou plusieurs. Ils sont nommés pour un temps limité, mais ils peuvent toujours être réélus. Leurs fonctions peuvent être gratuites ou salariées. D'après l'art. 26 de la loi de 1867, ils doivent être associés, mais l'art. 31 du Code de commerce, n'exige pas qu'ils remplissent cette condition. Leurs pouvoirs sont définis et fixés par les statuts.

Quand il y a plusieurs administrateurs, ils nomment un ou plusieurs directeurs dont ils forment le conseil d'administration. Le directeur est à la tête des employés, il centralise tous les services. Il est nommé par les administrateurs, mais il n'est pas nécessairement pris parmi eux.

III. Conseil de surveillance. — A côté du conseil d'administration et du directeur nous trouvons un conseil de surveillance. Il est nommé tous les ans par l'assemblée ordinaire des actionnaires. Les membres de ce conseil de surveillance peuvent être choisis en dehors des associés. Il en est ainsi parce que, pour exercer ces fonctions, il faut des aptitudes que l'on ne rencontrerait peut-être pas parmi les associés. Les membres de ce conseil sont nommés pour un an, mais ils sont toujours rééligibles.

Voici les principales fonctions du conseil de surveillance; elles sont énumérées par les articles 32 à 34 de la loi de 1867 : Les commissaires de surveillance sont chargés de faire un rapport à l'assemblée générale de l'année suivante sur la situation de la compagnie, sur le bilan et sur les comptes présentés par les administrateurs. Ils ont le droit, toutes les fois qu'ils le jugent convenable dans l'intérêt social, de prendre communication des livres et d'examiner les opérations de la compagnie. Ils peuvent toujours, en cas d'urgence, convoquer l'assemblée générale.

SECTION III.

Personnalité des Compagnies.

Les compagnies de chemins de fer, comme toutes sociétés commerciales, sont des personnes morales. Cela résulte de l'art. 529 du Code civil.

De là les conséquences suivantes :

1° Le capital social appartient à l'être moral société et il n'y a pas indivision entre les actionnaires qui n'ont jamais qu'un droit mobilier, puisqu'ils n'ont droit qu'à un dividende, qui est meuble, ainsi que le décide l'art. 529 du Code civil ;

2° Le gérant, en contractant avec un tiers, ne s'oblige pas personnellement, ne devient pas créancier, nous le savons déjà, il oblige la compagnie, il rend créancière la compagnie dont il n'est que le mandataire ;

3° La compagnie peut être déclarée en faillite ;

4° Si quelqu'un intente un procès à la compagnie, l'huissier remettra l'exploit d'ajournement à son représentant, ainsi que le décide l'art. 69 6° du Code de procédure ;

5° Si on veut actionner une compagnie on devra le faire devant le tribunal de son domicile, en vertu de l'art. 59 5° du Code de procédure. On peut actionner la compagnie non-seulement devant le tribunal du domicile principal, c'est-à-dire du siége social, mais encore devant les tribunaux où il y a des gares principales, devant les tribunaux de toute localité dans laquelle il y a des agents ayant qualité pour représenter la compagnie. La jurisprudence avait décidé tout d'abord le contraire, elle voulait qu'on actionnât la compagnie devant le tribunal du siége social, mais cela était déraisonnable. Par exemple, la compagnie m'a perdu mes bagages à Marseille, il faudra que je vienne plaider à Paris, c'était insensé. Ainsi les tribunaux l'ont reconnu et ont sanctionné une nouvelle jurisprudence. C'est ce qui résulte d'un arrêt de la cour de cassation du 17 avril 1866 et d'un arrêt de la cour de Lyon du 29 juillet 1869.

Mais s'il s'agissait d'un fait intéressant toute la compagnie, une faillite, une liquidation par exemple, nous admettrons alors qu'il faudra plaider devant le tribunal du siége social et non pas devant le tribunal d'une succursale.

CHAPITRE III.

EXPROPRIATION ET EXÉCUTION DES TRAVAUX D'ÉTABLISSEMENT DE LA VOIE FERRÉE.

Après la formation de la compagnie, les concessionnaires doivent faire exécuter les travaux d'établissement de la voie ferrée. Mais auparavant il faudra se procurer les terrains nécessaires, et pour cela, il faudra avoir recours à l'expropriation pour cause d'utilité publique ; c'est-à-dire que, moyennant une juste et préalable indemnité, les particuliers propriétaires de ces terrains devront faire le sacrifice de leur droit dans un but d'intérêt général devant lequel les intérêts privés si importants et si sacrés qu'ils puissent être doivent toujours s'effacer. C'est là un principe de la dernière évidence, et nous pouvons dire que le droit d'expropriation est aussi ancien que le droit de propriété lui-même, car dans toute société il a fallu des routes, des monuments, des établissements publics, et les particuliers ont été obligés de céder à l'État les propriétés dont celui-ci avait besoin pour l'exécution de ces grands travaux publics.

Les Romains ont connu l'expropriation, nous avons au moins essayé de le démontrer. Bien plus, on en trouve l'idée jusque dans la Bible : David demande à Ornam de lui céder, moyennant un juste prix, une partie de son champ pour y élever un autel à Dieu : « Dixit David ad Ornam : Da mihi locum areæ

« tuæ, ut ædificem in eo altare Domino, ita ut quantum valet,
« argenti accipias ».

Elle existait assurément dans notre ancien droit. Un édit de
Louis XIV, rendu en octobre 1666, pour la construction du
canal du Languedoc le prouve surabondamment. Voici le texte
de cet édit : Disons et ordonnons, voulons et il nous plaît qu'il
soit incessamment procédé à la construction du canal de navigation et communication des deux mers Océane et Méditerranée,
suivant et conformément au devis fait par le chevalier de Clair-
ville et par nous arrêté, ci attaché sous le contre-scel de notre
chancellerie et qu'à cet effet l'entrepreneur puisse prendre
toutes les terres et héritages nécessaires pour la construction
dudit canal, lesquels terres et héritages seront par nous payés
aux particuliers propriétaires, suivant l'estimation qui en sera
faite par experts, qui seront nommés par les commissaires qui
seront par nous députés.

L'expropriation existait donc dans notre ancien droit, cela
n'est pas douteux, seulement le principe n'en était consacré
dans aucun texte, et le roi avait, comme au reste en toutes matières, un pouvoir absolu et arbitraire.

La grande Assemblée constituante a consigné, dans sa remarquable déclaration des droits, le principe de l'inviolabilité de la
propriété, seulement elle a également admis le principe d'expropriation pour cause d'utilité ou mieux pour cause de nécessité publique. Ce principe a été reproduit depuis par les trop
nombreuses constitutions et chartes qui nous ont régis, par
l'article 545 du Code civil et en dernier lieu par la loi du
3 mai 1841, seulement, dans ces divers textes, l'expression nécessité publique a été remplacée par l'expression utilité publique.

Avant d'examiner la loi du 3 mai 1841, qui est encore en
vigueur aujourd'hui, disons quelques mots sur les précédents.

Jusqu'à la loi du 8 mars 1810, la matière de l'expropriation
était fort mal réglementée, on pourrait même dire qu'il n'y
avait sur cette matière aucune règle législative nette et précise.

C'était le pouvoir administratif qui cumulait les trois opérations, qui se rencontrent dans toute expropriation : déclaration d'utilité publique, expropriation et fixation de l'indemnité. Sous l'empire des lois du 28 pluviôse an viii et du 16 septembre 1807, l'utilité publique résultait du décret impérial qui autorisait les travaux. Un avis du conseil d'État du 18 août 1807 décide, en effet, que l'intervention de l'autorité législative n'est pas nécessaire pour contraindre un particulier, en vertu de l'article 545, à céder sa propriété pour cause d'utilité publique. Tel fut le système de la loi du 16 septembre 1807 qui ne nomme pas l'autorité compétente pour prononcer l'expropriation pour utilité publique. On décidait par voie d'interprétation que c'était le préfet qui était compétent. On peut voir comme cela était arbitraire puisque les particuliers étaient, autant dire, à la discrétion de l'administration. Ce n'est pas tout, c'était le conseil de préfecture qui statuait sur les demandes d'indemnités par application de l'article 4 de la loi du 28 pluviôse an viii. Ce système était déplorable, aussi souleva-t-il de vives réclamations qui aboutirent à la confection de la loi du 8 mars 1810, qui attribue à l'empereur le droit de déclarer l'utilité publique, à l'autorité judiciaire le droit de prononcer l'expropriation et de fixer l'indemnité. Ce système, sans être la perfection, était cependant supérieur au précédent et offrait aussi plus de garanties aux particuliers; mais il était moins commode pour l'administration qui n'avait plus alors la même liberté d'action, aussi s'empressa-t-on, par un décret du 18 août 1810, de rattraper au moins une partie de ce pouvoir qu'on avait perdu. Par ce décret il fut décidé que tous les travaux ordonnés avant le 8 mars 1810 ne seraient pas soumis à la nouvelle loi, mais bien à la législation en vigueur anté ieurement. La nouvelle loi ne devenait alors applicable qu'aux travaux qui seraient ordonnés dans la suite.

La loi du 8 mars 1810 est restée en vigueur jusqu'à la loi du 7 juillet 1833. Cette loi a posé des principes remarquables. Elle a décidé que l'utilité publique ne pouvait être prononcée pour les grands travaux que par une loi, sans distinguer si ces travaux devaient être effectués aux frais de l'État ou aux frais de compagnies concessionnaires. L'expropriation est toujours prononcée par l'autorité judiciaire. Mais la grande innovation de cette loi est la création du jury chargé de fixer l'indemnité. Cette innovation nous est venue d'Angleterre et des États-Unis.

Ce système excellent fut reproduit par la loi du 3 mai 1841 qui, on peut le dire, n'est qu'une seconde édition de la loi de 1833, sauf des modifications de détails, et sauf l'addition d'un titre spécial sur la prise de possession en cas d'urgence. Nous arrivons ainsi à expliquer la législation actuelle sur l'expropriation.

Nous avons d'abord à parler de certains faits dont nous avons déjà dit quelques mots dans notre premier chapitre, mais qu'il importe de préciser ici, qui précèdent la déclaration d'utilité publique.

Il y a d'abord des études à faire pour le tracé de la future ligne de chemin de fer. C'est ce que nous appellerons les travaux préparatoires. Il ne pourra être procédé sur le terrain à aucune étude de chemins de fer qu'en vertu des instructions ou de l'autorisation préalable de l'administration supérieure. Les demandes adressées à cet effet au ministre, devront être accompagnées d'une carte sur laquelle sera figurée la ligne à étudier, et de renseignements propres à en faire apprécier les avantages. C'est ce qui résulte d'une circulaire ministérielle aux préfets, en date du 6 mars 1861. Une fois que la ligne est concédée. les ingénieurs et agents de la compagnie peuvent pénétrer sur les propriétés des particuliers, pour les études définitives. en vertu d'une simple autorisation du préfet. Ces travaux préparatoires ou études peuvent causer des dommages plus ou moins considérables aux propriétés, mais les propriétaires ne peuvent pas s'y opposer, ils ne peuvent que réclamer, s'il y a lieu, une indemnité qui sera accordée ou refusée, non pas par l'autorité judiciaire, mais par le conseil de préfecture, en vertu de l'article 4 de la loi du 28 pluviôse an VIII.

Une fois ces études sur l'avant-projet terminées, il y a lieu à une enquête d'utilité publique qui est faite de la manière que nous avons dite dans notre premier chapitre, conformément à l'ordonnance du 18 juillet 1834. Demandons-nous ici simplement si cette enquête qui est prescrite par l'article 3 de la loi du 3 mai 1841 est prescrite à peine de nullité. Il faut distinguer avec ce même article 3 si les travaux sont ordonnés par une loi et alors nous dirons que si une enquête n'a pas précédé cette loi, les travaux ordonnés n'en auront pas moins lieu, car la loi est la loi, et il n'y a pas d'attaques possibles contre une loi, il faut bien lui obéir. C'est ainsi qu'a jugé le conseil d'Etat qui, le 20 mai 1844, a rejeté une requête de la ville de Saint-Germain, fondée sur ce grief que la loi qui autorise le chemin de fer de Paris à Rouen n'a pas été précédée d'une enquête. Si, au contraire, les travaux étaient autorisés par une ordonnance royale et qu'il n'y eut pas eu enquête préalable, on aurait pu recourir par la voie contentieuse contre la déclaration d'utilité publique. La distinction que nous venons de faire ne pouvait plus se présenter depuis le sénatus-consulte du 25 décembre 1852, qui décide que l'utilité publique est toujours déclarée par un décret et non plus par une loi. Si donc l'enquête préalable au décret d'utilité publique n'avait pas eu lieu sous l'empire de cette législation, on aurait toujours pu attaquer ce décret par la voie contentieuse.

La loi du 27 juillet 1870, qui forme la législation actuelle, est revenue au système de la loi de 1841 pour la déclaration d'utilité publique. Nous ferons, par conséquent, au sujet de l'enquête qui précède la déclaration d'utilité publique, la distinction que nous avons mentionnée plus haut, et nous dirons que l'enquête est prescrite à peine de nullité, si les travaux sont ordonnés par un décret, et qu'elle n'est pas prescrite à peine de nullité, si les travaux sont ordonnés par une loi.

Arrivons enfin à l'explication sommaire de la loi du 3 mai 1841. Cette loi, nous le savons déjà, fait trois périodes dans l'expropriation : 1° déclaration d'utilité publique; 2° expropriation; 3° fixation de l'indemnité. Nous allons examiner rapidement chacune de ces trois périodes, et nous arriverons ensuite à la deuxième partie de notre chapitre, c'est-à-dire à l'exécution des travaux.

I DÉCLARATION D'UTILITÉ PUBLIQUE. — Les tribunaux ne peuvent prononcer l'expropriation qu'autant que l'utilité publique a été constatée et déclarée. L'article 2 de la loi du 3 mai 1841 indique en quelles formes elle est constatée et déclarée. Ces formes sont : 1° l'acte qui autorise l'exécution des travaux pour lesquels l'expropriation est requise; 2° l'acte du préfet qui désigne les localités ou territoires sur lesquels les travaux doivent avoir lieu, lorsque cette désignation ne résulte pas de l'acte qui autorise l'exécution des travaux; 3° l'arrêté ultérieur par lequel le préfet détermine les propriétés particulières auxquelles l'expropriation est applicable.

L'article 3 de la loi de 1841 résout la question de savoir quel est l'acte qui autorisera les travaux. Cet article distingue : Les grands travaux publics, routes royales, canaux, chemins de fer entrepris par l'État, les départements, les communes ou par compagnies particulières avec ou sans péage, avec ou sans subside du Trésor, avec ou sans aliénation du domaine public, ne pourront être exécutés qu'en vertu d'une loi qui ne sera rendue qu'après une enquête administrative. — Une ordonnance suffira pour autoriser l'exécution des routes départementales, celle des chemins de fer d'embranchement de moins de vingt mille mètres de longueur, des ponts et de tous autres travaux de moindre importance.

Cette distinction entre les travaux d'une grande importance et d'une importance moindre a été supprimée par le sénatus-consulte du 25 décembre 1852, qui en est revenu simplement à la loi de 1810 pour l'acte qui autorise l'exécution des travaux : un décret devint suffisant. L'empire était rétabli, il fallait bien imiter, autant que possible, les institutions du premier empire. Le pouvoir législatif n'intervient que lorsqu'il s'agit de voter une subvention de l'État pour l'exécution de ces grands travaux. Et encore l'empereur pouvait, en vertu de l'article 4 de ce sénatus-consulte, ouvrir lui-même des crédits, sauf ratification ultérieure par le corps législatif. C'était là un droit vraiment exorbitant et qui tenait tout à fait du pouvoir absolu, puisqu'il méconnaissait le principe fondamental que les finances de l'État ne doivent pas être engagées sans l'intervention du pouvoir législatif. Aussi le sénat lui-même comprit-il, en 1861, que ce droit ne devait pas subsister plus longtemps et modifia-t-il, en conséquence, le sénatus-consulte de 1852.

Seulement l'article 2 du sénatus-consulte du 31 décembre 1861 permit à l'empereur d'autoriser par décret des virements de crédits, et Dieu sait si on a eu recours à cet expédient qui, au fond, était à peu près la même chose que les crédits extraordinaires que l'empereur pouvait ouvrir par décret, en vertu du sénatus-consulte de 1852. L'empire sans doute a fait exécuter des grands travaux parfois utiles, cela est incontestable, mais aussi, il faut bien le dire, il a compromis les finances de l'État, ce qui fait qu'aujourd'hui on est obligé de s'arrêter, car sans finances, pas de travaux. Il y aurait cependant un moyen de continuer les grands travaux, ce serait de rendre applicable à tous les grands travaux sans distinction la loi du 21 juin 1865, sur les associations syndicales. Cette idée excellente émise par M. Léveillé au conseil général de la Seine pourrait produire d'immenses résultats si elle était admise, et procurer du travail à toute une branche d'industrie : l'industrie des travaux publics.

En 1870, le temps du pouvoir personnel était passé, aussi le gouvernement impérial lui-même le comprit-il et proposa-t-il au corps législatif un projet de loi sur l'expropriation. Cette loi, en date du 27 juillet 1870, revient dans son article 1er au système de la loi du 3 mai 1841 pour les travaux publics de l'État. Cet article est ainsi conçu : « Tous grands travaux, routes impériales, canaux, chemins de fer, canalisation des rivières, bassins et docks, entrepris par l'État ou par compagnies particulières, avec ou sans péage, avec ou sans subside du Trésor, avec ou sans aliénation du domaine public, ne pourront être autorisés que par une loi rendue après une enquête administrative.

« Un décret impérial, rendu en la forme des règlements d'administration publique et également précédé d'une enquête, pourra autoriser l'exécution des canaux et chemins de fer d'embranchement de moins de vingt kilomètres de longueur, des lacunes et rectifications des routes impériales, des ponts et de tous autres travaux de moindre importance.

« En aucun cas, les travaux dont la dépense doit être supportée en tout ou en partie par le Trésor ne pourront être mis à exécution qu'en vertu de la loi qui crée les voies ou moyens, ou d'un crédit préalablement inscrit à un des chapitres du budget. »

Pour les travaux publics départementaux et communaux, la loi de 1870 n'a rien changé à la législation antérieure. Un décret suffit pour déclarer l'utilité publique. C'est ce qui résulte de l'article 2 de la loi du 27 juillet 1870. C'est encore la loi qui est en vigueur aujourd'hui et on ne peut qu'en être satisfait. Il y aurait toutefois une réforme utile à faire, selon nous, en matière de travaux départementaux et communaux, ce serait d'attribuer aux conseils généraux et aux conseils municipaux le droit de prononcer eux-mêmes l'utilité publique. Il n'y a rien à redouter, en effet, de la décentralisation des travaux publics, qui, au contraire, ne produirait que des résultats heureux et féconds.

La loi ou le décret déclaratif d'utilité publique est suivi d'une enquête que nous appellerons enquête pour l'expropriation des terrains nécessaires à la construction de la voie ferrée.

Il ne faut pas confondre cette enquête qui précède l'arrêté de cessibilité avec l'enquête d'utilité publique, régie par l'ordonnance du 18 février 1834, qui précède le décret déclaratif de l'utilité publique, et portant en même temps approbation de la concession. Les formalités de l'enquête pour l'expropriation sont tracées par le titre 2 de la loi du 3 mai 1841. Les ingénieurs ou autres gens de l'art, chargés de l'exécution des travaux lèvent, pour la partie qui s'étend sur chaque commune, le plan parcellaire des terrains ou des édifices dont la cession leur paraît nécessaire. Ce sont les gens de l'art employés par la compagnie concessionnaire qui se livrent à cette opération ; mais comme on pourrait douter de leur impartialité, leur travail doit être soumis à l'appréciation de l'ingénieur qui a mission de surveiller les travaux. Ce plan des propriétés sur lesquelles doit frapper l'expropriation, avec l'indication des noms de chaque propriétaire, tels qu'ils sont inscrits sur la matrice des rôles, reste déposé pendant huit jours à la mairie de la commune où les propriétés sont situées afin que chacun puisse en prendre connaissance. On doit organiser différents moyens de publicité pour porter ce plan à la connaissance des parties intéressées. C'est ce que dit l'article 6 de la loi de 1841. Le délai de huitaine ne courra qu'à partir de l'avertissement fait au public, que le plan est déposé à la mairie où on peut le consulter. Pendant ce délai de huitaine on peut faire les réclamations que l'on juge convenables. Le maire mentionne sur un procès-verbal les réclamations qui lui sont faites verbalement et y annexe celles qui lui sont transmises par écrit. Notons que le maire doit reproduire les considérations qu'on lui communique sans appréciation aucune de sa part.

Nous allons voir maintenant intervenir la commission d'enquête. A l'expiration du délai de huitaine, une commission se réunit au chef-lieu de la sous-préfecture. Cette commission présidée par le sous-préfet de l'arrondissement sera composée de quatre membres du conseil général du département ou du conseil d'arrondissement désignés par le préfet, du maire de la commune où les propriétés sont situées et de l'un des ingénieurs chargés de l'exécution des travaux. Si les travaux s'étendent sur le territoire de plusieurs communes, on ne forme pas une commission unique dans laquelle on appellerait les maires des diverses communes; on formera autant de commissions qu'il y a de communes, c'est-à-dire que dans.la commission il n'y aura toujours qu'un maire, chacun prendra la parole pour sa commune. On avait dit qu'on ne devait pas donner voix délibérative à l'ingénieur, parce qu'il peut être intéressé à faire tel ou tel travail. Mais on a rejeté ce système, parce qu'on n'a pas voulu donner à l'ingénieur un rôle secondaire. Au reste, il n'y a aucun danger puisque la commission ne fait qu'émettre un simple avis. Rien ne s'oppose à ce que ceux qui ont fait partie de l'enquête d'utilité publique fassent partie de celle qui nous occupe. La commission ne peut valablement délibérer qu'autant que cinq de ses membres sont présents. Dans le cas où le nombre des membres présents serait de six et où il y aurait partage d'opinions, la voix du président sera prépondérante. Les propriétaires qu'il s'agit d'exproprier ne peuvent faire partie de la commission.

La commission reçoit pendant huit jours les observations des propriétaires. Elle les appelle toutes les fois qu'elle juge convenable de le faire.

Ses opérations doivent être terminées dans le délai de dix jours, après quoi le procès-verbal est adressé immédiatement par le sous-préfet au préfet. Dans le cas où lesdites opérations n'auraient pas été terminées dans le délai de dix jours, le sous-préfet devra, dans les trois jours, transmettre au préfet son procès-verbal et les documents recueillis.

La commission d'enquête donne son avis, mais sur les questions qui sont encore entières, c'est-à-dire sur les détails de l'exécution des travaux et non sur l'utilité des travaux ni sur le plan général, car ces questions ont été préparées par l'enquête d'utilité publique et tranchées par le décret du président de la république ou par la loi.

L'avis de la commission d'enquête peut être : 1° de maintenir le tracé indiqué par les ingénieurs qui ont fait le plan parcellaire ; 2° de modifier le tracé, conformément aux observations des propriétaires.

Dans le premier cas, il n'y a pas de difficultés, le préfet rend immédiatement son arrêté de cessibilité déterminant ainsi les propriétés qui doivent être cédées et indique l'époque où il sera nécessaire d'en prendre possession.

Dans le second cas, le sous-préfet devra avertir, en la forme de l'art. 6, les propriétaires de l'avis de la commission d'enquête. Pendant huit jours, à dater de cet avertissement, le procès-verbal et les pièces resteront déposées à la sous-préfecture; les parties intéressées pourront en prendre communication sans déplacement et sans frais et fournir leurs observations écrites. Dans les trois jours suivants, le sous-préfet transmettra toutes les pièces à la préfecture. Le préfet alors ne rendra pas son arrêté de cessibilité, car il est obligé de surseoir jusqu'à ce que l'administration supérieure, c'est-à-dire le ministre des travaux publics ait statué sur ce qu'on devait faire. Le ministre peut ordonner une nouvelle enquête ou bien statuer immédiatement et définitivement, c'est-à-dire déterminer quelles sont les propriétés qui devront être cédées et l'arrêté de cessibilité, rendu par le préfet, sera alors conçu en conséquence, il reproduira l'arrêté ministériel.

II. Expropriation. — Ce n'est pas l'État qui poursuivra directement l'expropriation. Son rôle se borne maintenant à la surveillance de la compagnie, qui est substituée à tous ses droits. C'est donc la compagnie concessionnaire, substituée à l'État, qui poursuivra l'expropriation. C'est ce que dit l'art. 63 de la loi de 1841 : Les concessionnaires exerceront tous les droits conférés à l'administration et seront soumis à toutes les obligations qui lui sont imposées par la présente loi. C'est ce que nous dit encore l'art. 22 du cahier des charges général : L'entreprise étant d'utilité publique, la compagnie est investie, pour l'exécution des travaux dépendant de sa concession, de tous les droits que les lois et règlements confèrent à l'administration en matière de travaux publics, soit pour l'acquisition des terrains par voie d'expropriation, soit pour l'extraction, le transport et le dépôt des terres, matériaux, etc., et elle demeure en même temps soumise à toutes les obligations qui dérivent pour l'administration de ces lois et règlements.

Nous avons, dans cette deuxième période, deux hypothèses à examiner : La cession amiable et la cession forcée des terrains nécessaires à l'établissement de la voie ferrée.

Les propriétaires peuvent parfaitement céder à l'amiable leurs propriétés à la compagnie concessionnaire, mais il faut pour cela qu'ils soient capables d'aliéner. Quant aux incapables, ils le peuvent également à la condition d'y être habilités. Ces incapables peuvent être des individus comme des mineurs, des interdits, des absents, des femmes mariées, ou des personnes morales comme l'État, les départements, les communes, les établissements publics. Dans le premier cas, les tuteurs, les envoyés en possession provisoire, le mari, enfin tous les représentants des incapables peuvent, après autorisation du tribunal, donnée sur simple requête, en la chambre du conseil, le ministère public entendu, consentir amiablement à l'aliénation. Le tribunal ordonne les mesures de conservation ou de remploi qu'il juge nécessaires. Ces dispositions sont applicables aux immeubles dotaux et aux majorats qui ne sont pas encore éteints.

Dans le second cas, c'est-à-dire lorsque les propriétaires sont des personnes morales, l'aliénation est consentie par les tuteurs ou administrateurs. Ainsi les préfets pourront, avec l'autorisation du conseil général, aliéner les biens du département, les maires ceux des communes, s'ils y sont autorisés par le conseil municipal. C'est ce que décide l'art. 13 de la loi de 1841. Cet article ajoute que le ministre des finances peut consentir à l'aliénation d'un domaine de l'État. Mais l'État a droit à une indemnité, car la subrogation de la compagnie dans les droits de l'État n'irait pas jusqu'à lui permettre de s'emparer gratuitement d'un bien domanial. Les compagnies peuvent sans doute être autorisées par l'État à occuper des parties de terrains appartenant au domaine, sans être obligées de payer une indemnité. C'est en quelque sorte une subvention accordée par l'État, mais il n'y a pas lieu à un droit pour les compagnies, c'est une pure libéralité faite par l'État. C'est ce qui a été décidé par la cour de cassation, le 8 mai 1865, contre la compagnie de Lyon. La compagnie n'a pas le droit d'objecter que les chemins de fer appartenant dès maintenant à l'État, font partie du domaine public et qu'ainsi le terrain qui appartient aussi au domaine public n'a fait que changer d'affectation en continuant de profiter à l'État. Il est très-vrai que la voie ferrée profitera un jour à l'État, mais présentement la compagnie en bénéficiera ; elle ne doit donc pas acquérir ces terrains sans payer une indemnité qui représentera précisément l'avantage qu'elle en retirera. Il y aurait donc encore lieu à cession amiable par le ministre des finances à la compagnie, mais rappelons que, d'après l'art. 3 de la loi du 11 juin 1842, l'occupation des terrains et bâtiments appartenant à l'État et nécessaires à l'exécution des grandes lignes, qui font l'objet de cette loi, ne donne pas droit à indemnité au profit de l'État.

Si les propriétaires ne veulent pas céder leurs propriétés à l'amiable il faut avoir recours à l'expropriation, à la cession forcée. Quand l'expropriation est poursuivie directement par l'État, le préfet transmet au procureur de la république, dans le ressort duquel les biens sont situés, le décret qui autorise les travaux et l'arrêté de cessibilité. Dans les trois jours, le procureur de la république requiert et le tribunal prononce l'expropriation. Mais lorsque ce n'est pas l'État qui fait lui-même les travaux, lorsque c'est la compagnie qui poursuit l'expropriation, c'est elle et non pas le ministère public qui doit la demander dans la forme d'une requête adressée au tribunal et signée d'un avoué. Le rôle du tribunal consiste uniquement à vérifier si les formalités ont été remplies et non pas à examiner si l'utilité publique exige réellement le sacrifice des propriétés dont l'expropriation est demandée. Il n'est pas juge du fond, mais de la forme. Les parties ne sont pas mises en cause, il n'y a pas de débats contradictoires. Si le ministère public reconnaît que certaines formalités exigées n'ont pas été remplies, il doit conclure à la non-expropriation, mais l'administration a raison jusqu'à inscription de faux, lorsqu'elle a attesté que telle ou telle formalité a été remplie. Notons que si les formes de la première enquête, de l'enquête d'utilité publique n'ont pas été observées, il n'y a pas lieu à nullité du jugement prononçant l'expropriation comme il y aurait lieu à nullité si les formalités de la seconde enquête, de l'enquête pour expropriation n'avaient pas été accomplies. La raison de cette différence vient de ce que la première enquête est faite dans un intérêt général et que la seconde est faite dans l'intérêt de la propriété privée.

Quel est l'effet du jugement d'expropriation ? L'effet de ce jugement, comme son nom l'indique suffisamment, est de transférer la propriété à l'État. A quel moment s'opère cette translation de propriété ? Nous disons que c'est le jugement lui-même qui opère la translation de propriété et non pas comme quelques auteurs l'ont prétendu, le paiement de l'indemnité. En effet, l'article 14 de la loi du 3 mai 1841 ne dit pas que la propriété sera transférée après le jugement, seulement l'administration n'aura le droit de réclamer son envoi en possession des immeubles expropriés qu'après le paiement de l'indemnité. C'est bien ce que dit l'article 41 de la même loi. Le principe de l'indemnité préalable posé par l'article 545 du Code civil ne constitue au profit du particulier exproprié qu'un droit de rétention analogue à la rétention que le vendeur peut exercer jusqu'au paiement du prix.

Du principe que la propriété est transférée à l'administration du jour du jugement d'expropriation découlent les conséquences suivantes : 1° la personne qui est expropriée ne peut plus aliéner après le jugement d'expropriation, elle ne pourrait que céder son droit à l'indemnité ; 2° elle ne pourrait pas constituer une hypothèque sur l'immeuble exproprié, puisqu'elle n'est plus propriétaire ; 3° elle n'a qu'une créance ayant pour objet le paiement de l'indemnité. Or, supposons qu'elle vienne à mourir, ayant institué Primus légataire de ses meubles et Secundus légataire de son immeuble, ce dernier n'aura rien, car il n'y a plus d'immeuble et Primus profitera du droit à l'indemnité ; 4° Après le jugement d'expropriation, l'État ne peut pas renoncer au bénéfice de ce jugement qui lui a transféré la propriété, pas plus que l'acheteur ne peut renoncer au contrat lorsque la vente est perfecta. C'est ce qu'a décidé avec raison la cour de cassation dans un arrêt en date du 13 février 1861.

La propriété est transférée à l'État par le jugement d'expropriation et ajoutons qu'elle lui est transférée franche et quitte de toute hypothèque. Le droit des créanciers hypothécaires sera exercé non plus sur l'immeuble, mais sur le montant de l'indemnité. C'est ce qui résulte de l'article 18 de la loi de 1841. C'est un cas où le droit de préférence survit au droit de suite.

C'est la compagnie concessionnaire qui doit poursuivre l'expropriation, cependant ce sera quelquefois les personnes dont les propriétés sont désignées par l'arrêté de cessibilité qui la demanderont. C'est ce que nous dit l'article 14 de la loi de 1841 : Si dans l'année de l'arrêté du préfet, l'administration n'a pas poursuivi l'expropriation, tout propriétaire dont les terrains sont compris audit arrêté peut présenter requête au tribunal. Cette requête sera communiquée par le procureur de la république au préfet qui devra, dans le plus bref délai, envoyer les pièces et le tribunal statuera dans les trois jours. Il ne faut pas, en effet, que les droits des propriétaires soient paralysés pour un temps illimité. Le propriétaire, en effet, à partir de l'arrêté de cessibilité ne peut plus librement disposer de sa propriété. Il ne faut pas que son droit soit à la merci de la compagnie. C'est pourquoi un an après l'arrêté de cessibilité, il pourra lui-même poursuivre l'expropriation.

Aux deux hypothèses que nous venons d'examiner : cession amiable d'une part et cession forcée d'autre part, il faut en joindre une troisième prévue par la suite de notre article 14. Voici quelle elle est : le propriétaire consent bien à céder sa propriété, mais il n'est pas d'accord avec la compagnie sur le prix. Alors le tribunal se contentera de donner acte de ce consentement du propriétaire de céder sa propriété, sans qu'il soit besoin de rendre le jugement d'expropriation ni de s'assurer que les formalités de l'enquête pour l'expropriation ont été remplies.

Ainsi voilà les trois hypothèses qui peuvent se présenter après l'arrêté de cessibilité. Il peut y avoir ou cession amiable ou cession forcée par le jugement d'expropriation ou enfin consentement du propriétaire pour céder sa propriété, mais désaccord avec la compagnie au sujet du quantum de l'indemnité.

Dans le premier cas, pas de difficulté, la compagnie payera le prix convenu et entrera de suite en possession des propriétés.

Dans la deuxième hypothèse, le tribunal prononcera l'expropriation et nommera par le même jugement le magistrat directeur du jury qui devra fixer le montant de l'indemnité.

Dans la troisième hypothèse, le tribunal ne rendra pas de jugement d'expropriation, il donnera acte de la cession amiable que fait le propriétaire, mais comme il y a désaccord sur le prix il nommera également le magistrat directeur du jury chargé de fixer le montant de l'indemnité.

L'article 15 ordonne des formalités à remplir pour porter le jugement d'expropriation à la connaissance du public, en général, et des propriétaires des terrains expropriés, en particulier. Le jugement est publié et affiché par extrait, dans la commune de la situation des biens, de la manière indiquée par l'article 6. Il est en outre inséré dans l'un des journaux publiés dans l'arrondissement, ou, s'il n'en existe aucun, dans l'un de ceux du département. De plus, ce jugement est notifié au domicile élu dans l'arrondissement par les propriétaires expropriés. L'article 16 complète les moyens de publicité en ordonnant la transcription du jugement au bureau des hypothèques de l'arrondissement, conformément à l'article 2181 du Code civil. La loi du 23 mars 1855 a-t-elle modifié cet article 16 de la loi du 3 mai 1841 ? Avant de répondre à cette question, indiquons quel en est l'intérêt. D'abord, d'après la loi de 1841, la propriété est transférée à l'État aussitôt après le jugement d'expropriation. D'après la loi du 23 mars 1855, au contraire, il faudrait qu'il y ait eu transcription, pour que l'acquisition de la propriété fût opposable aux tiers. Ensuite, l'article 17 de la loi de 1841 commence par dire que, dans la quinzaine de la transcription, les priviléges et hypothèques seront inscrits, disposition qui est en parfaite harmonie avec l'article 834 du Code de procédure. La loi du 23 mars 1855 abroge, au contraire, l'article 834 du Code de procédure, et décide qu'après la transcription, les inscriptions ne peuvent plus valablement être prises. L'article 17 ajoute que la femme, le mineur, l'interdit conservent l'hypothèque légale avec son rang, indépendamment de toute inscription. La loi de 1855, au contraire, ne leur maintient cette faveur, après la dissolution du mariage, la cessation de la tutelle ou de l'interdiction qu'autant que l'inscription aurait été prise dans l'année ; au-delà de ce terme, le rang serait fixé au jour de l'inscription. On voit donc facilement quel est l'intérêt de la question que nous avons posée. Comment la résoudre ? Nous dirons que la loi du 23 mars 1855 n'a pas modifié la loi du 3 mai 1841. Ce qui le prouve, ce sont les quatre premiers alinéas de l'article 1 de la loi de 1855, qui s'exprime ainsi : « Sont transcrits au bureau des hypothèques de la situation des biens : 1° Tout acte entre-vifs, translatif de propriété immobilière ou de droits réels susceptibles d'hypothèques; 2° Tout acte portant renonciation à ces mêmes droits ; 3° Tout jugement qui déclare l'existence d'une convention verbale de la nature ci-dessus exprimée ; 4° Tout jugement d'adjudication autre que celui rendu sur licitation au profit d'un co-héritier ou d'un co-partageant ». On le voit, les jugements d'expropriation ne sont pas contenus dans cette énumération. Donc, le texte de la loi de 1855 n'indique pas que la loi de 1841 soit modifiée. Puis il faut bien se rendre compte du but que s'est proposé d'atteindre la loi de 1855 : cette loi a voulu porter, par une certaine publicité, à la connaissance des tiers les mutations de propriété. Mais ce but est atteint par la loi de 1841. Il y a, en effet, pour arriver à une expropriation, une publicité plus que suffisante, puisque nous trouvons deux enquêtes, un décret d'utilité publique, l'arrêté de cessibilité, des affiches, des publications dans les journaux, et en dernier lieu le jugement d'expropriation. On ne peut pas dire que la mutation ne soit pas publiée, la publicité est même plus grande que celle qui résulte de la loi du 23 mars 1855. Ce qui est certain, c'est que la disposition finale de l'article 17 de la loi de 1841 subsiste toujours. Cette disposition décide que les créanciers inscrits n'ont pas la faculté de surenchérir, seulement ils peuvent exiger que l'indemnité soit fixée conformément au titre 4, c'est-à-dire par le jury.

L'article 19 de la loi de 1841 décide que les formalités destinées à rendre public le jugement d'expropriation sont aussi prescrites et avec les mêmes effets pour les cessions faites à l'amiable.

Le jugement d'expropriation ne pourra être attaqué que par la voie du recours en cassation et seulement pour incompétence, par exemple, si le tribunal qui a prononcé l'expropriation n'est pas celui de la situation des immeubles expropriés ;

pour excès de pouvoir, par exemple s'il y a eu dépossession de terrains qui n'étaient pas compris dans l'arrêté de cessibilité; et enfin pour vices de formes dans le jugement; par exemple, s'il n'a pas été rendu par le nombre de juges exigé par la loi. Cette voie de recours est à la disposition, non-seulement de la compagnie concessionnaire, mais encore du propriétaire et de ceux qui ont des droits réels sur l'immeuble. En général, le délai pour se pourvoir en cassation est de deux mois depuis la loi du 2 juin 1862, et le pourvoi doit être formé par requête déposée par un avocat à la cour de cassation, au greffe de cette cour. Il en est autrement en matière d'expropriation, il faut procéder avec célérité. Aussi le délai est-il de trois jours à dater de la notification du jugement d'expropriation, et le pourvoi se fait par simple déclaration au greffe du tribunal qui a prononcé le jugement d'expropriation. C'est ce que dit l'article 20 de la loi du 3 mai 1841. La règle qui veut que l'on consigne une amende est applicable en cas d'expropriation. Seulement, lorsque le préfet, comme représentant de l'État, forme le pourvoi, il est dispensé de la nécessité de cette consignation; mais cela ne se présentera pas au sujet des chemins de fer, puisque c'est la compagnie qui agira comme étant substituée à l'État. Elle devra consigner l'amende. Le pourvoi doit être notifié dans la huitaine soit à la partie, au domicile élu, soit à la compagnie concessionnaire, suivant que le pourvoi est formé par la compagnie ou par le particulier exproprié. Dans la quinzaine de la notification du pourvoi, les pièces seront adressées à la chambre civile de la cour de cassation qui statuera dans le mois. Il est à remarquer que le pourvoi est ici directement adressé à la chambre civile, et qu'il ne passe pas par la chambre des requêtes. Si, à l'expiration de ce délai d'un mois, l'arrêt de la cour de cassation est rendu par défaut, il ne sera pas susceptible d'opposition. Toutes ces dispositions s'expliquent par le désir que l'on a de gagner du temps pour accélérer les travaux.

III. Fixation de l'indemnité. — Lorsque les propriétaires ne veulent pas s'entendre à l'amiable avec la compagnie, substituée à l'État, sur la cession de leurs propriétés ou sur le prix de la cession, le tribunal, dans le premier cas, prononce l'expropriation et les renvoie, ainsi que dans le second cas, devant le jury d'expropriation, qui fixera l'indemnité, conformément aux principes posés dans les titres 4 et 5 de la loi du 3 mai 1841.

Avant de procéder à la fixation de l'indemnité, il faut avant tout connaître les ayants-droit. L'article 21 de la loi de 1841, les divise en deux classes. La compagnie doit faire, sur la déclaration des propriétaires, des offres aux uns; elle n'est pas tenue d'en faire aux autres. Ces derniers doivent se faire connaître eux-mêmes, ils doivent faire valoir eux-mêmes leurs droits, sous peine de déchéance. L'article 21 s'exprime ainsi : Dans la huitaine qui suit la notification prescrite par l'article 15, le propriétaire est tenu d'appeler et de faire connaître à l'administration les fermiers, locataires, ceux qui ont des droits d'usufruit, d'habitation ou d'usage tels qu'ils sont réglés par le Code civil et ceux qui peuvent réclamer des servitudes résultant des titres mêmes du propriétaire ou d'autres actes dans lesquels il serait intervenu, sinon il restera seul chargé envers eux des indemnités que ces derniers pourront réclamer. Les autres intéressés seront en demeure de faire valoir leurs droits par l'avertissement énoncé en l'article 6, et tenus de se faire connaître à l'administration dans le même délai de huitaine, à défaut de quoi ils seront déchus de tous droits à l'indemnité.

Remarquons que le propriétaire pour la loi est la personne dont le nom est inscrit sur la matrice du rôle de la contribution foncière, si bien qu'il peut arriver que la personne inscrite ne soit pas propriétaire, il peut se faire qu'elle ait vendu sa propriété, mais, dans ce cas, l'ancien et le nouveau propriétaire s'entendent; l'administration ou mieux la compagnie n'a pas à rechercher quel est le véritable propriétaire, elle ne fait que considérer les noms des personnes inscrites sur la matrice des rôles de la contribution foncière.

Les personnes que le propriétaire doit désigner sont: 1° l'usufruitier ; 2° celui qui a un droit d'habitation ; 3° le fermier; 4° le locataire.

Pour les servitudes, il faut établir une distinction. Le propriétaire actuel a-t-il consenti lui-même les servitudes? Il doit désigner à la compagnie les propriétaires des fonds dominants. Ont-elles, au contraire, été établies par les précédents propriétaires, les propriétaires des fonds dominants doivent faire valoir leurs droits eux-mêmes. La raison de cette distinction est que le propriétaire actuel peut très-bien ignorer l'existence des servitudes qu'il n'a pas établies et alors on comprend trèsbien qu'il ne soit pas tenu de les faire connaître.

Pour les usagers, il faut également établir une distinction : Doivent être désignés par le propriétaire de l'immeuble exproprié les usagers qui ont un droit d'usage réglé par le Code civil. Ne doivent pas, au contraire, être désignés par le propriétaire ceux qui ont un droit d'usage dans les forêts dont les coupes sont réglées par le Code forestier. Ils doivent se présenter euxmêmes, parce qu'ils peuvent être très-nombreux et que le propriétaire peut ne pas les connaître tous.

Les personnes qui doivent faire valoir leurs droits ellesmêmes doivent se présenter dans le délai de huitaine par suite des publications prescrites par l'art 15 et non par l'art. 6, c'est une erreur de rédaction dans l'art 21, ce qui le prouve, c'est que le dernier alinéa renvoie au premier alinéa.

Les indemnitaires qui ne se sont pas présentés pour faire valoir leurs droits ont-ils un recours contre le propriétaire de l'immeuble exproprié ? Nous n'hésitons pas à admettre l'affirmative, même au profit de cette deuxième classe d'indemnitaires. En effet, nul ne doit s'enrichir aux dépens d'autrui, et le propriétaire, si on leur refusait un recours, s'enrichirait aux dépens de ces indemnitaires. Prenons un exemple qui va nous le prouver jusqu'à la dernière évidence. Un immeuble est exproprié; sur cet immeuble un individu a une servitude, mais une servitude non consentie par le propriétaire actuel. Le titulaire de la servitude ne se présente pas dans le délai de huitaine indiqué par l'art. 21. Le propriétaire va toucher une indemnité plus forte que celle qu'il aurait eue si la compagnie avait connu que sa propriété fût démembrée, il va donc s'enrichir aux dépens du bénéficiaire de la servitude. Cela serait évidemment inique, et il ne peut pas en être ainsi. Toutefois, remarquons que l'indemnité que nous accorderons à cet indemnitaire de la deuxième classe, c'est-à-dire qui doit faire valoir son droit lui-même ne sera pas aussi forte, aussi élevée que celle qu'obtiendrait l'indemnitaire de la première classe dont le droit n'aurait pas été déclaré par le propriétaire. Dans ce dernier cas, en effet, le propriétaire sera obligé de payer toute l'indemnité que l'indemnitaire aurait eue de l'administration. Dans le premier cas, au contraire, il ne paiera que ce qu'il a reçu en plus de l'indemnité qui lui a été attribuée en sa qualité de propriétaire. L'indemnité est moins forte dans le premier cas parceque l'administration donnera moins. En effet, l'indemnité est moins forte quand elle est donnée à un seul, au propriétaire que lorsqu'elle est attribuée à deux personnes : le propriétaire d'une part et le bénéficiaire d'une servitude d'autre part. Dans le premier cas, le propriétaire ne sera pas en perte puisqu'il gardera toujours ce qu'il aurait obtenu à titre d'indemnité si le titulaire de la servitude s'était fait connaître, tandis que dans le second cas, il sera en perte, puisqu'il devra donner au titulaire de la servitude omis par lui l'indemnité intégrale que ce dernier aurait obtenue de la compagnie si le propriétaire n'avait pas commis la faute de ne pas le déclarer. Il est tout juste que ce soit le propriétaire qui supporte les conséquences de la faute qu'il a commise et qu'elles ne retombent pas sur les indemnitaires qu'il devait faire connaître.

Les indemnitaires ont un recours contre les propriétaires,

c'est au moins notre avis, mais ce recours ne pourra jamais arrêter l'expropriation ni en empêcher l'effet. Nous leur appliquerons l'art. 18 de notre loi, et leurs droits seront transportés sur le prix attribué, à titre d'indemnité, au propriétaire, et l'immeuble en sera affranchi.

Les locataires qui n'ont pas de baux ayant date certaine au moment de l'expropriation peuvent-ils réclamer des indemnités? L'article 21 est muet sur cette question, ou plutôt il ne distingue pas entre les baux ayant date certaine et les baux n'ayant pas date certaine. Dans le silence de la loi, on a prétendu qu'il fallait avoir recours à la loi générale, c'est-à-dire au Code civil. L'article 1328 dit que les actes ne sont opposables aux tiers qu'autant qu'ils ont date certaine. Or, dit-on, la compagnie ici est un tiers, elle peut donc invoquer l'incertitude de la date. Puis, ajoute-t-on, dans ce système, il y a, au titre du louage, certains articles qui ne font que confirmer la règle posée par l'article 1328. L'article 1743 nous dit : Si le bailleur vend la chose louée, l'acquéreur ne peut expulser le fermier ou le locataire qui a un bail authentique ou dont la date est certaine, à moins qu'il ne se soit réservé ce droit par le contrat de bail. Eh bien, la compagnie concessionnaire est ici un acheteur, elle peut donc expulser les locataires qui n'ont pas de baux ayant date certaine sans être obligée de leur payer une indemnité. L'article 1750 est encore, ajoute-t-on, plus probant : Si le bail, dit cet article, n'est pas fait par acte authentique, ou n'a pas date certaine, l'acquéreur n'est tenu d'aucuns dommages-intérêts. Plusieurs arrêts, notamment un arrêt de cassation du 2 février 1847 et un arrêt de la cour de Lyon du 16 mars 1855, ont confirmé ce système.

Il nous est impossible néanmoins de l'admettre et nous dirons que le locataire a droit à une indemnité même si son bail n'a pas date certaine. En effet, l'art. 1328 et les art. 1743 et 1750 du Code civil ne doivent pas être transportés dans une matière spéciale. Il faut appliquer ici purement et simplement l'art. 21 de la loi du 3 mai 1841, qui ne distingue pas entre les baux ayant date certaine et ceux n'ayant pas date certaine. On ne peut pas invoquer les articles du Code civil parce qu'ils n'ont pas été faits pour être appliqués à l'hypothèse qui nous occupe. En effet, ils prévoient le cas d'une vente volontaire, tandis que nous nous occupons d'une vente qui, en réalité, est forcée. Dans le cas de vente volontaire, les locataires et fermiers ne perdront pas s'ils sont expulsés par l'acquéreur parce qu'ils auront un recours en dommages-intérêts contre leur bailleur, puisque c'est par le fait de celui-ci qu'ils seront empêchés de jouir. Dans le cas d'expropriation, au contraire, les locataires et fermiers n'auraient aucun recours, aucune indemnité à prétendre ni de la compagnie, puisque le bail est contesté, ni du propriétaire bailleur, puisque ce n'est pas par son fait qu'ils sont empêchés de jouir. Nous supposons bien entendu que le propriétaire bailleur les a fait connaître à la compagnie concessionnaire, conformément à ce qui est prescrit par l'art. 21 de la loi de 1841.

Il faut donc dire que les locataires ont droit à une indemnité même si les baux n'ont pas date certaine, parce que décider autrement serait injuste et contraire à la loi de 1841 (art. 21), qui ne parle pas de baux ayant date certaine, mais qui exige seulement que le propriétaire fasse connaître les fermiers et locataires pour que ceux-ci obtiennent une indemnité de l'administration ou de la compagnie concessionnaire, suivant que les travaux sont faits par l'État ou concédés à une compagnie. La cour de cassation a, au reste, consacré notre système dans un arrêt en date du 17 avril 18ᵉ

Les sous-locataires doivent-ils être déclarés par le propriétaire à la compagnie ou bien doivent-ils faire valoir eux-mêmes leurs droits? Nous dirons, avec un arrêt de cassation du 9 mars 1864, que le propriétaire n'est pas tenu de faire connaître les sous-locataires, puisqu'il n'a pas traité avec eux. Le principal locataire n'y est pas tenu non plus, puisqu'il n'est jamais soumis à une obligation de ce genre. Mais le sous-locataire n'a pas non plus à se faire connaître, à faire valoir lui-même son droit. Il concourra simplement avec le principal locataire sur l'indemnité qui lui sera accordée. Le concours des sous-locataires sera proportionnel à la valeur de la sous-location, puisque, pour cette part, ils doivent être subrogés au principal locataire.

Lorsque les indemnitaires sont connus, la compagnie concessionnaire qui est substituée à l'administration doit leur faire des offres qu'ils doivent accepter ou refuser dans un certain délai. S'ils acceptent les offres, pas de difficultés, l'indemnité leur est payée selon le chiffre de ces offres. S'ils n'acceptent pas, ou même s'ils gardent le silence, il y a provocation du jury d'expropriation qui est formé et qui statue selon les dispositions de la loi de 1841, sous la présidence du magistrat directeur nommé par le tribunal civil. Il nous est impossible d'entrer dans toutes ces questions de procédure qui nous entraîneraient trop loin et qui sont, au reste, en dehors de notre sujet puisque nous ne faisons pas une étude spéciale de l'expropriation pour cause d'utilité publique.

Avant d'entrer dans l'examen des travaux d'établissement de la voie ferrée, il est bon de nous résumer en quelques mots sur tout ce que nous venons de dire.

Avant la concession d'un chemin de fer, il y a une enquête d'utilité publique. Intervient ensuite le décret ou la loi qui déclare l'utilité publique et qui autorise l'exécution des travaux. Cette loi ou ce décret est suivi de l'enquête pour l'expropriation qui précède l'arrêté de cessibilité. Après cet arrêté, la compagnie qui est substituée à l'État va procéder à la cession amiable si les propriétaires y consentent, sinon elle sera obligée de s'adresser au tribunal qui prononcera la cession forcée. L'indemnité sera alors fixée soit à l'amiable, soit par le jury d'expropriation, conformément à la loi du 3 mai 1841.

EXÉCUTION DES TRAVAUX D'ÉTABLISSEMENT DE LA VOIE FERRÉE.

Lorsque la compagnie concessionnaire est en possession des terrains nécessaires, elle va faire exécuter les grands travaux d'établissement de la voie ferrée.

D'après la loi du 11 juin 1842, ces grands travaux devaient être faits par l'État, les compagnies ne devant poser que les rails; il n'en est plus de même aujourd'hui, les compagnies doivent les faire exécuter elles-mêmes.

Nous n'avons pas ici, bien entendu, à décrire les procédés à employer pour l'exécution des grands travaux de terrassement, pour l'établissement des voies de service, cela fait l'objet d'une étude à part qu'il appartient aux ingénieurs de faire. Nous dirons seulement que ces travaux doivent être effectués selon les projets adoptés, et que la compagnie doit se conformer entièrement au titre 1er du cahier des charges général, concernant le tracé et la construction des voies ferrées.

Nous allons examiner maintenant les droits qui appartiennent aux compagnies pour faire exécuter les travaux et les contestations qui peuvent s'élever à ce sujet.

La compagnie concessionnaire a le droit de faire sur les propriétés privées les fouilles et extractions de matériaux nécessaires à l'exécution des travaux publics. C'est ce que dit l'article 22 du cahier des charges.

Ce droit a son origine dans un arrêté du conseil du 7 septembre 1755, qui autorise les entrepreneurs de travaux publics, moyennant le paiement d'une indemnité, à prendre la pierre, le grès, le sable et autres matériaux pour l'exécution des ouvrages dont ils sont adjudicataires, dans tous les lieux qui leur sont indiqués par les devis et adjudication desdits ouvrages. Cette autorisation a été reproduite par la loi du 28 juillet 1791, qui a admis, qu'à défaut d'exploitation de la part des propriétaires des produits et carrières, et d'après la permission du directoire du département (préfet), lesdites substances pourront être exploitées. dans le cas seulement de nécessité pour les grandes routes ou pour les travaux publics par tous les entrepreneurs, en indemnisant le propriétaire, tant du dommage fait à la surface que de la valeur des matières extraites, le tout de gré à gré, ou à dire d'experts.

La loi du 16 septembre 1807, dans son article 55, reproduit les mêmes dispositions. Enfin, la loi du 15 juillet 1845, dans son article 3, in fine, déclare applicables à la confection et à l'entretien des chemins de fer, les lois et règlements sur l'extraction des matériaux nécessaires aux travaux publics.

Mais cette faculté d'extraire des matériaux ne peut pas s'exercer d'une façon arbitraire, autrement ce serait violer tout le respect que l'on doit à la propriété. Il faut d'abord, c'est la loi du 28 juillet 1791 qui l'exige, que l'on prévienne le propriétaire sur le terrain duquel on veut faire des fouilles et qu'on essaie de s'entendre à l'amiable avec lui au sujet de l'indemnité qui doit lui être attribuée pour le dédommager. Si l'indemnité ne peut pas être fixée à l'amiable, qui tranchera le différent entre la compagnie concessionnaire et le propriétaire ? Pour répondre à cette question, il faut distinguer trois hypothèses :

1° Les fouilles ont été ordonnées par la compagnie, c'est le conseil de préfecture qui sera compétent, en vertu de l'art. 4 4°, de la loi du 28 pluviôse an VIII : Le conseil de préfecture statuera sur les demandes et contestations concernant les indemnités dues aux particuliers à raison de terrains fouillés pour la confection de chemins, canaux et autres ouvrages publics;

2° Il y a eu convention entre les entrepreneurs de travaux ou la compagnie et le propriétaire qui les a autorisés à faire les fouilles pour extraire les matériaux, le conseil de préfecture ne sera pas compétent, ce sera l'autorité judiciaire qui connaîtra des difficultés qui pourront s'élever au sujet de l'indemnité. Il s'agit, en effet, d'une convention privée et non pas de la servitude légale d'extraction ;

3° Les entrepreneurs qui ont traité avec la compagnie, sans ordre de la compagnie, sans autorisation du propriétaire, ont fouillé les terrains de ce dernier. Ce sera encore l'autorité judiciaire qui sera compétente, parce qu'il y a eu délit de la part de ces entrepreneurs. Le conseil de préfecture serait encore incompétent pour la même raison : il ne s'agit pas ici de la servitude légale d'extraction.

Nous répéterons ce que nous avons déjà dit. Nous pensons que cette division du contentieux est mauvaise et qu'il devrait y avoir unité de justice, puisque l'action de juger est une.

Comment sera fixée l'indemnité qui sera allouée au propriétaire ? Elle sera fixée selon les art. 56 et 57 de la loi du 16 septembre 1807. Il y aura lieu à une expertise faite de la manière suivante : Un expert sera nommé par le propriétaire du terrain fouillé, un autre sera nommé par la compagnie concessionnaire et le tiers-expert sera nommé par le préfet. Le contrôleur et le directeur des contributions donneront leur avis sur le procès-verbal qui sera soumis par le préfet à la délibération du conseil de préfecture. Le préfet pourra, dans tous les cas, faire faire une nouvelle expertise. Voilà pour le cas où la question d'indemnité sera tranchée par le conseil de préfecture. Lorsqu'elle sera tranchée par le tribunal civil, il agira comme bon lui semblera pour s'éclairer ; il est propable qu'il aura recours également à une expertise.

Demandons-nous maintenant sur quels terrains porte cette servitude d'extraction ? Elle porte sur tous les terrains, sauf sur les terrains clos. C'est ce qui a été décidé par l'arrêté du conseil du 7 septembre 1755. Que faut-il entendre par terrains clos ? Un arrêté de 1780 a décidé qu'il fallait entendre par là les terrains qui se trouvent près des habitations et non pas tous les terrains entourés de haies, de fossés ou même de murs.

Que faut-il enfin pour que l'indemnité soit due, à cause de

l'extraction de matériaux ? Il faut, répond l'article 55 de la loi du 16 septembre 1807, pour que le propriétaire ait droit à une indemnité, que les matériaux aient été extraits d'une carrière déjà en exploitation. S'ils ont été extraits d'une carrière qui n'était pas en exploitation, le propriétaire n'a droit à aucune indemnité. Lorsque la carrière était en exploitation, les matériaux seront évalués au prix courant par les experts, conformément à l'article 56 et le prix en est payé au propriétaire. Si la carrière n'était pas en exploitation, le propriétaire ne peut pas se faire indemniser pour les matériaux que l'on extrait de son terrain, mais il a droit à une indemnité pour réparer les dégâts causés sur sa propriété par suite de l'extraction. C'est là une disposition exorbitante et même déplorable, puisqu'elle porte une grave atteinte à la propriété. Que le particulier soit obligé de faire des sacrifices dans l'intérêt général, certes rien de mieux, mais il doit au moins être indemnisé.

Lorsque les fouilles et extractions doivent se faire dans les bois et forêts, il y a des règles spéciales. L'article 145 du Code forestier reconnaît à l'administration des ponts et chaussées le droit d'indiquer les lieux où doivent être faites les extractions. Une ordonnance du 1er août 1827 décide que les agents forestiers s'entendront avec les ingénieurs ou conducteurs des ponts et chaussées quant aux limites du terrain où l'extraction pourra être faite et à différents points de détail ; s'il y a désaccord entre eux il est statué par le préfet. Les agents forestiers et les ingénieurs des ponts et chaussées doivent veiller à ce que les matériaux soient réellement employés à l'usage auquel on les destine.

Voilà pour le droit d'extraction de matériaux. Les compagnies concessionnaires ont encore un autre droit sur les propriétés riveraines, c'est le droit d'occupation temporaire. Ce droit est une conséquence du droit d'extraction. Il résulte de l'article 55 de la loi du 16 septembre 1807 et de l'article 3 de la loi du 15 juillet 1845. Un décret du 8 février 1868 indique quelles

sont les formalités à suivre au sujet des occupations temporaires de terrains Il faut, lorsqu'il y a lieu d'occuper temporairement un terrain, soit pour y extraire des terres ou des matériaux, soit pour tout autre objet relatif à l'exécution des travaux,
que cette occupation soit autorisée par un arrêté du préfet, indiquant le nom de la commune où le terrain est situé, les numéros que les parcelles dont il se compose, portent sur le plan
cadastral et le nom du propriétaire. Le préfet envoie ampliation de son arrêté à l'ingénieur en chef et au maire de la commune. L'ingénieur en chef en remet une copie certifiée à l'entrepreneur, le maire notifie l'arrêté au propriétaire du terrain
ou à son représentant. Le propriétaire peut s'arranger à l'amiable
avec la compagnie. S'ils ne s'entendent pas, la compagnie, avant
toute occupation du terrain, doit inviter le propriétaire à nommer un expert pour procéder contradictoirement avec celui
qu'il aura lui-même choisi, à la constatation des lieux. Si le
propriétaire refuse, le maire désignera d'office un expert pour
procéder contradictoirement avec celui de la compagnie. Après
cette expertise, la compagnie peut occuper le terrain. En cas
d'opposition de la part du propriétaire, l'occupation a lieu avec
l'assistance du maire. Après l'achèvement des travaux, et s'ils
durent plusieurs années, à la fin de chaque campagne, il est
fait une nouvelle constatation des lieux. L'indemnité, due au
propriétaire, sera fixée, en cas de désaccord, par le conseil de
préfecture, conformément à l'article 4 4ᵉ de la loi du 28 pluviôse an VIII, et il sera procédé conformément aux articles 56 et
57 de la loi du 16 septembre 1807.

Voilà pour le cas où la compagnie s'est conformée aux prescriptions de ce décret de 1868. Si elle a procédé à l'occupation
de terrains en l'absence d'autorisation régulière de l'administration, mais en vertu d'une simple adhésion du propriétaire, l'administration doit rester étrangère au règlement de l'indemnité
due pour les dommages causés, et, à défaut d'accord aimable,
l'affaire sera portée devant les tribunaux civils. C'est ce qui a

été décidé par le conseil d'État le **23** mai **1861.** En effet, la compagnie qui opère des fouilles sur une propriété privée sans autorisation de l'administration, n'agit pas en qualité d'entrepreneur selon l'article 4 de la loi du **28** pluviôse an VIII, mais en vertu d'une simple convention privée, dès lors la réparation du dommage que les fouilles ont pu causer au propriétaire n'est pas de la compétence du conseil de préfecture, mais du tribunal civil.

Tout ce que nous venons de dire s'applique aussi bien aux travaux d'entretien et de réparation qu'aux travaux d'établissemet de la voie ferrée.

Les travaux qui se font, soit pour l'établissement, soit pour l'entretien ou la réparation d'une voie ferrée s'exécutent toujours sous la surveillance de l'administration supérieure. C'est ce que décide l'article **27** du cahier des charges, ainsi conçu : Lorsque les travaux sont exécutés par voie de concession, les compagnies exécutent ces travaux par des moyens et des ingénieurs à leur choix, mais en restant soumises au contrôle et à la surveillance de l'administration. Ce contrôle et cette surveillance ont pour objet d'empêcher les compagnies de s'écarter des dispositions prescrites par le cahier des charges et de celles qui résultent des projets approuvés.

Lorsque le chemin doit passer au-dessus d'une route, c'est l'administration qui fixe l'ouverture du viaduc. Quand les routes sont traversées à niveau par le chemin de fer, les rails doivent être posés sans aucune saillie, afin qu'il n'en résulte aucune gêne pour la circulation des voitures, chaque passage à niveau est muni d'une barrière que l'on ferme à l'approche des trains. Il y est établi une maison de garde lorsque l'administration en reconnaît l'utilité. C'est l'administration qui délivre l'autorisation de faire des fouilles et des extractions sur les propriétés voisines. Si le chemin de fer traverse un sol déjà concédé pour l'exploitation d'une mine, c'est encore l'administration qui détermine les mesures à prendre pour que l'exploitation de la mine et la circulation du chemin de fer aient lieu régulièrement, sans que l'un nuise à l'autre ; la compagnie supporte les frais de consolidation à faire dans l'intérieur de la mine à raison de la traversée du chemin de fer, et elle indemnise les concessionnaires de la mine des dommages résultant de cette traversée. Si le chemin s'étend sur des terrains renfermant des carrières, les excavations qui pourraient en compromettre la solidité doivent être remblayées ou consolidés par la compagnie et à ses frais. C'est ce qui résulte des articles 24 et 25 du cahier des charges.

Enfin, à mesure que les travaux seront terminés sur des parties de chemins de fer susceptibles d'être livrées utilement à la circulation, il sera procédé, sur la demande de la compagnie, à la reconnaissance, et, s'il y a lieu, à la réception provisoire des travaux par un ou plusieurs commissaires que l'administration désignera. Sur le vu du procès-verbal de reconnaissance, l'administration autorisera, s'il y a lieu, la mise en exploitation des parties dont il s'agit ; après cette autorisation, la compagnie pourra mettre lesdites parties en service d'exploitation. Toutefois, ces réceptions partielles ne deviendront définitives que par la réception générale et définitive du chemin de fer. C'est ce qui résulte de l'article 28 du cahier des charges.

Quelle est l'autorité compétente pour connaître des contestations qui peuvent s'élever entre la compagnie et les entrepreneurs ? L'art. 4 2° de la loi du 28 pluviôse an VIII dit que le conseil de préfecture prononcera sur les difficultés qui pourraient s'élever entre les entrepreneurs de travaux publics et l'administration. Devrons-nous appliquer cet art. 4, ou bien dire que les contestations entre la compagnie et les entrepreneurs seront tranchées par le tribunal civil ? On a soutenu que le conseil de préfecture était compétent parce que la compagnie est subrogée à l'administration et que, par conséquent, l'art. 4 2° de la loi de pluviôse an VIII doit recevoir ici son application. Mais nous rejetons ce système et nous dirons que c'est le tribunal civil qui est compétent, parce qu'il n'y a ici qu'un entrepreneur de travaux, la compagnie concessionnaire, en contestation avec un sous-entrepreneur. La compagnie est bien subrogée à l'État, mais cela n'est vrai que pour l'expropriation pour utilité publique, mais, pour l'exécution même des travaux, la compagnie n'est pas substituée à l'État, ce qui le prouve, c'est qu'il lui faut une autorisation spéciale de l'administration pour pouvoir faire des fouilles et des extractions de matériaux, pour pouvoir occuper temporairement des terrains appartenant à des particuliers. La compagnie a une existence propre, tant que dure la concession et elle n'est pas une administration de l'État, elle n'est pas autre chose qu'un entrepreneur de travaux. Nous ne devons pas, par conséquent, appliquer, dans notre hypothèse, la loi du 28 pluviôse an VIII, qui ne contient que des dispositions d'exception. Il nous faudrait un texte spécial pour admettre la compétence du conseil de préfecture et nous ne l'avons pas.

Il n'y a aucun doute possible lorsque le différend s'élève entre l'administration et les compagnies concessionnaires, c'est le conseil de préfecture qui est compétent. L'art. 4 doit ici s'appliquer pleinement, car il faut entendre le mot entrepreneur lato sensu et dire qu'il désigne même une compagnie concessionnaire d'un chemin de fer. Au reste, toute contestation entre l'État et les compagnies sont tranchées par le conseil de préfecture. C'est ce qui résulte de l'art. 70 du cahier des charges général.

Lorsque les travaux sont entièrement achevés, la compagnie doit, dans le délai fixé par l'administration faire faire à ses frais un bornage contradictoire et un plan cadastral du chemin de fer et de ses dépendances. Elle fera dresser également à ses frais et contradictoirement avec l'administration, un état descriptif de tous les ouvrages d'art qui auront été exécutés; ledit état accompagné d'un atlas contenant les dessins de tous ces ouvrages Les terrains acquis par la compagnie postérieurement au bornage général, en vue de satisfaire aux besoins de l'exploitation et qui, par cela même, deviendront partie intégrante du chemin de fer, donneront lieu, au fur et à mesure de leur acquisition, à des bornages supplémentaires et seront ajoutés sur le plan cadastral ; tous les ouvrages d'art exécutés postérieurement seront ajoutés à l'atlas. Une expédition des procès-verbaux de bornage, de plan casdastral, de l'état descriptif et de l'atlas sera dressée aux frais de la compagnie et déposée dans les archives du ministère des travaux publics. C'est ce que décide l'art. 29 du cahier des charges.

Avant de terminer tout ce qui a rapport à l'établissement de la voie ferrée, nous allons examiner la question des indemnités qui peuvent être dues aux propriétaires riverains pour dommages permanents, qui leur seraient causés par suite de l'exécution des travaux. Nous avons vu qu'une indemnité devait être payée aux propriétaires pour dommages temporaires, a plus forte raison doit-on leur en payer une pour dommages permanents. Mais il faut pour cela que le dommage soit direct et matériel. Si le dommage est indirect, il n'y a pas lieu, en principe, à réparation. C'est ce qu'a décidé le conseil d'Etat le 10 août 1850. Ainsi par exemple : Une source est tarie par suite de l'établissement d'un chemin de fer et le propriétaire voisin ne peut pas justifier de son droit sur les eaux détournées, le dommage n'est pas direct et ne peut donner lieu à aucune indemnité. C'est ce qui a été décidé par le conseil d'État le 16 août 1860 et le 16 mars 1870. Ainsi encore, si l'établissement d'un chemin de fer nuit à d'autres entreprises de transport et les met hors d'état de soutenir la concurrence, il n'y aura pas lieu à indemnité, car il n'y a que dommage indirect et la compagnie ne fait qu'user de son droit. Il faut que le dommage soit direct et matériel. C'est ce qui aura lieu, par exemple, si on a exhaussé le terrain, ce qui fait que la propriété voisine se trouve au-dessous du niveau, ou bien au contraire, si on a abaissé le terrain, ce qui fait que la propriété voisine se trouve au-dessus du niveau. C'est ce qui a été décidé par le conseil d'État le 14 février 1861. Il en serait encore de même si le percement d'un tunnel destiné au passage d'un chemin de fer a fait éprouver à une maison des dégradations qui en ont compromis la solidité. C'est ce qu'a décidé le conseil d'État le 23 janvier 1864. Il faut de plus que le dommage existe dès maintenant. Il ne pourrait pas être alloué d'indemnités éventuelles en prévision de dommages futurs, le conseil de préfecture doit attendre pour statuer que les dommages se soient produits et qu'une expertise en ait déterminé l'importance. Si le conseil de préfecture statuait avant, l'indemnité indûment perçue devrait être restituée par le propriétaire de l'immeuble. C'est ce qui a été décidé par le conseil d'État le 16 février 1870.

Quelle est l'autorité compétente pour statuer sur l'indemnité à accorder pour dommages permanents. C'est une question qui a été vivement controversée jusqu'en 1850. Aujourd'hui il n'y a plus de doute. Il est admis que c'est le conseil de préfecture qui est compétent en vertu de l'art. 4 de la loi du 28 pluviôse an VIII. C'est ce qui a été décidé par le tribunal des conflits, en 1850. Avant cette époque, il y avait sur cette question jusqu'à trois systèmes. Le premier système décidait que la question était de la compétence du tribunal civil, parce qu'il y avait là une altération faite à la propriété privée et que les questions intéressant la propriété sont de la compétence du tribunal civil. Cette question, ajoutait-on, ne peut pas être tranchée par le conseil de préfecture qui n'est compétent, pour accorder des indemnités, qu'autant qu'il s'agit de dommages temporaires. Elle ne rentre pas non plus dans les attributions du jury d'expropriation, puisqu'il n'y a pas expropriation. Le deuxième système attribuait la connaissance de cette affaire au jury d'expropriation, parce que, disait-il, il y a là expropriation partielle qui tombe sous l'application de la loi du 3 mai 1841. Le troisième système disait c'est le conseil de préfecture qui est compétent. Il n'y a pas expropriation, puisqu'il n'y a pas cession de propriété faite par le propriétaire à la compagnie. Le texte de la loi de pluviôse ne distingue pas entre les dommages temporaires et les dommages permanents, c'est donc le conseil de préfecture qui est compétent. C'était le système admis par le conseil d'État, mais la cour de cassation admettait la compétence du tribunal civil. On porta la controverse devant le tribunal des conflits qui adopta le système qui était suivi par le conseil d'État. La cour de cassation s'y est alors rangée et c'est le système admis généralement aujourd'hui.

CHAPITRE IV.

SERVITUDES IMPOSÉES AUX PROPRIÉTÉS RIVERAINES.

Les chemins de fer sont construits dans un but d'utilité générale, et de plus, ce sont des entreprises qui coûtent fort cher à établir et à entretenir, aussi la loi du 15 juillet 1845 qui fait rentrer les chemins de fer dans la grande voirie a-t-elle soin de prescrire que les lois et règlements sur la grande voirie leur sont applicables. C'est ce que décide l'article 2 : Sont applicables aux chemins de fer les lois et règlements sur la grande voirie qui ont pour objet d'assurer la conservation des fossés, talus et ouvrages d'art dépendant des routes, et d'interdire sur toute leur étendue le pacage des bestiaux et les dépôts de terre et autres objets quelconques.

Indépendamment de ces mesures de conservation prescrites par l'article 2 de la loi de 1845, il y a des servitudes légales qui sont imposées aux propriétés riveraines, ce sont les servitudes imposées par la loi en matière de grande voirie, telles que la servitude de fouilles et d'extraction de matériaux et la servitude d'occupation temporaire de terrains dont nous avons parlé dans notre chapitre précédent, et sur lesquelles nous n'avons pas à revenir. Il y a aussi les servitudes qui concernent : l'alignement, l'écoulement des eaux, la distance à observer pour la plantation des arbres, le mode d'exploitation des mines, carrières, tourbières et sablières dans la zone déterminée à cet effet, dont nous allons successivement dire quelques mots, ainsi que de quelques autres obligations imposées aux propriétaires riverains dans l'intérêt des compagnies concessionnaires de chemins de fer.

Remarquons bien que le mot servitude, qui est employé par l'article 3 de la loi de 1845 est pris dans une acception très-large, absolument comme le fait le Code civil lui-même dans le titre 4 du livre 2. Nous entendrons par cette expression désigner toutes les restrictions imposées par la loi à l'état normal de la propriété dans un but d'intérêt général. Nous trouverons, sans doute sous cette dénomination de véritables servitudes, comme par exemple : La servitude d'écoulement des eaux ; mais nous rencontrerons aussi de simples restrictions légales comme par exemple : L'obligation d'alignement, qui n'est pas une véritable servitude, puisque le caractère distinctif de la servitude, le « jus in re aliena » fait absolument défaut.

I. ALIGNEMENT. — Le propriétaire qui veut construire le long d'un chemin de fer est soumis à l'obligation de demander l'alignement. Cette obligation lui est imposée par un arrêt du conseil du roi du 17 février 1765, qui est applicable aux chemins de fer comme à toutes les routes. Voici quelques extraits de cet arrêt : « Le roi, en conseil, a ordonné et ordonne que les alignegnements pour constructions de maisons, édifices, étant le long des routes construites par ses ordres, ne pourront être donnés en aucuns cas par autres que les trésoriers, commissaires de Sa Majesté pour les ponts et chaussées en chaque généralité, le tout sans frais en se conformant aux plans levés et arrêtés par les ordres de Sa Majesté. Fait Sa Majesté défense à tous particuliers, propriétaires ou aut. , de construire, reconstruire ou réparer

aucuns édifices, poser échoppes ou choses saillantes le long desdites routes, sans en avoir obtenu les alignements ou permissions desdits trésoriers de France, commissaires de Sa Majesté. »
Cet arrêt du conseil de 1765 qui reproduit un édit de Henri IV,
de 1607, est encore en vigueur au fond, c'est-à-dire que ceux
qui veulent construire le long d'une route doivent demander
et obtenir l'alignement, il n'y a que les autorités chargées de
délivrer l'alignement qui soient changées. Aujourd'hui, dit l'article 52 de la loi du 16 septembre 1807, les alignements sont
donnés, soit par le préfet, soit par le maire, suivant l'importance
de la route : Les affaires d'alignement de grande voirie, en matière de chemins de fer, rentrent exclusivement dans les attributions des préfets. Les alignements aux abords des chemins
latéraux ou avenues des gares, remis aux communes, sont délivrés par les maires. Les demandes d'alignement formulées sur
papier timbré sont adressées au préfet, qui consulte le service
du contrôle. Ce dernier procède à l'instruction de l'affaire en
entendant, s'il y a lieu, la compagnie, et vérifie plus tard l'alignement, conformément aux règles tracées par une instruction
ministérielle du 20 septembre 1858.

La loi du 15 juillet 1845 fixe la distance à observer lorsqu'on
construit le long d'un chemin de fer. L'article 5 dit qu'à l'avenir aucune construction autre qu'un mur de clôture ne pourra
être établie dans une distance de deux mètres d'un chemin de
fer. Cette distance sera mesurée, soit de l'arête supérieure au
déblai, soit de l'arête inférieure du talus du remblai, soit du
bord extérieur des fossés du chemin, et à défaut, d'une ligne tra-
cée à 1 ᵐ 50 c. à partir des rails extérieurs de la voie de fer.

Voilà pour les constructions postérieures à la loi de 1845,
mais elle ne s'applique pas pour les constructions anciennes,
c'est-à-dire pour les constructions existantes au moment de la
promulgation de cette loi ou lors de l'établissement d'un nouveau chemin de fer. Ces anciennes constructions pourront être,
selon la décision du même article 5, entretenues dans l'état où

elles se trouveront à cette époque. Cette disposition n'est pas applicable aux bâtiments menaçant ruine ou aux constructions que l'administration pourra faire supprimer moyennant une juste indemnité, si la sûreté publique ou la conservation du chemin de fer l'exige. C'est ce que décide l'art. 10 de la loi de 1845.

Ainsi, aux termes de l'art. 5 de la loi de 1845, un propriétaire riverain peut établir sur son terrain un mur de clôture à moins de deux mètres de distance d'un chemin de fer, mais s'il élève toute autre construction, il ne peut le faire qu'à une distance de plus de deux mètres, et il doit, en pareille circonstance, demander l'alignement, afin de n'être pas exposé à commettre sur la zone de terrain qui doit être réservée entre la voie de fer et les constructions particulières, un empiétement pouvant attirer sur lui des condamnations et entraîner la démolition de ses constructions, conformément à l'arrêt du conseil du roi de 1705. Mais lorsque les constructions riveraines se trouvent en dehors de la zone de servitude, c'est-à-dire à plus de deux mètres du chemin de fer, il n'y a pour le propriétaire aucune obligation de demander l'alignement, il peut certainement le demander, mais enfin s'il ne le faisait pas il n'y aurait pas lieu de le poursuivre. C'est ce qui résulte d'une circulaire ministérielle du 27 septembre 1855 aux préfets et par ampliation aux chefs de service de contrôle.

Lorsque le propriétaire riverain a obtenu l'alignement il doit, dès qu'il a préparé les fondations du travail à exécuter, envoyer un avis à l'agent des ponts et chaussées, chargé de surveiller l'alignement. Cet agent constate, par un procès-verbal, l'exécution des conditions énoncées dans l'arrêt approbatif. Le procès-verbal de récolement est, en outre, signé par le propriétaire et transmis ensuite au préfet par l'ingénieur en chef de la construction ou du contrôle du chemin de fer. Cette obligation de récolement résulte d'un édit de Henri IV, de l'année 1607, qui est applicable aux chemins de fer. L'art. 5 de cet édit est ainsi conçu : « Les particuliers doivent avertir le grand voyer ou son commis afin qu'il récole les alignements et reconnaisse si les ouvriers ont travaillé suivant iceux. »

Les infractions commises en matière d'alignement, lorsqu'elles ont été régulièrement constatées par procès-verbal sont punies d'une amende de 16 fr. à 300 fr., par application de l'art. 11 de la loi du 15 juillet 1845, outre la démolition, s'il y a lieu, des travaux dans un délai déterminé par l'arrêté du conseil de préfecture. Si les contrevenants ne satisfont pas, dans le délai fixé, à cette condamnation, la suppression aura lieu d'office, et le montant de la dépense faite pour la démolition des travaux sera recouvré contre eux par voie de contrainte, comme en matière de contributions directes.

Si le propriétaire a fait construire sans demander l'alignement, mais si les constructions se trouvent entièrement établies dans l'alignement, une jurisprudence invariable décide que le défaut d'autorisation ne donne lieu qu'à l'amende et non à la destruction des travaux.

Les infractions commises en matière d'alignement sont de la compétence du conseil de préfecture en vertu de l'art. 4 5° de la loi du 28 pluviôso an VIII ainsi conçu : « Le conseil de préfecture prononcera sur les difficultés qui pourront s'élever en matière de grande voirie. » La compétence du conseil de préfecture est encore établie par la loi du 29 floréal an X, complétée par un décret du 16 septembre 1811. Si donc un autre tribunal était saisi d'une contravention résultant d'une construction indûment faite le long d'un chemin de fer, il devrait se déclarer incompétent. C'est ce qu'a décidé la cour de cassation le 21 janvier 1859.

II. Écoulement des eaux. — L'art. 3 de la loi du 15 juillet 1845 rend applicables aux propriétés riveraines des chemins de fer la servitude concernant l'écoulement des eaux. Cette servitude a été imposée par une ordonnance royale du

22 juin 1751. Elle s'exprimait ainsi : « Sa Majesté fait défense aux propriétaires dont les héritages sont plus bas que les chemins et en reçoivent les eaux, d'en interrompre le cours, soit par l'exhaussement, soit par la clôture de leurs terrains, sauf à eux à construire à leurs dépens, aqueducs et fossés propres à les débarrasser de ces eaux, à peine de 50 livres d'amende et des ouvrages pour réparer les effets de la contravention. »

L'art. 640 du Code civil a reproduit ces dispositions de l'ordonnance de 1751 : «Les fonds inférieurs sont assujettis envers ceux qui sont plus élevés, à recevoir les eaux qui en découlent naturellement sans que la main de l'homme y ait contribué. Le propriétaire inférieur ne peut pas élever de digue qui empêche cet écoulement. Le propriétaire supérieur ne peut rien faire qui aggrave la servitude du fonds inférieur. »

C'est cet art. 640 du Code civil que l'art. 3 de la loi de 1845 déclare applicable aux chemins de fer.

Cette servitude imposée aux propriétés riveraines, consistant à recevoir les eaux qui découlent de la voie ferrée, est une servitude naturelle. Elle dérive de la situation des lieux. Les propriétaires riverains subissent une loi de nature et ce n'est pas, à proprement parler, la loi qui crée cette servitude de l'art. 640 du Code civil, elle ne fait que la constater. Elle existe et s'exerce de plein droit, et les propriétaires des fonds inférieurs n'ont droit à aucune indemnité. Trois conséquences découlent de cette servitude naturelle : 1° les propriétaires inférieurs ne peuvent pas construire de digues pour empêcher les eaux de s'écouler ; 2° la compagnie de chemin de fer ne peut rien faire qui aggrave la servitude ; et 3° la compagnie peut faire sur les fonds inférieurs les travaux qui peuvent être nécessaires pour faciliter l'écoulement des eaux.

Mais tout ce que nous venons de dire n'est vrai qu'autant qu'il s'agit d'eaux qui coulent naturellement. Il est évident que si l'écoulement n'est pas naturel, il y aura lieu, au profit des propriétaires riverains, à une indemnité pour dommage direct, qui sera fixée par le conseil de préfecture, en vertu de l'art. 4 de la loi du 28 pluviôse an VIII.

Maintenant, quand y a-t-il, quand n'y a-t-il pas écoulement naturel ? C'est une question de fait, laissée à l'appréciation des tribunaux.

Le propriétaire d'un fonds inférieur qui aura, par des travaux quelconques empêché l'écoulement des eaux, et occasionné par conséquent une inondation de la voie ferrée sera condamné à réparer le dommage causé et de plus à une amende. C'est ce que disent l'art. 15 de la loi du 6 octobre 1791 sur la police rurale et l'art. 457 du Code pénal.

La loi du 29 floréal an X a conféré aux tribunaux administratifs la connaissance des dommages qui résulteraient pour les voies publiques, des infractions à la loi du 6 octobre 1791, ce sera donc, en conséquence, le conseil de préfecture qui sera compétent.

III. Plantations d'arbres. — L'art. 3 de la loi du 15 juillet 1845 rend également applicable aux chemins de fer les lois et règlements qui concernent la distance à observer pour les plantations et l'élagage des arbres plantés.

D'après l'art. 5 de la loi du 9 ventôse an XIII, l'administration peut interdire aux propriétaires riverains d'établir des plantations aux abords des voies publiques, à moins d'une distance de six mètres. Lorsque le particulier riverain voudra planter des arbres sur son terrain, à moins de six mètres de distance de la route, il sera tenu de demander et d'obtenir l'alignement à suivre, de la préfecture du département.

Voilà la règle, mais il est rare qu'il soit imposé d'observer une distance aussi grande, à moins qu'il ne s'agisse d'arbres à haute tige dont la chute pourrait offrir un danger direct pour les voies ferrées. Dans la généralité des cas, il est fait application de l'ancienne ordonnance du roi, du 4 août 1731, qui fixe à deux mètres la distance dont il s'agit. Cette ordonnance paraît du reste avoir servi de base à l'art. 671 du Code civil, qui a maintenu la même distance de deux mètres pour les arbres à haute tige.

En ce qui concerne l'élagage des plantations riveraines des chemins de fer on peut faire l'application de l'ancien arrêt du conseil du roi, de 1720, qui prescrit de faire des essartements et d'élaguer les arbres qui se trouvent aux abords des voies publiques, suivant la largeur attribuée aux routes. On peut également appliquer l'ordonnance des eaux et forêts, du mois d'août 1669, qui prescrivait l'élagage des bois, épines et broussailles dans l'espace de soixante pieds des grands chemins. C'est ce qui a été décidé par le conseil d'État le 31 décembre 1849.

Notons que ces obligations imposées aux riverains, soit pour la distance des plantations, soit pour la nécessité de l'élagage des arbres plantés, ne constituent pas une véritable servitude. Il y a là une simple restriction apportée à l'état normal de la propriété dans un but d'intérêt public.

Les compagnies pourraient très-bien, en vertu de l'art. 10 de la loi de 1845, faire supprimer, moyennant une juste indemnité, les plantations riveraines qui pourraient compromettre la sécurité publique ou la conservation des chemins de fer, et par extension, celles qui pourraient gêner la vue des signaux ou présenter, en un mot, un obstacle quelconque à la facilité et à la sécurité de la circulation.

Il ne faut pas confondre les plantations qui nous occupent en ce moment avec les plantations faites par les compagnies elles-mêmes sur les talus qui bordent la voie et qui ont pour but de consolider les terres et de les maintenir. On n'a pas à redouter que ces arbres puissent nuire à la voie ferrée, puisqu'ils sont choisis, au contraire, par la compagnie précisément pour son utilité et son avantage.

IV. MODE D'EXPLOITATION DES MINES, CARRIÈRES, TOURBIÈRES

— Il s'agit encore ici, non pas de véritables servitudes, mais de restrictions, de dérogations apportées par la loi à l'état normal de la propriété.

L'exploitation des mines est soumise aux conditions imposées par la loi du 21 avril 1810. Cette loi ne fixe pas la distance à observer aux abords des voies publiques, mais comme l'exploitation des mines est soumise à la surveillance des ingénieurs de l'État, ces derniers peuvent toujours provoquer les mesures nécessaires dans l'intérêt de la sécurité des voies de communication, et par conséquent faire fixer une zone autour de la voie ferrée, dans laquelle l'exploitation sera prohibée. L'administration prendra toutes les mesures nécessaires pour concilier tous les intérêts, c'est-à-dire pour que les deux exploitations, mines et chemin de fer, puissent subsister ensemble. C'est ce qui résulte de l'article 24 du cahier des charges général des voies ferrées, et aussi des cahiers des charges des concessions de mines. Mais s'il n'y a pas possibilité de laisser subsister les deux exploitations, l'administration avisera, elle fixera une zone, une certaine distance dans laquelle l'exploitation de la mine sera prohibée. Elle pourra même aller jusqu'à interdire complétement l'exploitation de la mine. C'est ce qui résulte de l'article 50 de la loi du 21 avril 1810, rendue applicable aux chemins de fer par l'article 3 de la loi de 1845.

Mais dans tous les cas, soit qu'il y ait détermination d'une distance dans laquelle il soit défendu d'exploiter la mine, soit qu'il y ait suppression totale du droit d'exploitation, la compagnie de chemin de fer devra une indemnité aux concessionnaires de la mine. L'indemnité sera réglée conformément à la loi du 16 septembre 1807, c'est-à-dire par le conseil de préfecture, après expertise. C'est ce que dit l'article 10 de la loi de 1845.

L'indemnité sera due, non-seulement aux concessionnaires, mais encore aux propriétaires de la surface, à raison de la redevance dont ils sont privés de la part des concessionnaires.

Ce que nous venons de dire pour les mines est également applicable aux tourbières, car les ingénieurs des mines ont la mission de diriger et de surveiller tous les travaux concernant l'extraction des tourbes. C'est ce qui résulte des articles 84 à 86 de la loi du 21 avril 1810. L'administration pourra donc prendre toutes les mesures nécessitées pour la sûreté générale et pour la solidité de la voie ferrée. De ce que les tourbières sont soumises aux mêmes règles que les mines, il ne faut pas les confondre. Les mines ne peuvent être exploitées qu'en vertu d'une concession qui est faite par l'État. Il y a deux propriétés : la propriété de la surface et la propriété de la mine. Le propriétaire de la surface n'a droit qu'à une redevance pour l'indemniser des dégâts que l'exploitation peut causer sur son terrain. Les mines sont des immeubles dont la propriété perpétuelle appartient aux concessionnaires, qui peuvent très-bien les aliéner et les transmettre comme tous autres biens. Ils ne pourraient pas toutefois aliéner la mine concédée par lots ou la partager sans une autorisation préalable du gouvernement, donnée dans les mêmes formes que la concession, c'est-à-dire par un décret délibéré en conseil d'État. C'est ce qui résulte des articles 5 à 9 de la loi du 21 avril 1810.

Les tourbières au contraire ne font pas l'objet de concessions. Elles ne peuvent être exploitées que par le propriétaire du terrain ou avec son consentement, mais nous ne trouvons pas ici deux propriétés distinctes, comme pour les mines. C'est ce qui résulte de l'article 83 de la loi de 1810.

Pour la distance à observer pour l'exploitation des carrières et sablières il faut appliquer un arrêt du conseil du 5 avril 1772, qui décide qu'aucune carrière ne pourra être ouverte qu'à 30 toises (58 mèt. 47 c.) de distance du pied des arbres plantés au long des grandes routes, et que les entrepreneurs desdites carrières ne pourront pousser aucune fouille en galerie souterraine du côté desdites routes, à moins de 30 toises de distance desdites plantations ou des bords extérieurs desdites routes.

Toute infraction à cette prescription constitue une contravention de grande voirie, sur laquelle il appartient au conseil
de préfecture de statuer en vertu de la loi du 29 floréal an **x** et
du décret du 16 décembre 1811.

Les servitudes que nous venons d'examiner en quelques mots :
Alignement écoulement des eaux, plantations et distance à
observer pour l'exploitation des mines, tourbières, carrières et
sablières, ne sont pas les seules qui soient imposées aux propriétés riveraines. Il y a encore d'autres obligations qui incombent aux propriétaires riverains.

C'est ainsi, par exemple, qu'il leur est défendu, par l'article
7 de la loi de 1845, d'établir, à une distance de moins de vingt
mètres d'un chemin de fer, des couvertures en chaume, des
meules de paille, de foin, et aucun dépôt de matières inflammables. On comprend facilement le but de cette prohibition ;
c'est pour prévenir les incendies que les flammèches qui s'échap-
pent des locomotives pourraient allumer. Cette prohibition,
continue notre article 7, ne s'applique pas aux dépôts faits seulement pour le temps de la moisson. Le danger est moins grand
puisque ce dépôt n'est que temporaire. Puis il n'y a peut-être pas
moyen de faire autrement, il faut bien laisser toute latitude aux
paysans pour faire la moisson.

Il est également défendu aux riverains, par l'article 8 de la
loi de 1845, d'établir, sans autorisation préalable du préfet, dans
une distance de moins de 5 mètres de la voie, aucun dépôt de
pierres ou autres objets même non inflammables. Il faut que
la voie soit parfaitement libre et ne puisse pas être envahie par
aucun objet qui pourrait gêner la libre circulation des trains
et occasionner par conséquent des accidents.

Rappelons, en terminant, que si la sûreté publique l'exige,
l'administration pourra faire supprimer, moyennant une juste
indemnité, conformément à l'article 10 de la loi de 1845, les
couvertures en chaume, les amas de matériaux combustibles ou
autres, existant dans les zones ci-dessus spécifiées, au moment

de la promulgation de la loi de 1845 et pour l'avenir, lors de l'établissement du chemin de fer. L'indemnité sera réglée par le conseil de préfecture après expertise, conformément à la loi du 16 septembre 1807.

CHAPITRE V.

DROITS ET OBLIGATIONS DE LA COMPAGNIE.

Nous avons déjà rencontré quelques-uns des droits qui appartiennent à la compagnie concessionnaire d'un chemin de fer. Nous savons qu'elle peut, après le décret d'utilité publique, poursuivre l'expropriation des terrains nécessaires à l'exploitation. Nous savons aussi qu'elle peut faire exécuter tous les travaux nécessaires pour l'établissement de la voie ferrée et exercer toutes les servitudes qui sont établies en matière de grande voirie, en se conformant aux lois et aux règlements. Nous allons maintenant examiner le droit de police et de surveillance qui est confié aux agents de la compagnie ; puis nous verrons les droits civils qui peuvent lui appartenir. La compagnie a aussi des droits qui résultent du contrat de transport, c'est ce que nous verrons dans notre deuxième partie, ainsi que les obligations qui lui incombent au sujet du même contrat.

I. POLICE ET SURVEILLANCE DES AGENTS DE LA COMPAGNIE. — L'art. 68 de l'ordonnance du 15 novembre 1846, en disant que les agents de la compagnie pourront, en cas de résistance des contrevenants, requérir l'assistance des agents de l'administration et de la force publique, pourrait faire croire qu'ils n'ont pas eux-mêmes un pouvoir de police et de surveillance sur toute la ligne de chemin de fer. Mais l'art. 23 de la loi de 1845 et l'art. 64 du cahier des charges général sont plus explicites et ne peuvent laisser aucun doute. L'art. 23 « in fine » s'exprime ainsi : « Au moyen du serment prêté devant le tribunal civil de leur domicile, les agents de surveillance de l'administration et des concessionnaires pourront verbaliser sur toute la ligne. » Et l'art. 64 du cahier des charges dit : « Les agents et gardes que la compagnie établira, soit pour la perception des droits, soit pour la surveillance et la police du chemin de fer et de ses dépendances, pourront être assermentés et seront dans ce cas assimilés aux gardes champêtres. » Remarquons que les gardes champêtres peuvent, en vertu de l'art. 112 du décret du 16 décembre 1811, constater les contraventions de grande voirie. Donc, les agents de la compagnie qui seront assermentés auront ce même droit, Ainsi donc, voilà qui est certain, les agents de la compagnie, qui sont assermentés, sont assimilés pour la police et la surveillance de la ligne aux agents de l'administration. Ces fonctions sont ordinairement remplies par d'anciens militaires, qui sont recherchés par les compagnies à cause de leur bonne tenue, de leur probité et de leur respect pour la discipline. L'art. 65 du cahier des charges décide qu'un règlement d'administration publique désignera, la compagnie entendue, les emplois dont la moitié devra être réservée aux anciens militaires. Ce règlement d'administration publique n'est pas encore intervenu ; mais il est très-probable qu'il sera fait à cause de la sollicitude du gouvernement pour l'armée, et ensuite à cause de l'art. 71 de la nouvelle loi sur le recrutement du 27 juillet 1872.

Les agents de la compagnie ont la surveillance de la voie et des abords de la voie ainsi que des trains. Ils peuvent verbaliser contre ceux qui se rendent coupables de contraventions de voirie et contre ceux qui commettent des délits soit dans les gares, soit dans les wagons, et les déférer aux autorités compétentes.

Les autorités compétentes pour connaître des contraventions de voirie sont les conseils de préfecture, en vertu de la loi du 29 floréal an x, complétée par un décret du 16 décembre 1811, titre 9, qui érigent en quelque sorte les conseils de préfecture en tribunaux correctionnels. Les contraventions en matière de grande voirie, telles qu'anticipations, dépôts des fumiers ou d'autres objets, et toutes espèces de détériorations commises sur les grandes routes, sur les arbres qui les bordent, sur les fossés, ouvrages d'art et matériaux destinés à leur entretien seront constatées, réprimées et poursuivies par la voie administrative. Ainsi s'exprime l'art. 1er de la loi du 29 floréal an x. Remarquons que le mot contravention est pris dans un sens très-large et non pas seulement dans le sens du droit pénal puisque toutes les amendes dépassent le chiffre de 15 fr., qui est le maximum des amendes prononcées pour les contraventions du droit pénal.

Les procès-verbaux des contraventions de voirie sont adressés au sous-préfet qui ordonnera, aux termes des art. 3 et 4 de la loi du 29 floréal, la réparation immédiate des délits par les délinquants. S'ils ne veulent pas les réparer, le sous-préfet ordonnera qu'ils soient réparés à leurs frais. C'est ce que décide l'article 113 du décret du 16 décembre 1811. Le sous-préfet informera ensuite le préfet en lui adressant les procès-verbaux. Le sous-préfet n'a pris que des mesures provisoires, il sera statué définitivement par le conseil de préfecture dont les arrêtés seront exécutés sans visa ni mandement des tribunaux, sauf bien entendu le droit pour les condamnés d'interjeter appel devant le conseil d'État. C'est ce qui est décidé par l'article 4 de la loi de floréal.

Cette loi indique bien la façon de procéder pour réprimer les contraventions de grande voirie, mais elle n'indique pas les peines qui sont infligées en raison de ces délits. Il faut appliquer une loi des 17-22 juillet 1791, qui renvoie aux règlements en vigueur sous l'ancien régime. Ces règlements sont excessifs et empreints du système autoritaire de cette époque puisqu'ils permettent aux autorités administratives de prononcer la peine de l'emprisonnement, et puisqu'ils contiennent, en outre, le principe des amendes arbitraires qui ne concordent plus avec notre législation actuelle. Aussi ont-ils été corrigés par le conseil d'État et par une loi du 23 mars 1842. Le conseil d'État n'admet pas que le conseil de préfecture ait le droit de prononcer la peine de l'emprisonnement, il n'y a que les tribunaux de l'ordre judiciaire qui aient ce pouvoir. La loi du 23 mars 1842, relative à la police de la grande voirie a décidé que les amendes arbitraires étaient abrogées et qu'elles étaient remplacées par une amende fixe variant de 16 fr. à 300 fr. Quant aux amendes fixes qui se trouvaient dans ces anciens règlements, comme elles étaient excessives, cette même loi a permis de les abaisser jusqu'à un vingtième, sans qu'elles puissent toutefois être inférieures à 16 fr. Il ne peut donc jamais y avoir d'amende inférieure à 16 fr. pour les contraventions de voirie commises sur les lignes de chemins de fer.

Quels sont les délais de prescriptions en matière de contravention de grande voirie ? La jurisprudence de la cour de cassation a décidé qu'il fallait appliquer la prescription en vigueur en matière de contraventions de simple police, c'est-à-dire la prescription d'un an pour l'action et celle de deux ans pour la peine.

Les agents de la compagnie ont, outre la police de la voie, la surveillance des gares et des trains. Ils peuvent, par conséquent, déférer aux tribunaux de l'ordre judiciaire les personnes qui se rendent coupables de vols, d'assassinat ou de tout autre crime ou délit, soit dans les gares, soit dans l'intérieur des wagons.

Nous avons maintenant à examiner une question fort importante qui est celle de savoir si l'intérieur d'un wagon doit être considéré comme un lieu public, et par conséquent, si les délits qui s'y commettent doivent être considérés comme des délits commis en un lieu public. La question présente un grand intérêt, car le lieu du délit est un élément qu'il importe de considérer, puisqu'il peut, en certains cas, être une augmentation de criminalité, et puisqu'il peut même se faire qu'une même action punissable, si elle a été commise en un lieu public, cesse de l'être, si elle s'est passée en un lieu non public. Remarquons bien qu'il ne faut pas confondre le délit commis en un lieu public et le délit commis publiquement ; la publicité du lieu et la publicité du délit. Quelquefois, pour que le délit soit punissable, il faut une publicité effective, c'est-à-dire qu'il ait été commis en public ou que le délinquant ait employé un mode effectif de publicité. C'est ce qui a lieu pour le délit d'injures publiques. Il faut que le délinquant ait employé un des modes visés par la loi du 17 mai 1819, c'est-à-dire que pour que le délit d'injures soit public il faut que le délinquant l'ait commis par la voie de la presse ou dans des discours, ou au moyen de dessins, de gravures vendus ou distribués, mis en vente ou exposés dans des lieux ou réunions publiques.

D'autres fois, au contraire, il n'est pas nécessaire, pour que le délit soit punissable, qu'il y ait eu une publicité effective, il suffit qu'il y ait eu possibilité que le public fût offensé par le spectacle de l'action coupable, sans rechercher si, en fait, il y a eu ou non des témoins à cette action. Tel est, par exemple, le délit d'outrage public à la pudeur, prévu par l'art. 330 du Code pénal. On a même jugé que ce délit existait même s'il a été commis dans un lieu privé, mais exposé aux regards de quelqu'un du public, par exemple dans un champ, dans un jardin, à une fenêtre ou même dans une chambre disposée de manière qu'on pût y être vu des personnes voisines ou des passants.

Eh bien, doit-on considérer l'intérieur d'un wagon comme un lieu public ? La jurisprudence l'a constamment admis. Ainsi, dans l'année 1869, nous trouvons trois jugements qui décident parfaitement que l'intérieur d'un wagon est un lieu public. Le premier est un jugement du tribunal correctionnel de Mayenne, du 16 avril 1869. Il décide très-bien qu'au point de vue de la répression d'un acte à blesser la pudeur, un compartiment de voiture de chemin de fer, qui est à la disposition du public, doit être considéré comme un lieu public, même si ce compartiment ne renferme pas de voyageurs. Le deuxième est un arrêt de la cour d'Angers, du 24 mai 1869, qui décide la question dans le même sens. Enfin, la cour de cassation, dans un arrêt de la chambre criminelle du 19 août 1869, consacre parfaitement la même jurisprudence.

Tout récemment, un jugement du tribunal correctionnel de Brest a dérogé, on ne sait trop pourquoi, à cette jurisprudence que l'on peut très-certainement qualifier de constante et d'invariable. Ce jugement a admis une distinction vraiment singulière et bizarre. Il distingue entre le cas où le train est arrêté et celui où il est en marche. Dans le premier cas, il décide que le wagon est un lieu public, tandis qu'il n'est dans le second qu'un lieu privé. Ce jugement est vraiment surprenant. En effet, si le wagon est un lieu public lorsqu'il est stationnaire, il ne peut pas changer de nature lorsqu'il est en marche. Ce qu'il y a de plus remarquable dans ce jugement, c'est qu'il s'exprime en ces termes dans l'un de ses considérants : « Que, s'il est incontestable qu'un wagon de chemin de fer où, moyennant rétribution, tous peuvent être admis à prendre place, est un lieu public, il cesse de l'être au moment où le train dont il fait partie est en marche, puisqu'une seule personne, celle qui est chargée du contrôle des billets, peut y avoir accès. » D'abord, il n'est pas prouvé qu'il n'y ait que cette personne qui puisse entrer dans le wagon, on peut très-bien supposer, sans doute le cas sera rare, mais enfin il peut se concevoir, et cela suffit, qu'un voyageur, pour une cause ou pour une autre, change de compartiment même pendant que le train est en marche ; mais enfin, n'y eut-il que le contrôleur qui pût y avoir accès, cela ne suffit-il pas, à moins de dire que ce contrôleur n'est pas une personne, pour établir surabondamment que l'intérieur d'un wagon est toujours un lieu public et pour décider, par conséquent, qu'il n'y a pas lieu de faire la distinction admise par le tribunal correctionnel de Brest, puisque, pour que le délit d'outrage public à la pudeur existe et soit punissable, il suffit qu'il y ait eu possibilité que quelqu'un en ait été spectateur.

II. Droits civils. — La compagnie concessionnaire a d'abord, en vertu de la concession, un droit d'emphytéose, qui lui permet de faire tous les travaux nécessaires à la construction et à l'entretien de la voie ferrée et de ses dépendances, et de l'exploiter sous la surveillance et le contrôle de l'administration qui est intéressée à ce que ces travaux soient bien et utilement faits, puisqu'elle en bénéficiera un jour plus ou moins rapproché. La compagnie a un droit d'emphytéose, mais ce n'est pas l'emphythéose pur, ce droit est modifié par la convention passée entre l'État et la compagnie. Ainsi, la compagnie ne pourrait pas céder son droit à d'autres personnes, sans approbation du gouvernement. La concession est personnelle, ainsi que cela a été décidé par la cour de cassation, dans un arrêt du 14 janvier 1859. Le gouvernement refusant d'approuver la cession, le traité sera nul, sans qu'il y ait lieu à des dommages-intérêts ni pour l'une ni pour l'autre des parties, chacune d'elles ayant dû, lors du contrat, prévoir ce refus. C'est ce qui a été décidé par la cour de Paris, le 12 février 1856, et par la cour de cassation, le 14 février 1859.

La compagnie a-t-elle le droit de consentir une hypothèque? D'abord, il est certain qu'elle ne pourrait pas consentir d'hypothèque sur la voie ferrée ou ses dépendances, puisqu'elle n'a pas capacité d'aliéner ces immeubles, et que, pour consentir une hypothèque, il faut avoir capacité d'aliéner, d'après l'article 2124 du Code civil. Elle ne peut pas les aliéner, puisqu'ils appartiennent au domaine public, faisant partie de la grande voirie, d'après l'article 1er de la loi du 15 juillet 1845.

Elle ne peut pas non plus hypothéquer son droit d'emphytéose, non pas que ce droit ne soit pas susceptible d'hypothèque, mais pour la même raison que dans le cas précédent, c'est-à-dire parce qu'elle ne peut pas l'aliéner sans le consentement de l'État. Il faudrait au moins ce consentement pour qu'elle pût consentir une hypothèque sur son droit d'emphytéose.

La compagnie peut acquérir des droits, en vertu de conventions passées, soit avec l'État, soit avec des particuliers ou bien en vertu de la loi.

L'État peut, par exemple, s'engager à fournir à la compagnie des subventions, soit en argent, soit en travaux, ou bien garantir un minimum d'intérêt.

Les particuliers peuvent être obligés envers la compagnie, par exemple, en vertu du contrat de transport, ou bien encore en vertu de marchés de travaux passés avec elle.

La loi elle-même peut conférer des droits à la compagnie concessionnaire. C'est ainsi, par exemple, qu'elle lui confère un privilége comme à tout voiturier, et qu'elle lui assure la réparation des dommages qui lui seraient causés par suite de délits.

Voilà pour les droits qui peuvent appartenir à une compagnie de chemin de fer; quelques mots maintenant sur les obligations qui lui incombent. Ces obligations se trouvent mentionnées dans le cahier des charges. Elles se rapportent au tracé et à la construction de la voie, à l'entretien et à l'exploitation. C'est ainsi. par exemple, que la compagnie doit payer les indemnités aux propriétaires expropriés ou qui souffrent un dommage par suite de l'exécution des travaux.

C'est ainsi qu'elle doit. en vertu de l'article 4 de la loi du 15 juillet 1845 reproduit par l'article 20 du cahier des charges, établir une clôture tout le long de la ligne, afin de séparer la voie des propriétés riveraines. Toute ligne de chemin de fer doit être close des deux côtés et sur toute l'étendue de la voie, dans le but d'empêcher les accidents et de prévenir les actes de malveillance. Les clôtures empêchent, en effet, de pénétrer sur la voie ferrée par d'autres endroits que ceux réservés aux voyageurs et sur lesquels les agents de la compagnie peuvent exercer une surveillance complète. — Le fait d'escalade des clôtures et de circulation irrégulière dans l'enceinte du chemin de fer constitue une infraction à l'article 61 de l'ordonnance du

15 novembre 1846, qui sera punie, conformément à l'article 21 de la loi du 15 juillet 1845, d'une amende de 16 fr. à 3000 fr. En cas de récidive dans l'année, l'amende sera portée au double, et le tribunal pourra prononcer, en outre, un emprisonnement de trois jours à un mois. L'article 4 de la loi du 12 juillet 1865 permet de déroger à cette obligation de clôture imposée aux compagnies de chemins de fer. Le préfet du département, dit cet article, peut, pour les chemins de fer d'intérêt local, dispenser de poser des clôtures sur tout ou partie de la voie et d'établir des barrières au croisement des chemins peu fréquentés.

C'est ainsi que la compagnie doit supporter les frais d'entretien et de réparation, payer le personnel et avoir à sa disposition un nombre de wagons suffisant pour satisfaire aux exigences du transport.

C'est ainsi encore qu'elle est soumise à un tarif et à certaines conditions pour le transport des voyageurs et des marchandises.

Le cahier des charges général impose aussi certaines obligations à la compagnie dans l'intérêt de divers services publics, tels que le service des postes et celui des télégraphes. Il y a aussi des règles spéciales pour le transport des militaires, des indigents et des prisonniers. Puis le règlement du 27 juin 1857 et le décret du 8 janvier 1859 imposent certaines obligations aux compagnies, en matière de douanes. Nous dirons quelques mots, dans notre deuxième partie, sur toutes ces questions qui se rattachent au transport par chemins de fer.

Enfin, pour terminer l'énumération des obligations imposées à la compagnie concessionnaire d'un chemin de fer, nous dirons que la compagnie doit payer certains impôts. Elle doit payer : 1° la contribution foncière ; 2° l'impôt des patentes ; 3° un impôt sur le prix des places des voyageurs et sur celui des transports à grande vitesse ; et 4° divers droits d'enregistrement, de timbre, etc.

Nous allons dire successivement quelques mots sur chacun

de ces impôts. Il y a aussi l'impôt sur les valeurs, actions et obligations dont nous avons parlé dans notre chapitre II, en étudiant les actions et les obligations qui forment les ressources d'une compagnie de chemins de fer.

I. Impôt foncier. — L'obligation de payer la contribution foncière résulte pour la compagnie de l'article 63 du cahier des charges général. La contribution foncière sera établie en raison de la surface des terrains occupés par le chemin de fer et ses dépendances; la cote en sera calculée conformément à la loi du 25 avril 1803, c'est-à-dire que les terrains occupés par le chemin de fer seront considérés comme terres de première qualité. Les bâtiments et magasins dépendant de l'exploitation du chemin de fer seront assimilés, en vertu de l'article 63 du cahier des charges, aux propriétés bâties de la localité. Le revenu net imposable des maisons d'habitation doit être déterminé sous la déduction du quart de la valeur locative, celui des manufactures et usines, sous la déduction du tiers. C'est ce qui résulte des articles 82 et 87 de la loi du 3 frimaire an VII sur la contribution foncière. Il faudra appliquer cette distinction aux propriétés bâties qui font partie de l'exploitation du chemin de fer. Ainsi, il faudra assimiler aux maisons d'habitation, les salles d'attente, les bureaux, les logements des employés, les magasins de bagages et de marchandises, et les remises de voitures. Il faudra, au contraire, assimiler aux usines et manufactures les ateliers, rotondes des locomotives, locaux renfermant des machines à vapeur ou hydrauliques.

La compagnie devra payer, outre la contribution foncière principale, la contribution accessoire à cette dernière, c'est-à-dire l'impôt des portes et fenêtres. Cet impôt sera dû pour les fenêtres des salles d'attente, des buffets, des bureaux, des logements d'employés et pour les portes de ces mêmes bâtiments donnant sur rues, cours ou jardins, en vertu de l'article 2 de la loi du 4 frimaire an VII.

II. **Impôt des patentes.** — Les compagnies de chemins de
fer, étant des sociétés anonymes, doivent nécessairement être
soumises à l'impôt des patentes. La loi du 25 avril 1844 et la
loi de finances du 4 juin 1858 décident que les compag.ies
sont soumises : 1° à un droit fixe de patente de 200 fr., plus
20 fr. par myriamètre en sus du premier jusqu'au maximum de
5,000 fr. ; 2° à un droit proportionel du 20° sur la maison
d'habitation et du 40° sur l'établissement industriel.

Le droit fixe pourra être facilement payé, puisque l'assiette
sera facile à établir ; mais comment fera-t-on pour le droit proportionnel ? Ordinairement le droit proportionnel est fixé d'a-
près la valeur locative des établissements occupés par le commerçant ; mais ici on ne pourra pas procéder de la sorte puisque généralement les bâtiments servant à l'exploitation ne sont
pas affermés. Comment faire pour établir ce droit proportionnel ? L'article 45 de l'instruction générale sur les patentes, du
31 juillet 1858, décide que les bâtiments servant à l'exploitation
des chemins de fer, n'étant pas généralement affermés et ne
pouvant guère être comparés à d'autres bâtiments affermés, on
estimera partout, afin d'arriver, autant que possible, à des résultats uniformes, la valeur locative pour laquelle ils doivent
entrer dans les éléments du droit proportionnel, à raison de
5 p. 100 de leur valeur de construction, augmentée de la valeur
du sol. On estime qu'une propriété doit être louée de façon à
rapporter 5 p. 100 de la valeur du sol et de la valeur de la construction et on prend ce chiffre pour établir l'assiette du droit
proportionnel du 20° sur la maison d'habitation et du 40° sur
l'établissement industriel.

III. **Impôt sur les places des voyageurs et les transports
a grande vitesse.** — La loi du 14 juillet 1855 décide, dans
son article 5, que la compagnie concessionnaire d'un chemin
de fer devra payer au Trésor public un dixième sur le prix total des places des voyageurs et un dixième sur le prix des trans-

ports à grande vitesse des marchandises et objets de toute nature. La loi du 16 septembre 1871, dans son article 12, a établi un nouvel impôt additionnel, perçu également sur le prix des places des voyageurs et sur le prix des transports à grande vitesse. Voici le texte de cet article : « A partir du 15 octobre 1871, il sera perçu, au profit du Trésor public, une taxe additionnelle de 10 p. 100 du prix actuel : 1° sur le prix des places des voyageurs transportés par chemins de fer; 2° sur le prix de transport des bagages à grande vitesse. Dans l'application de la taxe, il ne sera pas tenu compte de tout prix ou fraction de prix sur lesquels la taxe serait inférieure à 0,5 ».

Remarquons que ces impôts doivent être payés sur le prix total perçu par la compagnie, c'est-à-dire sur les recettes brutes et non sur les bénéfices nets. C'est ce qui résulte, pour l'ancien impôt sur le prix des places et des transports, de l'article 3 de la loi du 14 juillet 1855, et, pour le nouveau, d'une instruction adressée par le ministre des finances au ministre des travaux publics le 16 octobre 1871.

Il faut ajouter à ces impôts du dixième sur le prix des places et sur les transports à grande vitesse un double décime. Le décime perçu en sus des droits fiscaux, en vertu de la loi du 6 prairial an VII, a été augmenté, depuis la guerre de Crimée, d'un nouveau décime qui était provisoire; mais, comme le provisoire devient presque toujours définitif, il est devenu définitif.

Remarquons que ces taxes du dixième ne portent que sur les transports de marchandises à grande vitesse et ne frappent jamais les transports de marchandises à petite vitesse.

IV. Droits divers qui peuvent être dus par les compagnies. — Indépendamment des trois sortes d'impôts dont nous venons de parler, les compagnies peuvent être assujetties à payer certains droits. Ainsi, par exemple, et pour n'en citer qu'un, si la compagnie passe un contrat avec des particuliers pour des acquisitions de terrains nécessaires à l'exécution des travaux, il devra y avoir, conformément à la loi du 3 brumaire an VII, un acte rédigé sur papier timbré, et de plus, il devra être enregistré. Eh bien, dans ce cas, la compagnie devra payer le droit de timbre et celui d'enregistrement.

CHAPITRE VI.

CONTROLE ET SURVEILLANCE EXERCÉS PAR L'ADMINISTRATION.

Le contrôle et la surveillance de l'administration peuvent s'exercer, soit sur les travaux de construction et d'entretien, soit sur l'exploitation de la voie ferrée. L'article 27 du cahier des charges général dit, en effet, que les compagnies exécutent les travaux par des moyens et par des ingénieurs à leur choix, mais en restant soumises au contrôle et à la surveillance de l'administration supérieure. Il faut, en quelque sorte, qu'elle donne son approbation. Dans le cas où les mesures prises par la compagnie seraient jugées insuffisantes ou mauvaises, le ministre des travaux publics, après avoir entendu la compagnie, prescrira celles qu'il jugera nécessaires. C'est ce qui résulte de l'article 2 de l'ordonnance du 15 novembre 1846.

Pendant tout le temps de la construction, il y a un service appelé contrôle de la construction, qui fonctionne sous la conduite d'un ingénieur en chef des ponts et chaussées. Ce service est chargé de donner son avis aux préfets ou au ministre sur toutes les questions intéressant les travaux dont il a la surveillance et sur lesquels il fournit des rapports. Lorsque les travaux sont terminés, une commission nommée par le ministre procède à leur réception. Le ministre ordonne ensuite l'ouverture de la ligne qui va entrer en exploitation. Les fonctions de la commission de contrôle des travaux cessent alors. Elle fait place à la commission de surveillance de l'exploitation.

Lorsqu'un chemin de fer est en exploitation, la surveillance s'exerce sur deux objets distincts : sur la voie ferrée elle-même et ses dépendances, et sur l'exploitation commerciale.

La surveillance de la voie et de ses dépendances appartient à des ingénieurs ordinaires de l'État, ainsi que la surveillance du matériel. La vérification des tarifs, la surveillance des opérations commerciales, ainsi que l'établissement de la statistique des recettes et des dépenses et du mouvement de la circulation appartiennent à des inspecteurs nommés spécialement pour surveiller l'exploitation commerciale. Les ingénieurs ordinaires et les inspecteurs de l'exploitation commerciale ont sous leurs ordres des commissaires de surveillance administrative qui sont chargés de surveiller les détails de l'exploitation technique et commerciale. C'est ce qui résulte des articles 4 et 5 de l'arrêté ministériel du 15 avril 1850. Ils sont eux-mêmes placés sous la direction d'inspecteurs généraux des mines ou des ponts et chaussées, en vertu d'un décret du 15 février 1850.

Les frais entraînés par le contrôle et la surveillance, soit des travaux, soit de l'exploitation, sont à la charge non pas de l'administration, mais des compagnies concessionnaires, en vertu de l'art. 67 du cahier des charges.

Voilà pour la surveillance des travaux et pour le contrôle de l'exploitation technique et commerciale. Il y a, en outre, la surveillance de police qui appartient à des commissaires spéciaux de police et à des agents placés sous leurs ordres. Ces commissaires spéciaux de police, créés par un décret du 22 janvier 1855, ont dans leurs attributions tout ce qui regarde les mesures de sûreté et de police générale, et les mesures de police ordinaire qui ne se rattachent pas au service de l'exploitation des chemins de fer. Un décret du 1er septembre 1862 a placé ces commissaires de police spéciaux sous la direction de cinq commissaires divisionnaires de police, nommés par le chef de l'État, dont la circonscription et la résidence sont déterminées par le ministre de l'intérieur. Ces commissaires de police relèvent du ministère de l'intérieur et non pas du ministère des travaux publics comme les autres agents dont nous avons parlé ci-dessus. Ils ne sont pas, en effet, préposés à la surveillance de l'exploitation. Le service de surveillance administrative conserve toutes les attributions spéciales qui lui ont été confiées par les lois et règlements actuellement en vigueur et qui se trouvent résumées dans l'arrêté ministériel du 15 avril 1850 dont nous venons de parler plus haut De cette façon, sur les grandes lignes de chemins de fer, il y a la police ordinaire qui relève du ministère de l'intérieur et la police de l'exploitation qui relève du ministère des travaux publics. Les commissaires spéciaux de police de l'exploitation ont pour principale mission, d'après l'art. 57 de l'ordonnance de 1846, de surveiller la composition, le départ, l'arrivée, la marche et le stationnement des trains, l'entrée, le stationnement et la circulation des voitures dans les cours et stations, l'admission du public dans les gares et sur les quais des chemins de fer, etc.

Lorsque les agents, chargés de la surveillance de l'exploitation technique et commerciale, pensent que la compagnie concessionnaire s'écarte du cahier des charges et ne remplit pas ses obligations, ils en réfèrent, suivant les cas, aux préfets ou au ministre, qui ordonnent à la compagnie, s'il y a lieu, de faire tel ou tel acte, de prendre telle ou telle mesure.

L'exécution des mesures d'intérêt local est confiée au préfet de chaque département dans l'étendue de sa circonscription : telles sont, par exemple, les mesures de grande voirie, c'est-à-dire les mesures concernant la conservation des terrassements, des ouvrages d'art et des clôtures, l'alignement des constructions riveraines, l'occupation temporaire des terrains pour réparations et extraction des matériaux nécessaires à l'entretien des chemins de fer, etc. C'est aussi le préfet qui statue sur tout ce qui concerne la mise en circulation ou l'interdiction des machines locomotives ou des voitures affectées au transport des voyageurs sur les chemins de fer qui prennent leur point de départ dans le département. C'est ce qui résulte d'une circulaire ministérielle aux préfets, du 15 avril 1850.

Le ministre des travaux publics centralise tout ce qui concerne le service général de l'exploitation. Il statue sur toutes les mesures qui s'appliquent à l'ensemble de la circulation, et qui, par cela même, ne peuvent être prises isolément, notamment sur celles qui concernent la fixation des taxes et frais accessoires de toute nature, la fixation des heures de départ et d'arrivée, le service de la traction et l'entretien du matériel, le service de secours, les signaux destinés à assurer la sécurité de la circulation, la surveillance intérieure dans les gares et sur la voie, l'entretien de la voie ferrée, les mesures de sûreté et de bon ordre à observer par le public, les règlements de service que les compagnies doivent soumettre à l'approbation de l'administration, les registres de plaintes et de réclamations, etc. C'est ce qui résulte de la même circulaire ministérielle du 15 avril 1850. Un décret du 17 juin 1854 a établi, auprès du ministre des travaux publics, des inspecteurs généraux qu'il ne faut pas confondre avec les inspecteurs des mines ou des ponts et chaussées dont nous avons parlé ci-dessus, et qui centralisent le travail des inspecteurs, pour la partie commerciale, et celui des ingénieurs, pour la partie technique, qui sont, en un mot, placés à la tête des services de contrôle et de surveillance de l'exploitation technique et commerciale.

Ces inspecteurs généraux des chemins de fer, placés auprès du ministre, ont, en quelque sorte, la haute surveillance de l'exploitation et le contrôle de la gestion financière des compagnies. Ils sont membres du comité consultatif des chemins de fer dont ils forment une section permanente pour toutes les questions concernant l'exploitation. Cette section permanente, présidée par le ministre des travaux publics ou par le directeur général des chemins de fer, donne son avis sur toutes les questions qui lui sont soumises par le ministre, notamment en ce qui concerne : 1· l'établissement des tarifs et leur application ;

2° les émissions d'obligations ; 3° les questions de prêts ou de subventions, de garanties d'intérêt aux compagnies ou de partage de bénéfices avec l'État.

Ces inspecteurs généraux, qui sont au nombre de cinq, adressent, chaque mois, au ministre, un rapport sur la situation commerciale et financière des compagnies, accompagné de tous les documents statistiques sur la circulation des voyageurs et des marchandises. Ces rapports mensuels sont résumés chaque année, dans un rapport général adressé au ministre. Il font l'inspection des lignes qui leur sont désignées par le ministre et recueillent tous les renseignements propres à éclairer l'administration supérieure sur l'exploitation commerciale et la gestion financière des compagnies. Ils procèdent à toutes les informations ou enquêtes sur des questions ou des faits d'exploitation. Ils peuvent, en un mot, être chargés de toutes missions concernant le service des chemins de fer.

Aux termes d'un décret du 14 novembre 1853, le service des chemins de fer, au ministère des travaux publics, forme une direction générale sous le nom de direction générale des chemins de fer. Avec l'extension considérable que les chemins de fer sont encore appelés à prendre, il est permis de douter qu'une simple direction soit suffisante dans l'avenir. L'administration des chemins de fer est appelée à devenir, dans un temps plus ou moins éloigné, une administration de premier ordre. Peut-être pourrait-on, avec un avantage sérieux, réunir en une seule administration les chemins de fer, le service des postes et celui des télégraphes. On formerait ainsi un ministère que l'on pourrait désigner sous le nom de Ministère des Communications.

DEUXIÈME PARTIE.

DU TRANSPORT PAR CHEMINS DE FER.

CHAPITRE PREMIER.

GÉNÉRALITÉS SUR LE CONTRAT DE TRANSPORT.

Le contrat de transport est une convention par laquelle une personne ou une compagnie s'oblige à conduire, d'un lieu dans un autre, des voyageurs, des marchandises ou tout autre objet, moyennant un prix convenu.

L'entreprise de transports, qui est un acte de commerce, en vertu de l'art. 632 du Code de commerce, est classée par l'article 1779 du Code civil parmi les différentes espèces de louages d'ouvrage et d'industrie. Il est incontestable, sans doute, que l'entrepreneur de transports fait un louage de ses services, mais il n'y a pas qu'un louage de services dans l'entreprise de transports. Le contrat par lequel une personne s'oblige à conduire des objets d'un endroit dans un autre, participe aussi du dépôt, puisque l'entrepreneur, le voiturier est dépositaire des objets qu'il a mission de transporter. Cependant, pour le transport des voyageurs, il est vrai de dire qu'il n'y a qu'un louage d'ouvrage, puisque le contrat de dépôt ne s'applique pas aux personnes. Mais pour le transport des marchandises il y a, en quelque sorte, un contrat « sui generis » qui rentre dans la classe des con-

trats innommés et qui participe à la fois et du louage et du dépôt. C'est, au reste, ce qui résulte clairement de l'article 1782
du Code civil, qui renvoie au titre du dépôt pour faire connaître les obligations qui pèsent sur les voituriers au sujet de la
garde et de la conservation des objets qui leur sont confiés.

Nous avons dans ce chapitre deux questions à examiner.
Nous nous demanderons d'abord comment se forme le contrat
de transport, puis nous rechercherons quelles peuvent être
les preuves de ce contrat.

SECTION PREMIÈRE.

Formation du Contrat de transport.

Le contrat de transport se forme « solo consensu » entre les
voyageurs et le voiturier, s'il s'agit de transport de voyageurs,
entre l'expéditeur de marchandises et l'entrepreneur, s'il s'agit
de transport de marchandises. Le contrat peut aussi se conclure
au moyen de personnes intermédiaires entre l'expéditeur et la
compagnie de transports. Ces personnes sont des commissionnaires qui se chargent de conclure pour l'expéditeur les contrats de transport avec les voituriers.

Lorsque les objets à transporter doivent, à leur arrivée au
lieu de destination, être remis à l'expéditeur lui-même ou à ses
préposés, nous ne voyons figurer dans le contrat que deux personnes : l'expéditeur et le voiturier. Nous prenons, bien entendu,
ce mot « lato sensu ». Il désigne, en effet, le voiturier proprement dit, puis le commissionnaire de transports.

Mais, lorsque les objets doivent être remis à une personne
autre que l'expéditeur, nous voyons intervenir une troisième
personne : le destinataire. L'expéditeur stipule alors, en traitant
avec le voiturier, pour le destinataire, qui peut réclamer directement l'exécution du contrat de la part du voiturier qu'il peut
aussi poursuivre directement, en cas d'inexécution de sa part.

Quatre conditions essentielles doivent se trouver réunies pour que le contrat de transport puisse se former. Il faut : 1° qu'il y ait un objet à transporter ; 2° qu'il y ait un expéditeur ; 3° qu'il y ait un voiturier ; 4° qu'il y ait un prix pour le transport. Quant à l'existence d'un destinataire distinct de l'expéditeur, elle n'est pas nécessaire, puisque l'expéditeur peut très-bien être lui-même le destinataire. Il n'est pas non plus de l'essence du contrat de transport qu'il y ait un commissionnaire, l'expéditeur pouvant directement traiter avec le voiturier sans l'entremise de personne.

Quelle utilité un expéditeur peut-il retirer en traitant avec un commissionnaire ? Cette utilité nous apparaît à deux points de vue : 1° Lorsqu'il faut avoir recours successivement à plusieurs voituriers, parce que le transport doit s'effectuer dans des pays lointains, le commissionnaire se charge de ces transports successifs qui pourraient être un grand embarras pour l'expéditeur. Les compagnies de chemins de fer se chargent de faire effectuer ces transports successifs. Chaque compagnie joue alors un double rôle : celui de voiturier pour le transport dans son réseau et celui de commissionnaire, puisqu'elle s'entend avec une autre compagnie pour qu'elle effectue le transport dans son réseau ; 2° L'utilité d'avoir recours aux commissionnaires de transport nous apparaît même lorsqu'il n'y a pas à opérer de transports successifs, même lorsqu'on n'aura pas besoin de s'adresser à plusieurs compagnies. Le commissionnaire, en effet, pourra prendre moins cher à l'expéditeur que la compagnie. Cela peut paraître surprenant au premier abord, puisqu'il sera obligé de s'adresser lui-même à une compagnie de chemin de fer. Et pourtant cela est ainsi et même, qui plus est, le commissionnaire y trouvera largement sa rétribution et son avantage. Pour se rendre compte de ce fait il faut savoir que les compagnies de chemins de fer ont des tarifs qui varient de 10 en 10 kilogrammes. Si un expéditeur s'adresse à une compagnie pour faire transporter des marchandises dont le poids est de

41 kilogrammes, il paiera absolument comme si ses marchandises pesaient 50 kilogrammes. Supposons que dix personnes aient à envoyer, chacune dans le même endroit, des marchandises pesant séparément, pour le compte de chaque expéditeur, un poids de 41 kilogrammes. Si ces dix personnes s'adressent séparément à la compagnie, et c'est évidemment ce qu'elles feront, puisque nous supposons qu'elles ne se connaissent pas, elles paieront comme si le total du poids des marchandises était de 500 kilogrammes, tandis qu'en réalité il n'est que de 410. Si au contraire elles s'adressent à un commissionnaire de transports, elles paieront moins cher et voici pourquoi : Ce commissionnaire réunira le tout, le fera conduire au chemin de fer et ne paiera que pour le poids de 410 kilogrammes. C'est ce qu'on appelle le groupage des colis. Nous en parlerons plus loin avec plus de détails. Le commissionnaire réalise ainsi un bénéfice et peut y faire participer ses clients qui, au lieu de payer, dans notre hypothèse, pour 50 kilogrammes, paieront seulement comme si l'envoi de chacun pesait, par exemple, 45 kilogrammes. Ils réaliseront donc le bénéfice du prix qu'ils auraient payé pour 5 kilogrammes, i's y trouveront, par conséquent, leur avantage. Le commissionnaire, de son côté, réalise un bénéfice montant au prix de 4 kilogrammes. En un mot, il y a à partager entre chaque expéditeur et le commissionnaire un bénéfice équivalent au prix qui aurait été payé pour 9 kilogrammes.

Le commissionnaire est le mandataire du droit commercial. Il ne faut pas confondre le commissionnaire avec le courtier. Le premier est le mandataire de l'une des parties seulement, qui s'appelle le commettant ; le second, au contraire, est mandataire des deux parties qu'il rapproche. Le commissionnaire doit prendre les intérêts du commettant, tandis que le courtier doit rester neutre, il doit se borner à mettre les parties contractantes en présence. Le commissionnaire, avons-nous dit, est un mandataire, mais il y a des différences entre le mandat et le con-

trat de commission : D'abord, l'entreprise de commission est
rangée par l'article 632 du Code de commerce parmi les actes
de commerce, tandis que le mandat n'a rien de commercial.
Puis ensuite, le mandataire peut sans doute stipuler un salaire,
mais le salaire n'est pas de la nature du contrat qui est gratuit,
tandis que le salaire est, au contraire, de la nature du contrat de
commission. Par conséquent, la responsabilité du commissionnaire sera plus grande que celle du mandataire ordinaire qui
n'est pas salarié. Enfin, le commissionnaire qui fait des avances
à son commettant a un privilége sur les marchandises que lui
envoie le commettant. C'est ce qui résulte de l'article 95 du Code
de commerce, tandis que le mandataire n'a aucun privilége de
ce genre.

Le commissionnaire de transports est donc un mandataire
commercial, mais, dans la pratique, on le confond avec le voiturier parce que la plupart du temps le commissionnaire est lui-
même voiturier pour une partie de la route et commissionnaire
de transports pour le reste du trajet, c'est-à-dire que, pour le
restant de la route à parcourir, il s'entendra avec d'autres voituriers qui mèneront jusqu'au bout l'entreprise de transport de
marchandises. Les obligations du commissionnaire sont les
mêmes que celles du voiturier. C'est ce qui résulte des articles
96 et suivants comparés aux articles 103 et 104 du Code de
commerce. Il est donc assez naturel que l'on n'établisse pas de
différences entre les voituriers et les commissionnaires. Enfin,
un dernier motif de confusion résulte de ceci : Le commissionnaire, la plupart du temps, traite à forfait avec l'expéditeur, il
fixe une somme déterminée que ce dernier devra payer, moyennant quoi il n'aura plus à s'occuper de rien, le transport regarde
entièrement le commissionnaire qui le fera faire comme il l'entendra. Il ne dit pas à l'expéditeur : Je vous prends telle somme
pour le transport que je ferai moi-même et je vous dirai, lorsque les transports successifs seront terminés, les sommes qui
seront dues aux autres voituriers. Non, il n'y a qu'une seule

opération. L'expéditeur paie une certaine somme et le commissionnaire doit s'arranger pour faire effectuer le transport en totalité.

Lorsque l'expéditeur s'adresse directement à une compagnie de chemin de fer ou plus généralement à un voiturier quelconque, il est bien certain qu'il n'y a qu'un seul contrat, mais en est-il de même lorsque l'expéditeur s'adresse à un commissionnaire de transport, qui devra s'entendre avec un ou plusieurs voituriers? Dirons-nous, dans ce dernier cas, qu'il n'y a qu'un seul contrat ou bien au contraire dirons-nous qu'il y en a deux? Il semble bien qu'il y a deux contrats : le premier entre l'expéditeur et le commissionnaire, le second entre ce dernier et le voiturier. C'est bien ce qui a lieu en fait, mais cependant on décide qu'il n'y a qu'une seule opération, un transport et par conséquent un seul contrat. Voici l'intérêt de la question : L'expéditeur, si ses marchandises subissent des avaries pendant le voyage pourra s'adresser au commissionnaire, cela est certain, ma s pourrait-il s'adresser directement au voiturier? On dira non, si on décide qu'il y a deux contrats, car, dira-t-on, l'expéditeur n'a pas traité avec le voiturier, il ne peut donc pas agir directement contre lui pour obtenir réparation des avaries. Il faudra alors qu'il agisse contre le commissionnaire qui aura un recours contre le voiturier. De cette façon, nous aurions deux procès et des frais inutiles joints à une perte de temps. La situation se compliquerait encore au détriment de l'expéditeur, si nous supposons que le commissionnaire est en faillite. Dans ce cas, l'expéditeur serait obligé de produire à la faillite pour une somme équivalent au montant du dommage causé par les avaries, puis l'indemnité payée par le voiturier irait tomber dans la masse de la faillite et profiterait ainsi à tous les créanciers du commissionnaire, au détriment de l'expéditeur. Il y a donc un motif d'utilité pratique à décider qu'il n'y a qu'un seul contrat et non pas deux. A ce motif d'utilité pratique, on ajoute un argument juridique, qui est tiré de l'article 1994 in fine du Code civil : Le commissionnaire, qui est un mandataire, s'est substitué, pour exécuter son mandat, le voiturier, or le mandant peut agir directement contre la personne que le mandataire s'est substituée, c'est-à-dire contre le voiturier. Ajoutons enfin que l'article 101 du Code de commerce considère ces deux contrats intervenus, d'une part entre l'expéditeur et le commissionnaire, et d'autre part entre le commissionnaire et le voiturier, comme n'en formant absolument qu'un seul, parce que le commissionnaire a stipulé du voiturier pour le compte de l'expéditeur.

Donc, en résumé, nous dirons, avec la jurisprudence, que si en fait il y a deux contrats lorsque l'expéditeur s'adresse à un commissionnaire qui devra s'entendre avec un voiturier pour faire effectuer le transport, ces deux contrats doivent cependant être considérés comme n'en formant qu'un seul et que, par conséquent, en cas d'avaries, l'expéditeur pourra agir directement contre le voiturier pour obtenir la réparation du dommage.

Il y a une quatrième personne qui peut être intéressée dans le contrat de transport, c'est le destinataire. Peut-il se prévaloir du contrat et agir directement contre le voiturier, en cas d'avaries ou, d'une façon plus générale, en cas d'inexécution des obligations de la part de ce dernier ? La jurisprudence admet l'affirmative. Il y a d'abord une raison d'utilité qui est imposée par le simple bon sens. En effet, si on refusait une action directe au destinataire, qu'arriverait-il ? Il aurait un recours contre l'expéditeur qui aurait lui-même un recours contre le voiturier. A quoi bon compliquer par cette série de recours successifs ? Ne vaut-il pas mieux accorder une action directe au destinataire contre le voiturier ? Au reste, il y a pour cela, indépendamment de la raison d'utilité, un motif juridique tiré de l'article 1121 du Code civil. L'expéditeur a stipulé et pour lui et pour le destinataire. La jurisprudence admet parfaitement, et sans hésiter, que le destinataire a une action directe contre le voiturier lorsqu'il a dans le transport un intérêt évident, par exemple, lorsque l'expéditeur lui avait vendu les marchandises qui ont été avariées pendant le transport et lorsqu'il était convenu qu'elles voyageraient à ses risques et périls. Mais la jurisprudence hésite à donner une action directe au destinataire, lorsque celui-ci n'a pas d'intérêt dans le contrat de transport. Par exemple, l'expédition des marchandises est faite non plus à un négociant qui les avait achetées, mais à un simple commissionnaire de marchandises qui sera chargé de les vendre, ce destinataire aura-t-il le pouvoir d'agir directement contre la compagnie? Le tribunal de la Seine a décidé qu'il ne le pouvait pas, mais cependant nous dirons qu'il le peut. C'est d'abord l'intérêt de l'expéditeur dont ce commissionnaire est, en quelque sorte, le représentant, le mandataire. Puis, nous ajouterons qu'il peut y avoir aussi un intérêt personnel. En effet, si la marchandise était arrivée à l'époque fixée sans retard ou sans avaries, il aurait peut-être pu, vu les circonstances, la vendre un bon prix, il aurait ainsi réalisé un bénéfice qu'il a perdu à cause du retard ou des avaries.

Quelquefois les voituriers et même les compagnies de chemins de fer ne se bornent pas à faire le transport. Ils se livrent à d'autres fonctions. C'est ainsi, par exemple, qu'ils se chargent d'encaisser le montant des factures pour le compte des expéditeurs. Quelquefois ils font l'escompte des factures pour utiliser leurs capitaux. C'est ainsi encore qu'ils gèrent mutuellement leurs affaires, par exemple : Si l'expédition n'est pas faite franco, le dernier voiturier reçoit le prix total du transport, à la charge de rendre aux voituriers qui avaient transporté les marchandises avant lui, ce qui doit leur revenir à raison des transports qu'ils ont effectués.

Lorsque la marchandise est livrée au destinataire, l'agent chargé du transport fait signer le destinataire sur un registre. C'est cette signature qui opère la décharge du voiturier de ses obligations.

Une difficulté s'est élevée au sujet du paiement du timbre de 10 centimes qui doit, en vertu de la loi du 23 août 1871, ar-

ticle 18, être apposé sur les reçus, quittances, décharges, etc.
Les destinataires prétendaient qu'il était à la charge du voiturier et celui-ci prétendait le contraire. Le tribunal de commerce
de la Seine a décidé, dans un jugement en date du 3 février 1872,
que ce timbre, appliqué par les compagnies sur leurs registres
pour la décharge des colis, ne pouvait pas être réclamé aux destinataires. Une loi du 28 février 1872 a fait cesser la controverse
en augmentant de 10 centimes le timbre apposé, soit sur la
lettre de voiture, soit sur le récépissé délivré par la compagnie
à l'expéditeur.

SECTION II.

Preuves du Contrat de transport.

Deux situations peuvent se présenter au sujet de la preuve
du contrat de transport. Il peut se faire qu'il y ait un écrit ou
bien qu'il n'y en ait pas. Remarquons que, généralement, dans
l'usage du commerce, le contrat de transport est constaté par
écrit. Comme c'est certainement le cas le plus fréquent, nous
allons commencer l'étude des preuves par l'examen de cet
écrit.

L'acte qui, le plus souvent, sert à constater le contrat de
transport s'appelle la lettre de voiture. Notons bien que la lettre
de voiture ne forme pas, comme semblerait l'indiquer l'article 101 du Code de commerce, le contrat de transport qui
est un contrat purement consensuel, et qui, par conséquent,
existe indépendamment de tout écrit. La lettre de voiture est
seulement destinée à constater ce qui a été convenu entre
l'expéditeur et le voiturier, qui peuvent très-bien, s'ils sont
d'accord, n'en pas rédiger.

La lettre de voiture joue le même rôle que le connaissement
pour le transport par eau, mais la forme en est différente. C'est
une lettre sous forme de lettre missive adressée au destinataire.

Elle énonce les conditions du contrat. Au reste, l'article 102 du Code de commerce indique ce qu'elle doit contenir. Cet article s'exprime ainsi : « La lettre de voiture doit être datée. Elle doit exprimer : la nature et le poids ou la contenance des objets à transporter, le délai dans lequel le transport doit être effectué. Elle indique : le nom et le domicile du commissionnaire par l'entremise duquel le transport s'opère, s'il y en a un. le nom de celui à qui les marchandises sont adressées, le nom et le domicile du voiturier. Elle énonce : le prix de la voiture, l'indemnité due pour cause de retard. Elle est signée par l'expéditeur ou le commissionnaire. Elle présente en marge les marques et numéros des objets à transporter. La lettre de voiture est copiée par le commissionnaire sur un registre coté et paraphé sans intervalle et de suite. »

Remarquons bien que, malgré les termes de l'article 102 du Code de commerce, il n'y a rien de solennel dans la lettre de voiture. Les parties sont parfaitement libres de la rédiger comme ils l'entendent. Si elle est incomplète, pour faire la preuve des conventions qui ne s'y trouvent pas mentionnées, on a recours, comme nous le verrons plus loin, aux modes de preuves usitées lorsqu'il n'y a pas de preuve littérale.

La lettre de voiture présente une grande utilité à plusieurs points de vue :

1° Elle sert à préciser, à délimiter les conditions du contrat. C'est là ce que veut dire l'article 101 lorsqu'il dit que la lettre de voiture forme le contrat. Il est évident que ce n'est pas elle qui donne naissance au contrat ; mais, lorsqu'il existe, elle lui donne une forme ;

2° Elle servira d'instruction à l'agent chargé du transport, puisqu'il aura entre ses mains une copie de la lettre qu'on appelle fausse lettre de voiture ;

3° Elle servira de gouverne au destinataire, à l'arrivée des marchandises. Le destinataire est censé posséder les marchandises dès qu'il a entre les mains la lettre de voiture. C'est très-important, car il pourra donner ces marchandises en gage à son créancier, en lui remettant la lettre de voiture. Le créancier alors possédera les marchandises, conformément à l'article 92 du Code de commerce, puisque le voiturier possède pour le compte de celui qui a la lettre de voiture.

La lettre de voiture, pour faire preuve complète du contrat de transport, doit être rédigée à deux exemplaires. L'un sera signé par l'expéditeur et restera entre les mains du voiturier. L'autre sera signé par le voiturier et restera entre les mains de l'expéditeur, qui pourra néanmoins l'envoyer au destinataire. Au reste, on ne voit pas pourquoi on n'appliquerait pas ici l'article 1325 du Code civil qui exige autant d'originaux que de parties contractantes. L'article 49 du cahier des charges général ne peut laisser aucun doute sur ce sujet. Cet article s'exprime ainsi : « Toute expédition de marchandises sera constatée, si l'expéditeur le demande, par une lettre de voiture, dont un exemplaire restera aux mains de la compagnie et l'autre aux mains de l'expéditeur. »

Une compagnie de chemin de fer peut être tenue, en vertu de cet article 49 du cahier des charges de délivrer une lettre de voiture, mais il faut que l'expéditeur la demande. Dans le cas où l'expéditeur ne demanderait pas de lettre de voiture, continue l'article 49, la compagnie sera tenue de lui délivrer un récépissé qui énoncera la nature et le poids du colis, le prix total du transport et le délai dans lequel ce transport devra être effectué, les noms et l'adresse du destinataire. Dans la pratique, les compagnies délivrent toujours des récépissés bien plutôt que des lettres de voiture. Notons bien que la compagnie de chemin de fer est obligée de délivrer ce récépissé, même si l'expéditeur ne le réclame pas. Une circulaire ministérielle du 14 juin 1864 recommande aux chefs de contrôle de donner des instructions aux inspecteurs de l'exploitation commerciale et aux commissaires de surveillance administrative, afin qu'ils veillent à ce que les récépissés soient délivrés très-régulièrement au public, même s'il ne le demande pas. Toute négligence à cet égard, de la part de la compagnie, continue la circulaire, devra être constatée par procès-verbal et déférée aux tribunaux.

Le tribunal de commerce de Strasbourg a jugé le 18 mars 1859, que, si une compagnie ne délivrait pas de récépissé pour les marchandises qu'on lui confie, l'expéditeur, en cas de perte de la marchandise, peut faire la preuve de la réalité du dépôt, d'après tous les éléments de la cause, et notamment ses livres de factures et sa correspondance avec le destinataire.

Le conducteur du train a une feuille d'expédition qui remplace la fausse lettre de voiture.

L'emploi de la lettre de voiture tend à disparaître pour faire place à l'usage des récépissés.

La lettre de voiture est frappée d'un timbre de 0,70 et le récépissé d'un timbre de 0,35 par la loi du 26 février 1872.

Pourrait on être admis à prouver contre les énonciations que contient la lettre de voiture, au moyen, par exemple, de la preuve testimoniale? Evidemment non. En effet, l'article 1341 du Code civil dit qu'il n'est reçu aucune preuve par témoins contre et outre le contenu aux actes, et cet article s'applique aussi bien en matière commerciale qu'en matière civile; mais lorsqu'on soutient que l'acte contient des énonciations mensongères qui sont le résultat du dol ou de la fraude, on peut aussi bien, en matière civile qu'en matière commerciale, combattre cet acte par tous les moyens de preuve possibles. L'article 1341 n'est pas alors applicable. Il faut, par conséquent, admettre qu'on pourra prouver contre les termes d'une lettre de voiture, s'ils sont argués de dol ou de fraude.

Voilà pour le cas où il y a un écrit constatant le contrat de transport. Voyons maintenant comment on établira la preuve de ce contrat, dans le cas où il n'y aurait pas d'écrit.

S'il n'y a pas d'acte écrit passé entre les parties, on pourra faire la preuve par tous les moyens possibles, conformément à l'article 109 du Code de commerce, c'est-à-dire par la preuve testimoniale qui est admissible toutes les fois que le tribuual croira devoir l'admettre, sans distinguer, comme on le fait en matière civile, si l'intérêt en question est supérieur ou inférieur à 150 fr. ; par les présomptions qui sont également toujours admissibles, puisqu'en vertu de l'article 1353 du Code civil, elles sont admissibles toutes les fois que l'on pourrait avoir recours à la preuve testimoniale; par l'aveu; et enfin par le serment.

Ainsi, en résumé, la preuve du contrat de transport se fera, s'il y a un écrit, c'est-à-dire une lettre de voiture, par la présentation de cet écrit, soit par l'expéditeur, soit par le voiturier, puisqu'elle doit être rédigée en deux originaux, conformément à l'article 1325 du Code civil.

S'il n'y a pas de lettre de voiture ou de récépissé, la preuve sera établie par le voiturier, pour se faire payer le prix de transport, par le fait matériel du transport et par la détention des objets voiturés. Il prouvera le prix stipulé, si l'expéditeur est commerçant, bien entendu, par tous les moyens énoncés par l'article 109 du Code de commerce ; si l'expéditeur n'est pas commerçant, il devra se conformer aux règles établies par le droit civil. Si le contrat est prouvé, mais si le quantum du prix ne l'est pas, le juge fixera le prix d'après l'usage du commerce, pour les transports faits dans des conditions semblables. Il est peu probable que la question se présente pour les transports par chemins de fer, à cause des tarifs qui les régissent.

S'il n'y a pas de preuve par écrit du contrat de transport, c'est-à-dire s'il n'y a pas de lettre de voiture ou de récépissé, ou bien si le voiturier n'a pas tenu de registre ou n'a pas fait mention de ce contrat sur ses livres, conformément à l'article 96 du Code de commerce, l'expéditeur pourra faire preuve par tous les moyens énoncés en l'article 109, si d'ailleurs le voiturier est commerçant, et c'est ce qui arrivera le plus souvent, car généralement les voituriers sont entrepreneurs de transports; il est rare, en effet, qu'un transport soit effectué par une personne qui n'en fait pas habituellement. Mais, même si le voiturier n'était pas commerçant, nous dirions encore que l'expéditeur pourrait faire l'emploi contre lui de la preuve testimoniale, même s'il s'agissait de plus de 150 fr., car l'article 1782 du Code civil assimile les voituriers aux aubergistes, et la preuve testimoniale est admise contre ces derniers, même si l'intérêt en jeu est supérieur à 150 fr. Il en est ainsi en vertu des articles 1348 et 1950 du Code civil. L'expéditeur peut donc toujours avoir recours à la preuve testimoniale, que le voiturier soit ou non commerçant. Il est clair qu'il ne peut y avoir aucun doute au sujet des compagnies de chemins de fer qui sont des sociétés commerciales. La preuve testimoniale sera toujours admise contre elles.

CHAPITRE II.

TRANSPORT DES VOYAGEURS.

SECTION PREMIÈRE.

Obligations de la Compagnie.

Les compagnies doivent, aux termes de l'art. 43 de l'ordonnance du 15 novembre 1846, placer des affiches dans les stations pour faire connaître au public les heures de départ des convois ordinaires de toutes sortes, les stations qu'ils doivent desservir, les heures auxquelles ils doivent arriver à chaque station et en partir. Les compagnies sont aussi dans l'usage d'indiquer sur leurs affiches les prix perçus pour chacune des trois classes, les conditions relatives aux billets d'aller et de retour, etc. De cette façon les voyageurs peuvent parfaitement connaître les conditions du transport.

Les compagnies doivent délivrer des billets à toute personne qui veut voyager. La distribution doit commencer au plus tard, dans les grandes stations, 30 minutes, et dans les autres, 15 minutes avant l'heure réglementaire du départ du train. Elle cesse, au plus tôt, dans les grandes stations, pour les voyageurs avec bagages, 15 minutes, et pour les voyageurs sans bagages, 5 minutes avant l'heure du départ. Dans les autres stations, la distribution cesse 5 minutes avant l'heure du départ, qu'il s'agisse de voyageurs avec bagages ou de voyageurs sans bagages.

Lorsque le voyageur est muni de son billet de place, la compagnie est tenue d'enregistrer ses bagages pour la gare destinataire, c'est-à-dire pour la station inscrite sur le billet délivré au voyageur. Tout voyageur, dont le bagage ne pèsera pas plus de 30 kilogrammes, n'aura à payer, pour le port de ce bagage, aucun supplément de prix. C'est ce qui résulte de l'art. 44 du cahier des charges général. L'enregistrement des bagages est soumis à un droit de 0,10. Il est constaté par la délivrance d'un bulletin au voyageur.

La compagnie doit surveiller les bagages et les rendre dans le même état où ils étaient lorsqu'elle les a reçus. En cas de perte des bagages, les compagnies sont évidemment responsables, car le voyageur est obligé de confier ses bagages aux agents de la compagnie qui doit, dès lors, en répondre comme d'un dépôt nécessaire. Les compagnies doivent également être responsables, en cas de détériorations des bagages, à moins qu'elles n'établissent qu'il y a eu force majeure, ou bien que la détérioration est survenue par le fait de l'expéditeur, par exemple : les bagages étaient mal emballés. Les compagnies sont responsables et doivent indemniser le voyageur de la perte ou de la détérioration des bagages sans distinguer si le voyageur a ou non fait la déclaration de la nature et de la valeur des objets qui ont été mis aux bagages. C'est ce qui a été décidé par la cour de Paris le 12 janvier 1852. Nous admettrons la décision de la cour de Paris, mais en précisant bien. Nous admettrons bien que la compagnie est obligée d'indemniser le voya-

geur qui n'a pas fait la déclaration de la valeur et de la nature
des objets mis aux bagages, s'il s'agit d'objets que l'on emporte
ordinairement en voyage, s'il s'agit d'objets que l'on peut considérer comme étant en rapport avec les besoins du voyage.
Mais nous pensons que, s'il s'agit d'objets de grande valeur, de
lingots d'or, par exemple, ou de dentelles, de bijoux, d'objets
d'art, les voyageurs doivent les déclarer à la compagnie, qui
exercera alors une surveillance toute spéciale. Si les voyageurs
ne font pas la déclaration de ces objets, nous dirons qu'ils voyagent à leurs risques et périls et que, par conséquent, en cas de
perte, les compagnies n'en répondront pas, à moins qu'il n'y ait,
bien entendu, soustraction ou détournement imputables à leurs
préposés dont elles sont responsables. Il faut selon nous décider
de cette façon. En effet, l'art. 1150 du Code civil dit que le débiteur n'est tenu que des dommages-intérêts qui ont été prévus
ou qu'on a pu prévoir lors du contrat. Eh bien, raisonnable-
ment, une compagnie ne peut pas prévoir qu'un voyageur, qui
a dans ses bagages des valeurs considérables, va se contenter de
les mettre avec les bagages ordinaires, et ne pas en faire la déclaration aux agents préposés aux transports, qui alors auraient
recours à une surveillance spéciale.

La compagnie peut-elle limiter sa responsabilité à un chiffre
déterminé par avance sur les bulletins remis aux voyageurs ?
Peut-elle dire, par exemple, je ne répondrai d'une valise que
jusqu'à concurrence de 75 fr., et d'une malle que jusqu'à concurrence de 150 fr. ? Évidemment, non. Cette limitation de responsabilité ne serait pas valable. C'est ce que décide, au reste,
une jurisprudence constante et invariable. La responsabilité de
la compagnie, en cas de perte de colis, à elle confiés, doit
s'étendre à la valeur réelle des bagages transportés, autrement
il n'y aurait pas de garantie suffisante pour les voyageurs, qui
ne se douteraient même pas de cette clause, puisqu'il peut très-
bien se faire qu'on ne lise pas tout ce qui se trouve écrit sur le
bulletin qu'on remet aux voyageurs, et la clause de non garantie

ne peut résulter que d'une convention expresse et sérieuse, et dans notre hypothèse, on ne peut pas dire qu'il y ait eu convention expresse et sérieuse de non garantie. Puis, il ne faut pas permettre aux compagnies d'abuser de leur monopole. Si on admettait comme valable cette clause de non garantie, la situation des voyageurs serait déplorable et injuste, puisqu'ils sont bien forcés, à cause du monopole, de s'adresser aux compagnies pour faire transporter leurs bagages. Au reste, les tarifs des transports sont assez élevés pour que les compagnies répondent de la valeur réelle des objets qu'elles transportent.

Quant aux bagages oubliés ou non réclamés, il faut établir une distinction suivant qu'il s'agit de bagages enregistrés, c'est-à-dire confiés à la compagnie, ou de bagages non enregistrés, c'est-à-dire d'objets abandonnés dans les gares, dans les wagons ou sur la voie.

Pour les bagages enregistrés, c'est-à-dire qui ont été confiés aux chemins de fer, qui ne sont pas réclamés et qu'on n'a pu faire parvenir aux destinataires, il y a lieu d'observer les formalités prescrites par le décret du 13 août 1810, c'est-à-dire qu'ils seront vendus six mois après l'arrivée au lieu de destination en remplissant certaines formalités. Pour les autres objets, c'est-à-dire pour ceux qui ne sont pas enregistrés, il n'y a pas de règles spéciales, on applique à leur égard le droit commun. Nous retrouverons cette question que nous étudierons avec plus de détails dans le chapitre suivant, en traitant spécialement du transport des marchandises.

Lorsque les voyageurs ont pris leurs billets et fait enregistrer leurs bagages, ils ont le droit de monter dans les wagons, et la compagnie doit avoir un nombre de places suffisant pour faire monter tous les voyageurs en voiture. Il est même interdit de faire monter dans un wagon plus de voyageurs que le compartiment n'en comporte. C'est ce qui résulte de l'art. 64 de l'ordonnance du 15 novembre 1846.

La compagnie doit, en un mot, prendre toutes les mesures

nécessaires pour que le voyage s'effectue dans de bonnes conditions. Elle doit déposer un livre de réclamations dans toutes les gares, afin que les voyageurs puissent y inscrire leurs plaintes, s'ils ont des reproches à adresser à l'administration. C'est ce que décide l'art. 76 de l'ordonnance du 15 novembre 1846. Les agents sont tenus de remettre ce registre à tout voyageur qui le demande. L'administration y tient beaucoup. C'est ce qui résulte d'une circulaire ministérielle datée du 18 juin 1866. Un jugement du tribunal de Fontainebleau, rendu le 8 avril 1859, a condamné à 5 fr. d'amende et aux frais un agent qui avait refusé de remettre ce registre des plaintes à un voyageur.

Pour terminer notre section, nous allons examiner quelle est la responsabilité des compagnies envers les voyageurs, en cas d'accident ou de retard dans l'arrivée des trains.

En cas de retard dans l'arrivée des trains, les compagnies ne sont pas responsables envers les voyageurs, lorsque le retard doit être attribué à une cause de force majeure. Lorsque la force majeure n'existe pas, les voyageurs ont droit à la réparation du préjudice réellement causé, mais ils ne peuvent réclamer, par exemple, ni l'envoi d'un train extraordinaire, ni l'expédition gratuite des dépêches télégraphiques ayant pour objet d'informer les tiers des retards dont il s'agit. C'est ce qui a été décidé par la cour de cassation, dans un arrêt en date du 15 février 1868.

Nous allons maintenant dire quelques mots sur les accidents de chemins de fer. C'est certainement une question des plus importantes et des plus dignes d'attention. Il y aurait une foule de détails à examiner, par exemple, les assurances contre les accidents, les mesures préventives adoptées pour les empêcher ou au moins pour les rendre moins fréquents, mais le cadre de notre travail est trop restreint pour que nous abordions tous ces détails. Nous nous bornerons ici à examiner deux points sur cette importante question. Nous parlerons d'abord de la pénalité spéciale encourue par l'auteur d'un accident de chemin de fer, puis nous rechercherons quelle est la responsabilité des compagnies.

L'accident de chemin de fer peut résulter d'un fait volontaire, d'un fait involontaire ou d'un simple cas fortuit.

Lorsque l'accident se sera produit par suite d'un fait volontaire, l'auteur sera puni conformément à l'art. 16 de la loi du 15 juillet 1845, ainsi conçu : « S'il y a eu homicide ou blessure, le coupable sera, dans le premier cas, puni de mort, et dans le second, de la peine des travaux forcés à temps. Même, s'il n'y a eu aucun accident, celui qui aura volontairement détruit ou dérangé la voie de fer, placé sur la voie un objet faisant obstacle à la circulation, ou employé un moyen quelconque pour entraver la marche des convois ou les faire sortir des rails, sera puni de réclusion. Même la simple menace de commettre un de ces actes répréhensibles, énumérés par cet art. 16, sera punie conformément à l'art. 18 de la même loi. »

Lorsque l'accident se sera produit à la suite d'un fait involontaire, l'auteur sera puni selon l'art. 19 de la loi de 1845, qui s'exprime ainsi : « Quiconque par maladresse, imprudence, inattention, négligence ou inobservation des lois ou règlements, aura involontairement causé, sur un chemin de fer ou dans les gares ou stations, un accident qui aura occasionné des blessures, sera puni de huit jours à six mois d'emprisonnement et d'une amende de cinquante à mille francs. Si l'accident a occasionné la mort d'une ou plusieurs personnes, l'emprisonnement sera de six mois à cinq ans et l'amende de trois cents à trois mille francs. »

La répression applicable aux accidents non suivis de mort ou blessures, mais attribués à des contraventions aux règlements, est exercée en vertu de l'art. 21 de la loi de 1845 et de l'art. 70 de l'ordonnance du 15 novembre 1846. La peine encourue sera une amende de 16 francs à 3,000 francs. En cas de récidive, dans l'année, l'amende sera portée au double et le tribunal pourra, selon les circonstances, prononcer, en outre, un emprisonnement de trois jours à un mois. Remarquons que l'article 463 du Code pénal est applicable aux condamnations prononcées en vertu de la loi de 1845. C'est ce qui résulte de l'article 26 de cette loi.

Enfin, les accidents ayant occasionné mort ou blessures, qui sont attribués uniquement à une cause de force majeure, à un cas fortuit, en un mot à tout fait impossible à prévoir, ne comportent aucune poursuite pénale. Maintenant, bien entendu, l'action civile pourra être intentée conformément au droit commun par les personnes lésées contre la compagnie.

Lorsqu'un accident de chemin de fer se produit, la compagnie est responsable envers les personnes lésées. Examinons quelle est l'étendue de cette responsabilité de la compagnie. Cette responsabilité n'est jamais pénale, elle ne peut être que civile, c'est-à-dire que la compagnie ne pourra être condamnée qu'à payer des dommages-intérêts aux parties lésées, à moins, bien entendu, ce qui est tout à fait invraisemblable, que les concessionnaires se rendent eux-mêmes coupables des faits réprimés par les articles de la loi de 1845 que nous avons cités ci-dessus, et encore, même dans ce cas, la responsabilité pénale ne pèserait que sur les coupables et non sur toute la compagnie, c'est là une règle élémentaire de droit pénal.

Ainsi, par exemple, un déraillement est causé par des réparations considérables faites à la voie ferrée; la responsabilité pénale incombera à l'ingénieur de la voie, en vertu de l'art. 19 de la loi de 1845, mais on ne pourra pas inquiéter les concessionnaires à ce sujet. C'est ce qui a été décidé par la chambre criminelle de la cour de cassation le 7 mai 1868. Dans l'espèce, la cour de cassation a jugé que les travaux en question n'étaient pas une simple réparation d'entretien, mais équivalaient à des travaux de réfection et que l'ingénieur était responsable, puisque depuis le commencement des travaux il n'était pas venu une seule fois pour les visiter et les surveiller. Mais, dans ce cas, la compagnie est parfaitement responsable civilement, puisqu'elle répond du fait de négligence ou d'imprudence de ses agents. C'est ce qui a été décidé par la cour de cassation le 14 avril 1860. Cependant, s'il résultait de l'enquête ou d'autres documents du procès qu'un agent agissait sans les ordres de la compagnie, il est évident que celle-ci ne pourrait pas être déclarée responsable, ainsi que l'a jugé le tribunal de la Seine le 12 août 1859.

Ainsi, en principe, la compagnie est civilement responsable pour réparer les dommages qui résultent d'accidents arrivés aux voyageurs comme elle est responsable en principe des avaries éprouvées par les marchandises qu'elle est chargée de transporter. Elle est responsable, et elle doit réparer les dommages, à moins qu'elle ne prouve que les accidents sont le résultat d'un cas fortuit, qu'ils se sont produits par suite d'une force majeure. On considère comme événements de force majeure les accidents qui se produisent, malgré l'observation et l'exécution irréprochable des ordres de service et par suite d'une force à laquelle on ne peut résister, ou de faits que l'on ne peut empêcher. Le tribunal civil de la Seine a, dans un jugement en date du 13 novembre 1868, considéré comme force réellement majeure, comme force à laquelle il est impossible de résister, une tempête d'une violence exceptionnelle qui a occasionné le déraillement d'un train de voyageurs. Le tribunal a, par conséquent, jugé, dans ce cas, que la compagnie était à l'abri de toute responsabilité.

Mais, notons-le bien, il faut que la force majeure soit une force tout-à-fait majeure, s'il est permis de s'exprimer ainsi ; il faut qu'il s'agisse d'une force à laquelle il était tout-à-fait impossible de résister. Il ne faut pas qu'il s'agisse d'un cas mixte, pour que toute responsabilité de la compagnie cesse, il ne faut pas qu'il y ait un cas de force majeure joint à la négligence des agents de la compagnie, car, dans ce cas, elle serait civilement responsable. Ce sera une question très-délicate de distinguer ces cas mixtes des véritables cas de force majeure. C'est à l'autorité compétente qu'il appartiendra de trancher la question. C'est elle qui devra examiner si, au cas de force majeure, est venue se joindre une certaine négligence, une certaine imprévoyance de la part des agents de la compagnie. Si le cas de force majeure est pur, la compagnie sera exempte de toute responsabilité; mais, s'il y a eu négligence ou imprévoyance, la compagnie devra indemniser les personnes lésées. Sans doute, les dommages-intérêts seront moins élevés que si l'accident avait été causé seulement par la négligence des agents de la compagnie, mais enfin les personnes lésées n'y auront pas moins droit.

SECTION II.

Obligations des voyageurs.

Les voyageurs doivent tout d'abord prendre leurs billets pour pouvoir être admis dans les salles d'attente. Ils doivent monter dans les classes qui sont désignées par leurs billets, à moins de payer un supplément de prix. Ils doivent se soumettre au contrôle des billets toutes les fois que les agents de la compagnie les demandent. Ils doivent, en un mot, se conformer aux indications des règlements et à celles qui leur sont données par les agents de la compagnie. C'est ainsi, par exemple, que l'art. 63 de l'ordonnance du 15 novembre 1846 défend aux voyageurs d'entrer dans les voitures ou d'en sortir autrement que par la portière qui fait face au côté extérieur de la ligne du chemin de fer, de passer d'une voiture dans une autre, de se pencher au dehors. Les voyageurs doivent sortir des trains seulement aux stations, et lorsque le train est complétement arrêté.

Un voyageur ne pourrait pas incommoder les autres voyageurs, c'est pourquoi il y a des dispositions spéciales pour les fumeurs, c'est pourquoi encore l'entrée des wagons est défendue aux voyageurs porteurs d'objets, d'armes ou d'instruments gênants ou dangereux. C'est pourquoi encore l'entrée des voitures est interdite à toute personne en état d'ivresse, etc., etc. Nous n'avons pas à nous arrêter à l'énumération de toutes les obligations qui sont imposées aux voyageurs, que tout le monde connaît, et qui ne présentent, au reste, aucun intérêt. On peut les résumer toutes de cette façon : Les voyageurs doivent se conformer aux dispositions de police dont un extrait est affiché dans l'intérieur de chaque compartiment en vertu de l'art. 78 de l'ordonnance du 15 novembre 1846.

Toute infraction commise par les voyageurs aux dispositions des règlements sur les chemins de fer les rend passibles de poursuites correctionnelles et d'une condamnation à une amende de 16 fr. à 3,000 fr., conformément à l'art. 21 de la loi du 15 juillet 1845, indépendamment des poursuites exercées contre eux, lorsqu'il s'agit de résistance, d'injures ou de voies de fait envers les agents dans l'exercice de leurs fonctions, conformément à l'art. 25 de la même loi.

A l'arrivée des trains à destination, les voyageurs doivent descendre et remettre leurs billets à un agent de la compagnie. Il y a certaines compagnies, notamment celle d'Orléans, qui demandent les billets aux voyageurs avant l'arrivée des trains à destination, alors que les voyageurs sont encore, par conséquent, dans les wagons. C'est là un moyen de contrôle évidemment plus efficace pour la compagnie, mais c'est aussi une perte de temps pour les voyageurs.

Que décider, si un voyageur ne peut remettre son billet ? S'il l'a perdu, tant pis pour lui; il pourra être contraint à payer une seconde fois. S'il n'en avait pas pris, il n'y a pas impunité pour lui. puisque l'art. 21 de la loi de 1845 punit d'une amende de 16 fr. à 3,000 fr. toute contravention aux règlements sur la police et l'exploitation des chemins de fer. En voyageant sans billet il a commis une infraction à l'art. 63 de l'ordonnance de 1846; il pourra, par conséquent, être condamné à cette amende. Il est vrai que ce voyageur ne pourra pas pour cela être mis en état d'arrestation préventive, mais il sera tenu de justifier de son identité. S'il le fait, la compagnie pourra très-bien soit se faire payer le prix de la place, soit diriger des poursuites contre lui. S'il ne peut pas justifier de son identité et s'il n'a pas d'argent pour payer le prix de sa place, on pourra le détenir comme vagabond, en vertu de la loi du 10 vendémiaire an IV, et lorsqu'il aura été ainsi contraint de faire connaître son identité, il pourra être condamné à l'amende édictée par l'art. 21 de la loi de 1845.

Dans les gares où réside un commissaire de police spécial, les personnes arrêtées par ordre des commissaires de surveillance seront conduites devant le commissaire spécial, au lieu d'être remises entre les mains du commissaire de police de la localité. C'est ce qui résulte de la circulaire ministérielle du 10 mars 1857.

CHAPITRE III.

TRANSPORT DES MARCHANDISES.

SECTION PREMIÈRE.

Obligations de la Compagnie.

La première obligation de la compagnie de chemin de fer est d'effectuer le transport, suivant les conditions convenues avec l'expéditeur. C'est ce qui résulte de l'article 50 de l'ordonnance du 15 novembre 1846, ainsi conçu : « La compagnie sera tenue d'effectuer avec soin, exactitude et célérité, et sans tour de faveur, les transports des marchandises, bestiaux et objets de toute nature qui lui seront confiés Au fur et à mesure que des colis, des bestiaux ou des objets quelconques arriveront au chemin de fer, enregistrement en sera fait immédiatement, avec mention du prix total dû pour le transport. Le transport s'effectuera dans l'ordre des inscriptions, à moins de délais demandés ou consentis par l'expéditeur et qui seront mentionnés dans l'enregistrement. Un récépissé devra être délivré à l'expéditeur, s'il le demande, sans préjudice, s'il y a lieu, de la lettre de voiture. Le récépissé énoncera la nature et le poids des colis, le prix total du transport et le délai dans lequel ce transport devra être effectué ».

L'article 49 du cahier des charges reproduit les mêmes dispositions, en y apportant quelques modifications. Il s'exprime ainsi : « La compagnie sera tenue d'effectuer constamment, avec soin, exactitude et célérité, et sans tour de faveur, le transport des bestiaux, denrées, marchandises et objets quelconques qui lui seront confiés. Les colis, bestiaux et objets quelconques seront inscrits à la gare d'où ils partent et à la gare où ils arrivent, sur des registres spéciaux, au fur et à mesure de leur réception; mention sera faite sur les registres de la gare de départ, du prix total dû pour leur transport. Pour les marchandises ayant une même destination, les expéditions auront lieu suivant l'ordre de leur inscription à la gare de départ. Toute expédition sera constatée, si l'expéditeur le demande, par une lettre de voiture, dont un exemplaire restera aux mains de la compagnie et l'autre aux mains de l'expéditeur. Dans le cas où l'expéditeur ne demanderait pas de lettre de voiture, la compagnie sera tenue de lui délivrer un récépissé qui énoncera la nature et le poids du colis, le prix total du transport et le délai dans lequel ce transport devra être effectué. »

L'ordonnance de 1846 ne prescrivait l'enregistrement des marchandises qu'à la gare de départ. Le cahier des charges exige que cette formalité soit aussi remplie à la gare d'arrivée. Cela facilite la surveillance des envois, et permet de contrôler pendant combien de temps les marchandises sont restées en route.

L'ordonnance admettait que l'expéditeur pût consentir des

délais pour le départ de ses envois; l'article 49 du cahier des charges est muet à cet égard, mais il doit être complété par l'article 50 qui permet d'établir un tarif réduit, approuvé par le ministre, pour tout expéditeur qui acceptera des délais plus longs que ceux déterminés pour la petite vitesse.

L'ordonnance disait qu'une lettre de voiture serait délivrée, s'il y a lieu. Des compagnies ont prétendu qu'on ne pouvait pas les obliger à dresser des lettres de voiture. Le cahier des charges lève toute incertitude, en disant : La compagnie devra délivrer une lettre de voiture, si l'expéditeur l'exige.

Enfin, en ce qui touche le récépissé à délivrer à l'expéditeur, le cahier des charges innove encore. L'ordonnance disait que que le récépissé serait délivré, si l'expéditeur le demande. Le cahier des charges oblige les compagnies à en délivrer un à l'expéditeur, même s'il ne le demande pas.

Ainsi, la première obligation des compagnies de chemins de fer est d'effectuer le transport des marchandises selon les conditions imposées par les articles 49 et suivants du cahier des charges. Elles doivent procéder avec ordre et régularité aux expéditions, c'est ce que décide l'article 49. L'article 50 détermine les délais dans lesquels les transports doivent être effectués. Il fixe les délais dans lesquels les marchandises doivent être expédiées, le temps qu'elles doivent rester en route, le délai dans lequel elles doivent être remises au destinataire après l'arrivée. Cet article est ainsi conçu : « Les animaux, denrées, marchandises et objets quelconques seront expédiés et livrés de gare en gare dans les délais résultant des conditions ci-après exprimées : 1° Les animaux, denrées, marchandises et objets quelconques, à grande vitesse, seront expédiés par le premier train de voyageurs comprenant des voitures de toutes classes, et correspondant avec leur destination, pourvu qu'ils aient été présentés à l'enregistrement trois heures avant le départ de ce train. Ils seront mis à la disposition des destinataires, à la gare, dans le délai de deux heures après l'arrivée du même train ;

2° Les animaux, denrées, marchandises et objets quelconques, à petite vitesse, seront expédiés dans le jour qui suivra celui de la remise; toutefois, l'administration supérieure pourra étendre ce délai à deux jours. Le maximum de durée du trajet sera fixé par l'administration sur la proposition de la compagnie, sans que ce maximum puisse excéder 24 heures par fraction indivisible de 125 kilomètres. Les colis seront mis à la disposition des destinataires dans le jour qui suivra celui de leur arrivée en gare. »

Les dispositions de cet article du cahier des charges ont été complétées par un arrêté ministériel du 15 avril 1859 qui a été lui-même abrogé et remplacé par un autre arrêté ministériel en date du 12 juin 1866.

Cet arrêté du 12 juin 1866 est divisé en deux parties : la première est relative aux expéditions à grande vitesse, la seconde aux expéditions à petite vitesse. Voici les dispositions principales de cet arrêté ministériel :

Après avoir rappelé dans son article 2 les dispositions de l'article 50 du cahier des charges, c'est-à-dire que les animaux ou objets à expédier par la grande vitesse doivent être présentés à l'enregistrement trois heures avant l'heure du départ du train, faute de quoi ils doivent être remis au train suivant, l'arrêté, dans son article 3, fixe le délai de transmission d'un réseau a l'autre, lorsque la marchandise doit voyager sur plusieurs réseaux. L'article 3 de l'arrêté ministériel du 15 avril 1859 ne prévoyait que le cas où les marchandises devaient voyager sur plusieurs lignes. Un réseau est formé de plusieurs lignes. C'est ainsi, par exemple, que le réseau du Nord comprend la ligne de Paris à Boulogne, la ligne de Paris à Calais ; celle de Paris à Dunkerque ; celle de Paris à Lille ; celle de Paris à Valenciennes ; celle de Paris à Erquelines. Toutes ces lignes ne sont que des sections du réseau du Nord. Il y a aussi le réseau de l'Est, celui de l'Ouest, celui d'Orléans, celui de Paris à Lyon et à la Méditerranée et le réseau du Midi. Il y a en France six grands réseaux.

Lh bien, l'article 3 de l'arrêté ministériel du 12 juin 1866 prévoit le cas où des marchandises doivent voyager non pas sur plusieurs lignes, mais sur plusieurs réseaux, et il est ainsi conçu : « Pour les animaux, denrées, marchandises et objets quelconques passant d'un réseau sur un autre, sans solution de continuité, le délai de la transmission sera de trois heures, à compter de l'arrivée du train qui les aura apportés au point de jonction, et l'expédition, à partir de ce point, aura lieu par le premier train de voyageurs comprenant des voitures de toutes classes dont le départ suivra l'expiration de ce délai Le délai de transmission entre les réseaux, qui, aboutissant dans une même localité, n'auraient pas de gare commune, sera porté à huit heures, non compris le temps pendant lequel les gares sont fermées, conformément aux 2ᵉ et 3 paragraphes de l'article 5 du présent arrêté, et il sera de la même durée entre les diverses gares de Paris, formant têtes de ligne, jusqu'à ce que le service de la grande vitesse, entre lesdites gares, ait été organisé sur le chemin de fer de Ceinture. » Remarquons que le service de la ligne de Ceinture de Paris est actuellement ouvert au service de grande vitesse. sur tout son parcours circulaire autour de Paris. Par conséquent, le délai de transmission des marchandises entre les diverses gares de Paris sera actuellement de trois heures et non plus de huit heures, pour l'expédition par grande vitesse bien entendu, puisque nous ne nous occupons pas présentement du transport à petite vitesse.

Voilà pour les délais dans lesquels les marchandises doivent être expédiées. Voyons maintenant dans quels délais les marchandises doivent être mises à la disposition des destinataires. L'article 4 du même arrêté ministériel décide que les expéditions seront mises à la disposition des destinataires, à la gare, deux heures après l'arrivée du train qui les a apportées. L'article 5 décide que les marchandises arrivant de nuit ne seront mises à la disposition des destinataires que deux heures après l'ouverture des gares, à moins qu'il ne s'agisse de denrées destinées à l'approvisionnement de Paris. Ces marchandises seront remises à la disposition des destinataires, de nuit comme de jour, deux heures après l'arrivée du train à la gare.

Voilà les dispositions de cet arrêté ministériel sur les expéditions de marchandises à grande vitesse. L'article 6 dit que les animaux, denrées, marchandises et objets quelconques, à petite vitesse, seront expédiées dans le jour qui suivra celui de la remise. La durée du trajet, selon l'article 7, sera calculée à raison de vingt-quatre heures par fraction indivisible de 125 kilomètres. Ne seront pas comptés les excédants de distances jusques et y compris 25 kilomètres. Ainsi, 150 kilomètres compteront comme 125 ; 275 comme 250. Lorsque les marchandises doivent être expédiées sur plusieurs réseaux, il est accordé aux compagnies un jour de délai pour la transmission d'un réseau à l'autre, lorsque ces réseaux, aboutissant à la même localité, ont une gare commune. S'ils n'ont pas de gare commune, le délai de transmission d'un réseau à l'autre est de trois jours. A Paris, la durée accordée pour la transmission d'une gare à l'autre par le chemin de fer de Ceinture est de deux jours. C'est ce qui résulte de l'article 9 de cet arrêté du 12 juin 1866.

Les expéditions, ajoute l'article 10, seront mises à la disposition des destinataires dans le jour qui suivra celui de leur arrivée effective en gare.

L'article 12 décide que la fixation des délais, pour le transport à petite vitesse, dont nous venons de parler, et qui est effectué aux prix et aux conditions des tarifs généraux, ne fait pas obstacle à la fixation de délais plus longs dans les tarifs spéciaux ou communs, comme compensation d'une réduction de prix. De cette façon, en effet, tout le monde y trouve un avantage : L'expéditeur paye moins cher à la compagnie qui y trouve également son intérêt, puisqu'elle a plus de latitude pour effectuer le transport.

Ainsi, pour nous résumer sur cette importante question des délais d'expédition et de mise à la disposition des destinataires, nous voyons qu'il faut distinguer entre les transports à grande vitesse et les transports à petite vitesse, puis ensuite, qu'il faut examiner si les transports doivent s'effectuer soit à grande, soit à petite vitesse dans un réseau seulement ou dans plusieurs réseaux.

Si le transport doit s'effectuer à grande vitesse, les marchandises doivent être expédiées par le premier train de voyageurs comprenant des voitures de toutes classes, pourvu qu'elles aient été présentées à l'enregistrement trois heures avant le départ de ce train, faute de quoi elles ne seront expédiées que par le train suivant. Lorsqu'elles doivent voyager sur plusieurs réseaux le délai de la transmission est de trois heures ou de huit heures, suivant que les différentes compagnies ont ou n'ont pas de gare commune. Les marchandises devront être mises à la disposition des destinataires deux heures après leur arrivée ou après l'ouverture de la gare, si le train est arrivé la nuit.

Si le transport doit s'effectuer à petite vitesse, les marchandises seront expédiées dans le jour qui suivra la remise. La durée du trajet sera de 24 heures par 125 kilomètres. Lorsqu'elles doivent voyager sur plusieurs réseaux, le délai de transmission est de un jour ou de trois jours, suivant qu'il y a ou qu'il n'y a pas une gare commune. A Paris, le délai est de deux jours. Les marchandises seront enfin mises à la disposition des destinataires le lendemain de leur arrivée.

Voilà ce que décide l'arrêté ministériel du 12 juin 1866, mais les événements de guerre 1870-1871 ont motivé diverses mesures exceptionnelles, qui ont dérogé à cet arrêté ministériel. On a réquisitionné tout le matériel pour assurer le service militaire et par conséquent les compagnies ont été autorisées à suspendre les trains de voyageurs et de marchandises. Elles étaient, en quelque sorte, aux ordres du ministre de la guerre. C'est ce qui résulte de plusieurs arrêtés ministériels et de plusieurs décrets de la délégation de Tours. Ainsi, par exemple, l'art. 1er du décret du 23 octobre 1870 s'exprimait ainsi : Pendant la durée de la guerre, le ministre de la guerre peut, à tout instant, si les circonstances militaires l'exigent, suspendre la circulation des trains de voyageurs et de marchandises sur une ou plusieurs lignes de chemins de fer.

Même après la guerre, le matériel des compagnies a été réquisitionné par un arrêté ministériel du 11 avril 1871, qui a suspendu provisoirement l'exécution de l'arrêté du 12 juin 1866, pour des transports d'intérêt général, tels que ceux effectués pour l'évacuation des troupes étrangères ou pour le rapatriement de nos malheureux prisonniers.

Ces réquisitions du matériel jointes au désarroi qui régnait dans toutes les compagnies, à la suite de cette malheureuse guerre et pendant l'épouvantable insurrection qui la suivit, amenèrent dans les transports la perturbation dont l'opinion publique s'est émue, à juste titre, à la fin de l'année dernière.

Aujourd'hui, tous ces terribles événements sont passés et la crise a disparu. Depuis le 1er avril 1872 on est revenu à l'application des conditions normales : c'est-à-dire à l'arrêté du 12 juin 1866. C'est ce qui résulte de l'arrêté ministériel du 29 février 1872, approuvé par décret du président de la république, en date du même jour.

Voilà la première obligation qui est imposée aux compagnies de chemins de fer : Transporter les marchandises qui lui sont confiées dans les délais réglementaires et suivant les conditions imposées par la loi.

Là ne se bornent pas les obligations des compagnies.

Lorsque les marchandises arrivent à destination, les compagnies sont soumises à l'obligation de magasinage. La compagnie est obligée, à l'arrivée des marchandises, d'envoyer une lettre d'avis au destinataire. L'envoi de cette lettre a pour but, cela va sans dire, de prévenir le destinataire, puis de faire courir un délai de quarante-huit heures, passé lequel, le destinataire est obligé de payer, à la compagnie, un droit de magasinage qui est établi par les tarifs dont les chiffres sont fixés, chaque année, par le ministre des travaux publics sur la proposition des compagnies, conformément à l'art. 47 du cahier des charges général. Mais cette fixation des tarifs n'a pas lieu en fait chaque année. C'est encore un arrêté ministériel du 30 avril 1862 qui est encore en vigueur avec les modifications apportées par un arrêté ministériel du 10 octobre 1871 d'abord, puis ensuite par un arrêté du 12 janvier 1872. Ces derniers arrêtés ont pour but d'augmenter les taxes du magasinage, parce qu'il fallait nécessairement faire cesser l'encombrement des gares qui était une des causes principales de la lenteur du service des transports. Il fallait nécessairement assurer la prompte évacuation des gares de marchandises, c'est pourquoi on a élevé les taxes de magasinage qui doivent être payées par les destinataires.

Ainsi, la mise à la poste de la lettre d'avis fait courir le délai passé lequel le destinataire doit payer les taxes de magasinage. En cas de désaccord sur les dates, le timbre de la poste fait foi. La compagnie est donc obligée d'envoyer une lettre d'avis au destinataire. Mais, pour cela il faut que le nom du destinataire soit désigné sur l'envoi remis au chemin de fer ; en principe, il doit l'être, mais, par suite d'une tolérance accordée au commerce, on n'exige pas toujours l'indication de l'adresse du destinataire, notamment lorsque les marchandises doivent être remises à un porteur d'ordre d'enlèvement. Dans ce cas, la compagnie est tout naturellement dispensée de l'envoi d'un avis d'arrivée, puisque le destinataire s'est engagé implicitement à faire les diligences nécessaires pour que les marchandises soient retirées en temps utile de la gare, sous peine de l'application des frais de magasinage.

Dans tous les cas, lorsque les marchandises ne sont pas réclamées, les frais de magasinage courent à la charge du destinataire. Lorsqu'il y a un certain temps que ces marchandises non réclamées sont en gare, la compagnie peut, en vertu d'un arrêté ministériel du 12 janvier 1872, les faire camionner d'office, soit au domicile du destinataire, soit dans un magasin public.

Nous avons ici à reprendre l'examen d'une question dont nous avons déjà dit quelques mots dans le chapitre précédent, à propos des bagages des voyageurs, nous avons à parler du cas où les bagages ou les marchandises ne sont pas réclamés par les propriétaires, par l'expéditeur ou le destinataire. Nous savons déjà qu'il faut distinguer, suivant que les bagages ou marchandises ont été ou non enregistrés.

Dans le cas où il y a eu enregistrement des colis qui ne sont pas réclamés et qu'on n'a pu faire parvenir aux destinataires, on appliquera les dispositions prescrites par le décret du 13 août 1810 dont voici les décisions : Les ballots, caisses, malles, paquets et tous autres objets qui auraient été confiés pour être transportés dans l'intérieur de l'empire, à des entrepreneurs de transport, lorsqu'ils n'auront pas été réclamés dans le délai de six mois, à compter du jour de l'arrivée au lieu de leur destination, seront vendus, par voie d'enchères publiques, à la diligence de la régie de l'enregistrement et après l'accomplissement des formalités suivantes : A l'expiration du délai de six mois, les entrepreneurs de transport devront faire, aux préposés de la régie de l'enregistrement, la déclaration des objets qui se trouveront dans le cas d'être vendus. Alors il sera procédé par le juge de paix, en présence des préposés de la régie de l'enregistrement et des entrepreneurs de messageries ou de roulage, à l'ouverture et à l'inventaire des ballots, malles, caisses et paquets. Les préposés de la régie de l'enregistrement seront tenus de faire insérer dans les journaux, un mois avant la vente des objets non réclamés, une note indiquant le jour et l'heure fixés pour la vente, et contenant, en outre, les délais propres à ménager aux propriétaires des objets la faculté de les reconnaître et de les réclamer. Après la vente, il sera fait un état séparé du produit, pour le cas où il surviendrait, dans un délai de deux ans, à compter du jour de la vente, quelque réclamation susceptible d'être accueillie.

Ce décret du 13 août 1810 s'applique aux bagages et aux colis de toutes sortes qui ont été enregistrés. Notons, que pour les marchandises transportées par les compagnies il ne peut y avoir, dans la pratique, que ce décret de 1810 qui soit applicable, puisque évidemment la compagnie ne transportera pas des marchandises qui n'auront pas été enregistrées, il faudrait, pour cela, que les agents de la compagnie aient omis l'enregistrement ou bien que les expéditeurs aient eux-mêmes placé dans le train les marchandises qu'ils veulent expédier, ce que l'on ne peut guère supposer. Pour les bagages, au contraire, une autre situation peut se présenter. Il peut se faire qu'ils n'aient pas été enregistrés et qu'ils aient été oubliés par les voyageurs qui ne les réclament pas, alors on appliquera, non plus le décret de 1810, mais le droit commun, comme nous allons le voir.

Avant d'examiner cette question, disons que les compagnies ont droit de percevoir une taxe de magasinage pour les objets remis à l'administration du domaine, en vertu du décret de 1810. Le montant de cette taxe est fixé par un arrêté ministériel du 20 avril 1863. Il s'élève à 36 francs par tonne de 1,000 kilogrammes, et pour six mois seulement de garde ; c'est un prix fixe. Si les marchandises restent plus de six mois en magasins, la compagnie ne peut pas prétendre à un droit plus élevé. Dans tous les cas, le montant du droit à percevoir par la compagnie ne pourra pas être supérieur au prix de la vente faite par l'administration du domaine.

Arrivons maintenant au cas où les bagages ou colis, qui ne sont pas réclamés, n'ont pas été enregistrés. Pour ces objets, il faut avoir recours au droit commun, c'est-à-dire aux règles applicables à toutes les espèces d'épaves qui ne font pas l'objet d'une loi spéciale. Recherchons quel est ce droit commun. Dans l'ancien droit, les épaves terrestres appartenaient en totalité au seigneur justicier. Il y avait certains pays où la personne qui les avait trouvées avait droit à un tiers, et les deux autres tiers étaient attribués au seigneur justicier. La Révolution a aboli le droit d'épaves par la loi du 20 août 1791, titre 1", article 7; mais elle n'a pas désigné quelles seraient les personnes qui bénéficieraient des épaves. Il y a des personnes qui prétendent que c'est l'État qui doit en profiter, soit parce qu'on doit le considérer comme étant substitué aux seigneurs justiciers par cette loi de 1791, soit en vertu de l'article 713 du Code civil, qui attribue à l'État les biens sans maîtres. Nous ne pouvons pas admettre cette opinion, et les deux arguments mis en avant par ce système tombent facilement, si on considère, d'une part, que, de ce que les seigneurs justiciers n'existent plus, il ne résulte pas implicitement que les droits qui leur appartenaient sont désormais attribués à l'État, et si, d'autre part, on examine avec soin l'article 713. Que dit-il, en effet? Il attribue à l'État les biens sans maître. Eh bien, on ne peut pas considérer les objets trouvés comme étant des biens sans maître, car il y a un maître, un propriétaire; il est inconnu, voilà tout. Ce système doit donc être rejeté, et il faut résoudre la question par les principes. Celui qui a trouvé l'objet perdu, le colis ou le bagage, dans notre cas, est en possession; il faut, par conséquent, décider qu'il a droit d'être maintenu en possession, tant que personne ne se présente pour revendiquer utilement la propriété, c'est-à-dire tant que personne ne prouve son droit de propriété. Lui seul a un droit sur cette chose, tant que personne ne peut justifier d'un droit préférable. Au reste, l'administration, le gouvernement reconnaissent parfaitement que l'État n'a aucun droit sur les objets trouvés. C'est ce qui résulte d'une décision du ministre des finances, en date du 3 août 1825, qui contient, entre autres, ces expressions qui sont décisives : « Considérant qu'il importe de laisser à l'inventeur l'espoir de profiter un jour de ce qu'il a trouvé ». C'est ce qui résulte encore, d'une façon plus spéciale au sujet qui nous occupe, d'une autre décision du ministre des finances, en date du 24 janvier 1863. Il s'agissait, dans l'espèce, de bijoux trouvés sur la voie ferrée, et qui avaient été revendiqués tout à la fois par la compagnie, par l'agent de la police qui les avait trouvés et par le domaine. La compagnie, dit la décision, n'a pas droit aux épaves. L'inventeur y a droit, lorsque cet inventeur est un simple particulier, sans lien avec l'établissement ni le voyageur, et qui, de bonne foi, s'est occupé en vain de découvrir les propriétaires de la chose perdue. Mais si l'inventeur est un préposé de la compagnie ou un agent de surveillance; si un devoir, une mission, le réduit au rôle de détenteur précaire, l'épave, dont le maître n'a pu être découvert, n'étant pas non plus légalement possédée, appartient à la nation, au domaine de l'État, après l'accomplissement des formalités prescrites. Ainsi donc, si au moment du dépôt des objets trouvés, le simple particulier réserve son droit d'invention, il y a lieu de faire application des dispositions relatives aux objets trouvés sur la voie publique. Si, au contraire, le dépôt est fait par une personne employée par la compagnie ou par un particulier qui ne se réserve pas son droit d'inventeur, l'objet appartient à l'État.

On le voit, cette décision de 1863, comme celle de 1825, reconnaît le principe que l'épave doit revenir au particulier qui l'a trouvée. Il ne faut donc pas être plus royaliste que le roi, et attribuer quand même à l'État un objet sur lequel il n'élève pas de prétention. On pourrait peut-être même critiquer la distinction qui est faite par la décision de 1863, et dire que même, si l'inventeur est un agent de la compagnie, l'épave doit lui être attribuée. On ne voit pas bien, en effet, pourquoi, dans ce cas, l'État élève des prétentions sur l'objet trouvé, alors qu'il y renonce absolument, lorsque l'inventeur est un simple particulier.

Les deux décisions ministérielles que nous venons de citer parlent de dépôt des objets à effectuer par l'inventeur, mais nous pensons que c'est là un simple avis, un simple conseil donné à l'inventeur et qu'il n'y a pour lui aucune obligation. Nous pensons que l'inventeur peut très-bien détenir lui-même la chose, tout en faisant, bien entendu, toutes les recherches nécessaires pour retrouver le propriétaire.

La décision du ministre des finances du 3 août 1825, et plusieurs actes ministériels, notamment une circulaire du 25 août 1862, invoquent, pour reconnaître le droit de l'inventeur sur l'objet trouvé, la règle de l article 2279 du Code civil. Cela demande nécessairement quelques explications. Qu'a voulu dire le ministre des finances en invoquant la règle : « En fait de meubles, la possession vaut titre » ? Est-il bien juste d'invoquer l'article 2279 au profit de l'inventeur d'un objet perdu ? Nous n'hésitons pas à répondre négativement, car l'article 2279 n'est nullement applicable à celui qui a trouvé un objet perdu. En effet, que signifie cet article ? Le premier paragraphe : « En fait de meubles, possession vaut titre » signifie que le possesseur d un meuble qui est de bonne foi peut repousser l'action en revendication intentée contre lui. Ce n'est évidemment pas notre cas, puisque l'inventeur d'un objet trouvé ne peut évidemment pas se prétendre possesseur de bonne foi ; il sait, en effet, très-bien que la chose ne lui appartient pas, puisqu'il l'a trouvée, et que, par conséquent elle appartient à une autre personne qui pourra parfaitement la revendiquer. La règle de l'article 2279 ne protège que le tiers-acquéreur de bonne foi, et ce n'est pas notre cas, elle ne peut donc pas être invoquée par l'inventeur. Au reste, l'article 2279 2° ne peut laisser aucun doute à cet égard, puisqu'il admet la revendication de l'objet trouvé par le propriétaire de cet objet, même contre le tiers-acquéreur de bonne foi, pendant trois ans. Si le premier paragraphe de l'article 2279 ne peut pas être invoqué par l'inventeur peut-il au moins invoquer le deuxième paragraphe et repousser la revendication si le délai de trois années est écoulé ? Non, pas davantage, car le deuxième paragraphe est écrit comme le premier, seulement pour protéger le tiers-acquéreur de bonne foi. Nous dirons donc, par conséquent, que le propriétaire de l'objet perdu pourra le revendiquer utilement contre l'inventeur, pendant le délai de la prescription ordinaire, c'est-à-dire pendant trente ans. Le ministre des finances a donc eu tort d'invoquer l'article 2279 pour reconnaître le droit de l'inventeur ; il devait dire simplement : L'inventeur étant possesseur de l'objet trouvé, il doit être maintenu en possession tant que personne ne prouve son droit de propriété sur cet objet.

Nous avons déjà vu deux obligations qui résultent pour les compagnies du contrat de transport. Elles doivent : 1° effectuer le transport dans les délais fixés par les lois et règlements ; 2° emmagasiner les marchandises à leur arrivée à destination et prévenir les destinataires par une lettre d'avis.

La troisième obligation qui est imposée aux compagnies consiste dans la tenue des registres commerciaux. L'article 1785 du Code civil, et l'article 96 du Code de commerce l'exigent. Les compagnies doivent tenir registre de l'argent, des effets et des paquets dont elles se chargent. Nous avons vu qu'il n'était pas nécessaire pour que le contrat de transport existât et produisît tous ses effets, qu'il y eût une lettre de voiture. L'obligation imposée aux voituriers de tenir registre des bagages et marchandises n'est pas non plus essentielle pour l'existence et la validité du contrat de transport. Seulement, les voituriers qui ne tiendraient pas de registres commerciaux s'exposeraient à des contestations sans nombre.

Indépendamment des deux articles que nous venons de citer et qui sont applicables à tous les voituriers, il y a des textes spéciaux pour les compagnies de chemins de fer. Nous avons l'article 49 du cahier des charges et l'article 50 de l'ordonnance du 15 novembre 1846 qui exigent que les colis, bestiaux et objets quelconques soient inscrits à la gare d'où ils partent et à la gare où ils arrivent sur des registres spéciaux, au fur et à mesure de leur réception, et que mention soit faite, sur les registres de la gare du départ, du prix total dû pour le transport.

Enfin, la quatrième obligation qui est imposée aux compagnies de chemins de fer est celle de réparer les dommages causés par suite de perte ou d'avaries des marchandises, ou par suite de retards dans l'expédition, à moins, bien entendu, qu'il y ait eu force majeure, et encore faut-il, dans ce cas, que la compagnie établisse qu'il lui a été tout-à-fait impossible d'éviter le retard ou bien la perte et les avaries des marchandises. Cette quatrième obligation qui est imposée aux compagnies de chemins de fer résulte des art. 1782 et suivants du Code civil. En effet, l'art. 1784 dit que les voituriers sont responsables de la perte et des avaries des choses qui leur sont confiées, à moins qu'ils ne prouvent qu'elles ont été perdues et avariées par cas fortuit ou de force majeure. Les compagnies sont aussi soumises aux obligations qui pèsent sur le dépositaire, car elles sont bien dépositaires des marchandises qu'elles doivent transporter. Ainsi, par exemple, elles seraient responsables, selon l'art. 1953 du Code civil, du vol ou du dommage des effets du voyageur, ou de toutes espèces de marchandises, soit que le vol ait été fait ou que le dommage ait été causé par les agents de l'administration ou par des étrangers circulant dans les gares, à moins qu'il n'y ait eu force majeure; par exemple, si les vols ont été commis avec force armée. C'est ce que décide l'article 1954.

La jurisprudence a consacré, pour les voies ferrées, le principe de responsabilité de droit commun applicable aux voituriers en général. En effet, une compagnie de chemins de fer est assujettie, pour le transport des marchandises, aux conditions de responsabilité imposées aux voituriers par les articles 1782 et suivants du Code civil. Ainsi s'exprime un arrêt de la cour de Paris du 25 novembre 1856.

Nous allons examiner séparément la responsabilité des compagnies en ce qui concerne la perte ou les avaries d'une part et le retard dans l'expédition des marchandises d'autre part, puis, nous verrons ce qu'il faut entendre par cas fortuit et cas de force majeure, qui, lorsqu'ils existent, font disparaître la responsabilité des compagnies, qu'il s'agisse, soit de perte totale ou partielle, c'est-à-dire d'avaries, soit de retards dans l'expédition.

Par cela seul que les compagnies ne remettent pas les mar-

chandises aux destinataires ou les lui remettent en mauvais
état, c'est-à-dire, par cela seul qu'il y a perte totale ou partielle, elles sont présumées en faute. Si elles prétendent le contraire, c'est à elles qu'incombe le fardeau de la preuve. C'est le
droit commun : « Reus excipiendo fit actor et actori incumbit
« onus probandi ». Elles doivent prouver qu'il y a cas fortuit
ou force majeure ou tout autre motif qui a amené la perte ou
la détérioration des marchandises, et qui, par conséquent, les a
empêchées de les amener en bon état à destination. Nous verrons plus loin les cas fortuits et les cas de force majeure. Pour le
moment nous allons examiner les autres causes qui peuvent
faire disparaître la responsabilité des compagnies.

Parmi ces autres causes nous mentionnerons d'abord le défaut d'enregistrement provenant du fait de l'expéditeur. Il est
évident que, dans ce cas, la compagnie ne peut pas être déclarée
responsable de la perte. En effet, il n'y a pas sa faute, elle
ignore même que le colis lui a été remis. Il en serait autrement si le défaut d'enregistrement provenait du fait de la compagnie, car, dans ce cas, elle serait en faute et par conséquent
sa responsabilité serait complétement engagée. Il est quelquefois difficile de savoir si l'enregistrement n'a pas eu lieu par le
fait du voiturier ou par celui du voyageur. Ainsi, un voyageur
réclame un colis qu'il dit avoir remis à un employé de la compagnie, la remise à l'employé est prouvée, et le colis est perdu ;
que décider ? Il faut rechercher à quel employé le colis perdu
a été remis. S'il a été remis à un employé préposé spécialement à la réception et à l'enregistrement des bagages et des
marchandises, il est évident que le défaut d'enregistrement provient du fait de la compagnie et qu'elle est responsable. Si, au
contraire, il a été remis à un employé quelconque de la compagnie, il est également évident que celle-ci n'est pas responsable, parce qu'on ne peut pas lui imputer le défaut d'enregistrement ; ce fait est imputable à l'expéditeur qui doit en subir
toutes les conséquences. L'expéditeur objecterait en vain que

la compagnie est responsable de ses employés. Elle répliquerait qu'elle ne peut être responsable de ses employés qu'autant qu'ils remplissent les fonctions auxquels ils ont été préposés.

Lorsque l'enregistrement n'a pas pu avoir lieu par le fait de la compagnie, il est évident qu'elle est responsable. Ainsi, par exemple, pour faire enregistrer les bagages on ne peut être admis dans la salle d'enregistrement des bagages qu'autant qu'on est muni de son billet de place. C'est au moins un usage adopté par presque toutes les compagnies. On conduit les bagages dans la salle où ils doivent être enregistrés, puis le voyageur va prendre son billet de place et vient ensuite faire enregistrer ses bagages. Que décider si, dans ce cas, ses bagages ont disparu ? Il est évident que la compagnie doit être déclarée responsable, puisque c'est à cause de son règlement, et par conséquent par son fait, si l'enregistrement n'a pas eu lieu.

Une autre cause qui ferait disparaître la responsabilité de la compagnie et qui équivaut à l'absence d'enregistrement serait l'absence de déclaration ou la fausse déclaration de la valeur des objets compris dans les colis confiés par l'expéditeur à la compagnie. Par exemple, une caisse contient des matières précieuses, des valeurs d'or ou d'argent, l'expéditeur, pour se soustraire aux taxes édictées par des tarifs spéciaux pour le transport de valeurs de cette espèce, se dispense de déclarer ce que contient cette caisse ou fait une déclaration fausse; il dit qu'elle contient, par exemple, des vêtements, puis cette caisse est perdue, l'expéditeur pourra-t-il invoquer la responsabilité de la compagnie pour se faire payer par elle la valeur réelle des objets qui sont perdus ? Évidemment non, attendu que, dans ce cas, l'expéditeur faisant fraude aux droits de la compagnie, n'a payé le prix de transport qu'en raison du poids matériel, alors que la désignation des objets renfermés dans les colis aurait donné lieu à une perception dix ou vingt fois plus forte. Il ne peut donc pas, dans ce cas, être admis à réclamer de la compa-

gnie une indemnité dont elle n'a pas couru la chance ni reçu la
compensation. Il ne peut pas imposer à la compagnie les conséquences des dissimulations pratiquées à son détriment. La
responsabilité ne peut résulter que du contrat qui s'est formé
entre l'expéditeur et la compagnie; eh bien, il ne s'est pas formé
un contrat de transport de matières précieuses, la compagnie
ne peut donc pas en être déclarée responsable.

Nous venons de poser le principe que la compagnie était responsable de la perte des objets qui lui sont confiés; mais comment établira-t-on la valeur des objets perdus ? Il faut distinguer si l'expéditeur a déclaré à la compagnie la valeur des colis
qui a été mentionnée sur les registres selon les dispositions de
l'art. 96 du Code de commerce, ou bien s'il n'a fait aucune déclaration. Dans le premier cas il n'y a pas de difficultés, la compagnie devra payer la valeur indiquée ; dans le second, c'est à
l'expéditeur à prouver la valeur qu'il attribue aux colis perdus.
Il fera la preuve par tous les moyens possibles, conformément
à l'art. 109 du Code de commerce, car n'oublions pas que nous
sommes ici en matière commerciale, et que les rapports entre
l'expéditeur et la compagnie sont régis par les textes sur les
commissionnaires et les voituriers par les art. 96 à 108 du
Code de commerce.

La compagnie est responsable en cas de perte partielle
comme en cas de perte totale. La perte partielle n'est autre
chose qu'une avarie survenue au détriment de la marchandise
transportée. La compagnie doit réparer le dommage qui en résulte, à moins qu'elle ne prouve qu'il y a eu force majeure ;
c'est ce que nous verrons plus loin; ou bien que l'avarie a été
causée par le vice propre de la chose ou par la faute de l'expéditeur. C'est ce qui résulte de l'art. 103 du Code de commerce.
Comme exemple d'avaries causées par le vice propre de la
chose, on peut citer les déperditions auxquelles sont sujets les
liquides. Il y a des liquides qui supportent difficilement le
voyage, il est évident alors que la compagnie ne doit pas être

responsable de ces détériorations, puisqu'elle n'y est pour rien. Il y a d'autres liquides qui diminuent par l'évaporation, il est évident alors que le destinataire ne peut pas se plaindre du vide qui peut exister dans le fût qu'on lui remet, la compagnie n'y est encore pour rien.

Quant aux avaries provenant de la faute ou du fait de l'expéditeur, c'est, en général, celles qui sont causées par un emballage défectueux. Il est évident qu'on ne peut pas, lorsque l'emballage est défectueux, rendre la compagnie responsable du bris ou du coulage ou de toute autre avarie survenant à cause de la faute de l'expéditeur. Si la compagnie s'aperçoit de cette défectuosité dans l'emballage, elle fera bien de ne pas accepter le colis, ou de l'accepter en constatant le mauvais état de l'emballage en se faisant donner, par l'expéditeur, décharge de la garantie à laquelle elle pourrait être exposée si des avaries se produisaient. Notons que cette stipulation est permise, car, dans ce cas, la compagnie ne stipule pas qu'elle ne répondra pas de sa faute ou de son fait, elle prend seulement ses précautions pour ne pas répondre d'avaries qui procéderaient d'un fait étranger à elle, du défaut d'emballage. Elle ne limite pas, en réalité sa garantie, puisqu'elle reste toujours tenue des avaries qui se produiraient par sa faute, elle ne fait que stipuler qu'elle ne répondra pas du fait d'autrui, ce qui est très-juste et très-licite.

La responsabilité des compagnies ne s'applique pas seulement au cas de perte totale ou partielle des colis qui lui sont confiés, elle s'étend encore, nous le savons déjà, au cas de retard dans l'arrivée de la marchandise, à moins qu'elle ne prouve qu'il y a eu cas fortuit ou force majeure. L'art. 102 du Code de commerce dit, en effet, que la lettre de voiture énonce le délai dans lequel le transport doit être effectué et l'indemnité due pour cause de retard. S'il n'y a pas de lettre de voiture, le récépissé qui est délivré à la place contient les mêmes énonciations. C'est ce que décide l'art. 49 du cahier des charges général et l'art. 15 de l'arrêté ministériel du 12 juin 1866. Si la lettre de voiture ou le récépissé ne contient la fixation d'aucun délai, nous penserons néanmoins que la compagnie est responsable du retard apporté dans l'expédition, car l'art. 50 du cahier des charges et l'arrêté ministériel du 12 juin 1866 contiennent des délais que la compagnie ne peut pas excéder, à moins d'une convention spéciale avec l'expéditeur, qui paiera alors un prix moins élevé en vertu d'un tarif spécial. Les compagnies de chemins de fer ont un monopole ; il est bien juste que les particuliers aient au moins certaines garanties contre les abus qui pourraient en résulter. Maintenant, nous nous empresserons d'ajouter que la compagnie ne doit pas des dommages-intérêts au destinataire, par cela seul qu'il y a eu retard dans l'expédition des marchandises. Il faut qu'un préjudice résulte évidemment de ce retard; il est clair, en effet, que, pour qu'il y ait dommages-intérêts, il faut nécessairement qu'il y ait un dommage, un préjudice. C'est ce qui a été décidé avec raison par la cour de cassation dans un arrêt du 8 août 1867.

Pour fixer le montant des dommages-intérêts, les tribunaux suivront les règles du droit commun qui sont posées par le Code civil dans les articles 1146 et suivants. Si la lettre de voiture ou le récépissé fixe le montant de l'indemnité qui sera due en cas de retard, la compagnie est débitrice de la somme indiquée, conformément à l'article 1152 du Code civil. Si le récépissé ne contient rien à cet égard, les tribunaux apprécieront et fixeront le montant des dommages-intérêts d'après le droit commun, c'est-à-dire que les dommages-intérêts seront en général de la perte que le destinataire a faite et du gain dont il a été privé, puisque les dommages-intérêts doivent, d'après l'article 1149, représenter tout le préjudice éprouvé. Mais la compagnie ne peut être tenue, selon l'article 1150, que des dommages-intérêts qu'on a pu prévoir lors du contrat, c'est-à-dire des dommages-intérêts directs, à moins, bien entendu, qu'il y ait eu dol de sa part, ce qui n'est guère admissible en matière de transport par chemins de fer. Les tribunaux ont, au reste, dans toutes ces affaires, un grand pouvoir d'appréciation.

Dans les lettres de voiture, il était d'usage d'insérer, au profit de l'expéditeur ou du destinataire, la clause suivante : En cas de retard dans l'expédition, le prix du transport sera diminué d'un tiers. Certains expéditeurs avaient voulu imposer cette clause aux compagnies de chemins de fer dans les lettres de voiture qu'ils demandaient. Ils invoquaient pour cela l'article 102 du Code de commerce qui décide que la lettre de voiture contiendra l'indemnité due pour cause de retard, et ils disaient : puisque l'usage est de fixer le montant de l'indemnité à un tiers du prix, cet usage doit s'appliquer aux compagnies de chemins de fer comme à tous les entrepreneurs de transport. Mais la cour de cassation n'a pas sanctionné cette prétention des expéditeurs. Elle a décidé, dans un arrêt du 27 janvier 1862, que les compagnies de chemins de fer, étant soumises à un régime réglementaire spécial, ne sauraient être obligées en vertu de l'article 102 du Code de commerce, d'accepter ou de subir la fixation à forfait, dans la lettre de voiture, d'une indemnité pour cause de retard, sous le prétexte d'un usage qui fixerait cette indemnité au tiers du prix. du transport. Les compagnies ne peuvent, à défaut de règlement administratif, être liées à cet égard que par leur consentement, et, en l'absence de convention préalable ou d'accord ultérieur sur l'indemnité pour cause de retard, c'est aux tribunaux à apprécier et à arbitrer cette indemnité, en raison du préjudice provenant du retard.

Nous savons que la compagnie est responsable en cas de perte totale ou partielle des marchandises, à moins qu'elle ne prouve qu'il n'y a pas eu enregistrement ou déclaration des valeurs transportées; que l'emballage était insuffisant; qu'il y a eu en un mot faute de l'expéditeur, ou bien que les objets ont péri totalement ou partiellement, par suite d'un vice propre, c'est-à-dire par suite d'une cause naturelle d'extinction ou de détérioration. Nous savons aussi qu'elle est responsable, en cas de retard dans l'expédition, à moins que ce retard n'ait causé aucun préjudice à l'expéditeur ou au destinataire.

A toutes ces fins de non-recevoir que les compagnies peuvent opposer aux expéditeurs ou aux destinataires prétendant se faire indemniser par elles, il faut ajouter la fin de non-recevoir, qui est peut-être la plus importante et qui se rapporte aussi bien à la perte totale ou partielle, qu'au retard dans l'expédition, savoir la fin de non-recevoir tirée des cas fortuits ou des cas de force majeure.

C'est un principe de droit commun qui veut que la responsabilité d'une personne cesse lorsqu'il y a cas fortuit ou force majeure. L'article 1148 du Code civil s'exprime ainsi : « Il n'y a lieu à aucuns dommages-intérêts, lorsque, par suite d'une force majeure ou d'un cas fortuit, le débiteur a été empêché de donner ou de faire ce à quoi il était obligé, ou a fait ce qui lui était interdit ».

Quelle différence y a-t-il entre les cas de force majeure et les cas fortuits ? Il y a cette différence que la force majeure implique le fait de l'homme, tandis que, sous le nom de cas fortuits, on comprend les événements qui ne procèdent que du hasard. Mais en fait, et dans la pratique, on emploie souvent ces expressions l'une pour l'autre. On peut dire qu'on doit entendre par cas de force majeure ou cas fortuits, les événements, quelle que soit leur cause, que la prudence et la vigilance d'un bon administrateur ne peut ni prévoir ni détourner. Nous allons rechercher, en prenant quelques espèces, quelles sont les conditions que doivent présenter les cas fortuits ou les cas de force majeure pour que la responsabilité des compagnies soit à couvert. Nous pouvons tout d'abord poser ce principe : que la responsabilité de la compagnie ne peut être à couvert qu'autant qu'il est parfaitement certain qu'elle n'a pu ni prévoir ni empêcher le préjudice, le désastre. S'il est prouvé que la compagnie n'a pas fait tout ce qu'elle pouvait faire, au moins pour diminuer l'importance du préjudice, elle sera responsable et passible de dommages-intérêts, malgré la présence du cas fortuit ou de la force majeure; seulement, ces dommages-intérêts seront moins élevés que si le préjudice avait été causé seulement et uniquement par la faute ou le fait de la compagnie. Il y a, en effet, à tenir compte de la circonstance difficile dans laquelle se trouvait placée la compagnie. Les tribunaux auront, au reste, un très-grand pouvoir d'appréciation, car il serait difficile de définir, de préciser ou de caractériser, à priori, les divers faits survenus dans les transports qui doivent être classés dans la catégorie des cas fortuits ou de force majeure. Ce doit donc être nécessairement à l'autorité judiciaire d'apprécier, dans chaque espèce, la limite qui sépare un fait de négligence ou d'imprévoyance du fait inattendu et auquel on n'a pu résister, qu'on appelle cas fortuit ou de force majeure.

On peut citer comme exemple de cas fortuit l'inondation de la voie ferrée. C'est ce qui a été jugé par le tribunal de commerce de la Seine le 21 janvier 1868. Il est évident que, dans ce cas, l'expéditeur ou le destinataire ne peuvent pas réclamer de dommages-intérêts à la compagnie qui n'a eu aucun pouvoir d'empêcher les inondations de se produire.

La violence d'une tempête exceptionnelle constitue encore un cas fortuit. Si donc, à cause de cette tempête, il y a eu déraillement, la compagnie n'est pas responsable envers les expéditeurs, à moins, bien entendu, qu'il soit prouvé que les agents de la compagnie n'ont pas fait tout ce qu'il était humainement possible de faire pour éviter le préjudice. Cette question sera laissée à l'appréciation des tribunaux. C'est ce qui a été jugé le 13 novembre 1868 par le tribunal civil de la Seine.

Parmi les cas de force majeure qui peuvent se présenter et qui exonèrent la compagnie de toute responsabilité, nous mentionnerons le vol et le pillage des marchandises, qui sont en gare, par les armées ennemies. Il est encore évident que, dans ce cas, la responsabilité de la compagnie est à couvert, puisque contre la force il n'y a pas de résistance possible utilement.

C'est ce qui a été jugé, à la suite des événements désastreux de la dernière guerre, par le tribunal de Charleville le 2 août 1871. Mais ici encore les tribunaux devront apprécier si réellement il n'y a pas faute de la compagnie qui doit faire, en temps de guerre, tout ce qui lui est possible pour sauver les marchandises qui lui sont confiées, d'abord pour les conserver à leurs propriétaires, et ensuite pour qu'elles ne puissent pas profiter à l'ennemi, peut-être au détriment de notre armée. Ainsi, par exemple, parmi toutes les mesures conservatoires que doit prendre la compagnie, nous citerons l'obligation d'évacuer les marchandises sur des stations où elles doivent être à l'abri du pillage. Il est clair, dans ce cas, que les frais faits par la compagnie devront lui être remboursés par les propriétaires des marchandises, puisque c'est dans leur intérêt que cette mesure a été prise. C'est ce qui a été décidé par le tribunal de commerce du Mans le 10 juin 1871.

Doit-on considérer l'insuffisance du matériel comme un cas de force majeure ? En principe non, car la compagnie doit disposer d'un matériel suffisant pour pouvoir satisfaire à tous les transports de marchandises qui peuvent se présenter. Cependant il peut se faire que l'insuffisance du matériel doive être considérée comme un cas de force majeure et exonérer, par conséquent, la compagnie de toute responsabilité. C'est ce qui s'est présenté pendant et après la dernière guerre. Le matériel était réquisitionné dans un but d'intérêt public pour le transport des armées et de leurs bagages. Il est clair que, dans ces conditions, les compagnies ne pouvaient pas être déclarées responsables des retards dans l'expédition des marchandises qui ont engendré la crise de transport qui a heureusement cessé aujourd'hui. Il y avait là un véritable cas de force majeure, puisque les compagnies n'avaient pas pu prévoir ces réquisitions nécessitées par des circonstances tout-à-fait inattendues et organiser leur matériel en conséquence.

Que déciderons-nous en cas d'incendie ? Dirons-nous qu'il y

a force majeure ? On ne peut pas répondre à priori à cette question, il faut nécessairement faire des distinctions : Si l'incendie a été allumé par des étincelles projetées par la locomotive, il est évident que la compagnie sera responsable et devra réparer le dommage causé. C'est là au reste une jurisprudence que l'on peut qualifier de constante. Elle a été encore sanctionnée par la cour d'Alger le 16 mars 1868. Si l'incendie provient de matières inflammables chargées par la compagnie, qui n'a pas pris les précautions nécessaires pour protéger les autres marchandises qui ont brûlé, il est encore évident qu'elle doit être déclarée responsable, même si l'incendie a été allumé par cas fortuit. C'est là, en effet, purement et simplement l'application du principe général contenu dans l'article 1382 du Code civil ainsi conçu : Tout fait quelconque de l'homme qui cause à autrui un dommage oblige celui par la faute duquel il est arrivé à le réparer.

La compagnie est responsable, jusqu'à la livraison effective au destinataire. Par conséquent, si un incendie éclate dans les magasins, la compagnie est tenue, à l'égard de tous les destinataires dont les marchandises ont été brûlées, de réparer le préjudice, à moins que les destinataires aient été régulièrement constitués en demeure de prendre livraison. C'est en vain que la compagnie, en cas de perte par suite d'incendie, exciperait du bon de livraison remis au destinataire, après l'arrivée en gare, de l'émargement du registre impliquant reconnaissance du bon conditionnement de la marchandise et du paiement du prix du transport, si, en fait, la marchandise est restée, soit en gare, soit dans les magasins de la compagnie autorisée, pour le cas, à percevoir un droit de magasinage. C'est ce qui a été jugé avec raison par la cour de Paris le 31 décembre 1856. En effet, comme nous l'étudierons plus loin, ce n'est que la réception des marchandises par le destinataire, et, par conséquent, la livraison par la compagnie, qui peut, en vertu de l'art 105 du Code de commerce, faire cesser la responsabilité du voiturier.

Nous arrivons maintenant à l'étude d'une question importante, qui est la suivante : les compagnies de chemins de fer peuvent-elles stipuler qu'en cas de perte totale ou partielle, ou en cas de retard, elles ne seront nullement responsables du préjudice ou bien qu'elles n'en seront responsables que jusqu'à une certaine limite? Nous n'hésitons pas à répondre négativement à cette question, comme nous l'avons déjà fait à propos des bagages des voyageurs. Les compagnies ne peuvent pas limiter leur responsabilité, ni stipuler qu'elles ne seront nullement responsables. Il y a, en effet, un principe de droit qui dit, que nul ne peut stipuler qu'il ne répondra pas de sa faute ou même simplement de son fait, et ce principe doit s'appliquer aux compagnies de chemins de fer comme à toute personne. La compagnie ne pourrait pas davantage se soustraire à la responsabilité, en inscrivant sur ses bulletins qu'en cas de perte, avarie ou retard, elle ne devra payer à l'expéditeur qu'une certaine somme, à titre d'indemnité. Cette clause n'est nullement prise en considération par les tribunaux, et cela se comprend, puisqu'ils n'admettent pas comme valable une stipulation du même genre, faite expressément, à plus forte raison, doivent-ils rejeter cette clause imprimée que l'expéditeur, le plus souvent, n'a pas lue, et qui, par conséquent, ne peut pas constituer une convention valable, puisque la première condition essentielle pour la validité des conventions fait absolument défaut, savoir l'accord des volontés des parties contractantes.

Nous rencontrons ici une différence importante, qu'il importe de signaler, entre les commissionnaires de transport et les voituriers, et par conséquent les compagnies de chemins de fer. Nous venons de dire que la jurisprudence n'admet pas comme valable la stipulation de non responsabilité faite par les compagnies, et nous voyons, au contraire, que l'article 98 du Code de commerce permet au commissionnaire qui se charge d'un transport, de s'affranchir, par une convention, par une clause insérée dans la lettre de voiture, de toute responsabilité en cas de perte, d'avarie ou de retard. A quoi attribuer cette différence? La justification en est excessivement simple, et la voici : c'est précisément parce que le principe que nul ne peut stipuler qu'il ne répondra pas de son fait ou de sa faute, n'est pas applicable au commissionnaire, puisqu'il ne fait pas le transport lui-même, et qu'il peut très-bien stipuler qu'il ne répondra pas de la faute ou du fait des compagnies qui transporteront les marchandises. S'il opérait le transport lui-même, alors nous déciderions que l'article 98 du Code de commerce ne pourrait pas s'appliquer, c'est-à-dire qu'il ne pourrait pas stipuler la clause de non garantie, puisqu'il serait lui-même un voiturier.

Il y a cependant un cas où la compagnie peut stipuler la clause d'irresponsabilité. C'est, nous l'avons déjà rencontré, le cas où l'emballage des colis est défectueux. Dans ce cas, en effet, elle ne fait que constater le mauvais état de l'emballage, et elle stipule qu'elle ne répondra pas des pertes ou avaries qui en proviendraient, mais elle restera, nonobstant cette clause, responsable des dommages qui pourraient survenir par suite de son fait ou de sa faute. On est, en effet, toujours responsable de son fait ou de sa faute.

Nous venons de voir en quoi consiste la responsabilité des compagnies de chemins de fer; il nous reste à nous demander maintenant comment cette responsabilité prend fin. Conformément aux art. 105 et 108 du Code de commerce, elle prend fin, d'abord, par la réception des objets transportés et le paiement du prix de transport, puis par prescription.

La disposition de l'art. 105 du Code de commerce est excessivement dure pour le destinataire, puisque, du moment qu'il a reçu les colis et payé le prix de voiture, il n'a plus aucun recours contre la compagnie, s'il découvre ensuite que les marchandises ont été avariées par la faute de celle-ci. C'est d'autant plus dur que, lorsqu'on va prendre livraison, on n'a pas le temps de faire déballer toutes les marchandises pour les inspecter avec soin devant les agents de la compagnie, et que, par conséquent, il est impossible de se rendre compte de l'état véritable où elles se trouvent. C'est, selon nous, trop favoriser le voiturier puisqu'il profite, pour se décharger de sa responsabilité, de la difficulté que le destinataire éprouve le plus souvent à vérifier devant lui l'état des marchandises. En Angleterre, il n'en est pas de même, le voiturier n'est pas déchargé de toute responsabilité par cela seul que la réception a eu lieu et que le prix a été payé. Le destinataire peut néanmoins recourir contre lui, si les marchandises ont subi des avaries par son fait ou par sa faute, et c'est bien juste. Il serait à souhaiter que l'art. 105 fût modifié dans le même sens, car enfin lorsqu'on a commis une faute ou une négligence il est tout naturel qu'on doive être tenu de la réparer, lorsque celui qui doit en souffrir s'en est aperçu ; il est clair, en effet, et c'est un principe de la dernière évidence, qu'une personne ne peut poursuivre la réparation d'un dommage qu'autant qu'elle en a connaissance ; eh bien, c'est ce principe qui est entièrement méconnu par l'art. 105 du Code de commerce. Et, qu'on ne vienne pas nous objecter que cet article a été ainsi rédigé pour satisfaire aux besoins du commerce qui exige une grande célérité, car nous répondrions que, puisqu'en Angleterre, où le commerce est fait sur une très grande échelle, on applique un principe entièrement contraire à celui de notre art. 105, nous ne voyons pas pourquoi on ne suivrait pas la même règle en France. Les lois doivent être faites généralement pour être appliquées autant que possible sans blesser, sans renverser les usages admis et constamment pratiqués, qui sont souvent plus forts que les lois elles-mêmes. Eh bien, malgré l'art. 105, il est d'usage, qu'on peut qualifier de constant, de recevoir les colis sans vérifier l'état de la marchandise, et cet usage est basé précisément sur la célérité exigée par le commerce. Les dispositions de l'art. 105 devraient donc disparaître de notre Code de commerce qui, au reste, aurait besoin d'une révision générale qui mettrait les principes d'accord avec les usages et les besoins actuels du commerce. Nous ne sommes plus aux temps de Louis XIV ni de Napoléon, et il est parfaitement certain que le commerce ne se fait plus aujourd'hui comme à l'époque de la promulgation du Code de commerce, qui n'a fait, au reste, que reproduire lui-même une foule de principes admis autrefois et contenus dans les ordonnances de 1673 et de 1681.

Mais enfin, pour le moment, cet art. 105 existe, et il faut bien l'appliquer, puisqu'il est la loi. Le destinataire devra donc vérifier l'état des marchandises devant les agents de la compagnie, s'il veut conserver son recours contre elle en cas d'avaries. S'il ne le fait pas, tant pis pour lui; du moment qu'il a reçu les colis et payé le prix du transport, il perd tout recours contre la compagnie.

Examinons rapidement quelques questions qui se sont présentées au sujet de cet art. 105.

Appliquerons-nous l'art. 105, même s'il y a eu dol, supercherie de la part de la compagnie ou de ses agents? Par exemple, les agents de la compagnie ont volé plusieurs objets qui étaient dans les colis, puis le destinataire en a pris livraison sans vérifier et a payé le prix, puis ensuite il s'aperçoit du vol, pourra-t-il recourir contre la compagnie ou celle-ci pourra-t-elle lui opposer la fin de non recevoir tirée de l'art. 105? Évidemment on ne peut pas aller jusque-là, autrement ce serait dire que la loi elle-même autorise le vol, ce qui serait absurde. Évidemment l'art. 105 ne peut avoir une telle signification. Au reste, on peut raisonner en se basant sur un argument d'analogie tiré de l'art. 108 qui décide que la prescription très-courte qu'il édicte ne peut pas être invoquée en cas de dol de la part du voiturier. Il est clair qu'on doit, à moins de donner à la loi un sens qu'elle ne peut avoir, décider de même à propos de l'art. 105.

Que décider dans le cas où l'avarie se serait produite intérieurement? Appliquerons-nous l'art. 105? Il n'y a pas à hésiter; nous répondrons négativement, attendu qu'il a été impossible au destinataire, en recevant les colis, de se rendre compte de cette avarie interne, même s'il a réellement vérifié l'état des colis. Pendant longtemps la jurisprudence a décidé dans le même sens que nous, c'est-à-dire que l'art. 105 était inapplicable en ce cas, mais depuis 1857 elle est revenue sur sa façon de voir et elle applique l'art. 105 même au cas où l'avarie est produite intérieurement, c'est-à-dire au cas où elle est non apparente. La cour de cassation a encore statué en ce sens dans un arrêt en date du 9 mars 1870. C'est très-regrettable, attendu que cet article est exorbitant du droit commun, il ne devrait, par conséquent, être appliqué qu'autant qu'il est absolument impossible de ne pas faire autrement.

Appliquerons-nous ici le principe de la liberté des conventions et permettrons-nous au destinataire de se réserver le droit de recourir contre la compagnie si la marchandise a subi des avaries ? La question ne peut présenter aucun doute. Il est clair que la liberté des conventions peut avoir ici tout son effet. La compagnie peut très-bien renoncer à son droit de se prévaloir des dispositions de l'art. 105.

Que déciderons-nous dans le cas suivant : Des marchandises sont expédiées de Marseille à Liverpool; il y a des avaries, mais le destinataire ne visite pas les colis à la remise par le voiturier, puisque ce n'est pas l'usage en Angleterre ; il découvre ensuite ces avaries; peut-il recourir contre la compagnie ou celle-ci pourra-t-elle lui opposer l'art. 105 du Code de commerce ? Le tribunal de Marseille a jugé, avec raison, que l'art. 105 ne pouvait pas être invoqué par la compagnie, puisqu'il faut appliquer la loi du lieu où le contrat s'est exécuté au sujet des contestations qui s'élèvent à propos de l'exécution, et que la loi anglaise ne sanctionne pas le principe contenu dans l'art. 105. Notons que, dans ce cas, la compagnie serait responsable envers le destinataire, même des avaries qui seraient survenues en mer. Cela peut paraître étonnant, puisque le transport n'est pas fait alors par la compagnie, mais s'il est vrai qu'elle ne fait pas le transport, le capitaine ou les matelots qui l'effectuent réellement sont considérés comme ses agents et par conséquent elle est responsable de leurs faits ou de leurs fautes, sauf, bien entendu, son recours contre eux. Le destinataire, lui, ne connaît que la compagnie qui s'est engagée envers lui à faire arriver les marchandises en bon état jusqu'au lieu de destination. C'est ce qui a été jugé avec raison par le tribunal de la Seine le 14 décembre 1858.

Appliquerons-nous l'art. 105 dans le cas suivant : Des marchandises sont déposées chez un commissionnaire de transports; pendant qu'elles sont dans ses magasins elles se détériorent, elles subissent des avaries, puis ensuite elles sont remises entre les mains d'une compagnie de chemins de fer qui doit effectuer le transport. Dirons-nous que le commissionnaire est déchargé de toute responsabilité lorsque la compagnie a pris, en quelque sorte, livraison des marchandises qui doivent être transportées ? Évidemment non, car il ne faut pas étendre l'application de l'article 105 à des cas qu'il ne prévoit certainement pas. Cet article vise seulement l'hypothèse dans laquelle le transport est un fait accompli et ne peut, par conséquent, être opposé qu'au destinataire. Par conséquent, nous dirons que la compagnie peut très-bien, dans notre hypothèse, avoir recours contre le commissionnaire qui, en définitive, devra supporter les conséquences de son fait ou de sa faute qui a causé l'avarie des marchandises. Si on décidait autrement, il faudrait nécessairement que la compagnie ouvrit les colis qui lui sont remis par le commissionnaire, et si on suppose plusieurs transports successifs, on voit combien de temps on perdrait à visiter tous les colis et quel préjudice il résulterait de là pour le commerce qui veut que les transports s'exécutent dans le plus bref délai possible. Au reste, ce qui prouve bien que l'art. 105 ne s'applique pas à notre question, c'est l'art. 90 du Code de commerce qui décide que le commissionnaire est garant des faits des autres commissionnaires et nous ajouterons des faits des voituriers auxquels il adresse les marchandises à transporter. Le commissionnaire est donc responsable, à l'égard de l'expéditeur ou du destinataire, de ses propres fautes, cela va sans dire, et des fautes des voituriers successifs et même la présomption de faute est contre lui, quand même l'avarie serait intérieure, parce qu'il a pu vérifier entièrement l'état des marchandises avant de s'en charger. Si la faute provenait des voituriers successifs, ce serait à lui de le prouver. Ce que nous venons de dire ne signifie pas, sans doute, que les voituriers successifs ne seront jamais responsables, non sans doute, mais leur responsabilité n'est pas la même que celle du commissionnaire ou du premier voiturier, précisément parce que le commissionnaire ou le premier voiturier sont présumés avoir reçu les marchandises en bon état. Le destinataire ne connaît, en quelque sorte, que ce premier voiturier, puisqu'il est garant de la faute de tous les voituriers ou compagnies intermédiaires. Il s'adressera donc à lui pour obtenir réparation du dommage, à moins, bien entendu, que celui-ci ait stipulé, et nous savons qu'il le peut, qu'il ne serait pas responsable de la faute des compagnies intermédiaires. Si cette stipulation existait il est clair que le destinataire ne pourrait s'attaquer à lui qu'autant que l'avarie ne serait produite que par sa faute. Mais supposons que cette stipulation n'existe pas, le destinataire s'adresse au premier voiturier; que pourra faire ce dernier ? Si l'avarie s'est produite par sa propre faute, pas de difficulté, il devra la réparer ; mais si elle résulte de la faute des compagnies intermédiaires il pourra se laisser condamner, payer les dommages-intérêts et recourir en répétition contre les compagnies intermédiaires, ou bien, et ce dernier moyen serait préférable pour lui, il pourrait appeler en cause les compagnies intermédiaires, prouver leur faute et les faire condamner directement à payer au destinataire les dommages-intérêts. Voilà pour le cas où le destinataire s'adresserait au premier voiturier, mais supposons maintenant qu'il s'adresse à la compagnie qui achève d'effectuer le transport, comment les choses se passeront-elles ? Si l'avarie est extérieure, il n'y a pas de difficulté, la faute de cette dernière compagnie est présumée et elle sera condamnée à la réparer, à moins, bien entendu, qu'elle n'établisse qu'elle ne provient pas de sa faute et qu'elle existait déjà lorsqu'elle s'est chargée du transport. Ordinairement, dans ce cas, la compagnie, en se chargeant du colis, fera ses réserves, c'est-à-dire qu'elle constatera que l'avarie existe et que, par conséquent, elle ne pourra pas en être déclarée responsable. Alors, il est évident qu'il faudra recourir contre la compagnie qui a fait antérieurement le transport. Remarquons toutefois, qu'une compagnie de chemin de fer qui, en recevant les colis, a fait ses réserves au sujet des avaries actuellement existantes, aura cependant une part de responsabilité, si l'avarie s'est continuée dans son service par de mauvaises mesures de conservation. C'est ce qu'a décidé la cour de Rouen le 26 juin 1863. Supposons maintenant que l'avarie est intérieure, la compagnie qui a achevé le transport, dira au destinataire : cela ne me regarde pas, adressez-vous au premier voiturier qui est seul responsable envers vous. Elle pourra faire cette réponse au destinataire, en vertu de l'art. 1315 du Code civil. Elle lui dira : Vous me prétendez en faute, prouvez-le, vous soutenez que je suis obligée envers vous à cause de cette faute, prouvez-le ; mais, pour cela, il faut que vous agissiez contre le premier voiturier qui est mon garant en vertu de l'art. 99 du Code de commerce, nous allons l'appeler en cause et vous devrez alors prouver que l'avarie intérieure, qui vous porte un préjudice, s'est produite par ma faute.

Toutes ces questions, on le voit, sont de véritables mines à procès, qu'il est souvent fort difficile de débrouiller ; il faut, le plus souvent, s'en rapporter au pouvoir d'appréciation des tribunaux, qui est excessivement large dans toutes ces matières.

En résumé, nous dirons donc que l'article 105 ne s'applique pas entre voituriers, car, il n'y a pas, dans un transport successif, plusieurs contrats de transport, il n'y en a qu'un seul qui se perpétue et qui s'exécute au moyen de tous les voituriers intermédiaires, qui sont, en quelque sorte, les agents du premier voiturier. Le premier voiturier est garant des fautes de tous les autres, parce qu'il est présumé avoir reçu les colis en bon état ; mais, bien entendu, il peut exercer son recours contre celui qui est véritablement en faute. C'est là un principe élémentaire, puisque la justice et l'équité veulent que la faute soit réparée par celui-là qui en est réellement l'auteur. Le premier voiturier est garant de tous les autres, à moins, bien entendu, qu'on stipule le contraire, qu'on scinde le contrat en autant de contrats qu'il y a de voituriers, qu'il y a de compagnies, chacune étant alors seulement responsable de son fait ou de sa faute, chacune étant considérée, pour ainsi dire, comme premier voiturier. Alors, dans ce cas, l'article 105 du Code de commerce s'appliquera entre les diverses compagnies qui seront, en quelque sorte, considérées comme des destinataires, et elles ne pourront pas recourir les unes contre les autres lorsqu'elles auront successivement pris livraison des colis. C'est ce qui a été décidé par la cour de cassation, dans un arrêt du 16 mai 1870. Mais, pour cela, il faut une convention spéciale qui brise en quelque sorte le contrat de transport à chaque étape ; à défaut de cette convention, il n'y a qu'un seul contrat de transport qui doit être exécuté par plusieurs voituriers successifs entre lesquels l'article 105 est inapplicable.

Une dernière question à propos de cet article 105 du Code de commerce : Devons-nous appliquer les dispositions de cet article lorsque le prix du transport a été payé d'avanc   par l'expéditeur ? Évidemment non. En effet, l'article 105 suppose que le payement du prix par le destinataire équivaut à ratification du transport de sa part. Or, ce n'est certainement pas notre cas, puisque nous supposons que le prix a été payé, non pas par le destinataire, mais par l'expéditeur. On ne peut donc pas soutenir sérieusement que, dans notre hypothèse, le destinataire a ratifié les conditions du transport. Pour qu'il ait perdu son recours contre la compagnie, il faudrait qu'il eût pris livraison des marchandises. C'est ce qui a été décidé par un arrêt de cassation, en date du 13 novembre 1867, et par un jugement du tribunal de Marseille du 25 mars 1868.

Voilà le premier mode d'extinction de la responsabilité des compagnies de chemins de fer au sujet des transports qu'elles opèrent; il nous reste, maintenant, à étudier le second, c'est-à-dire la prescription.

Il est question de cette prescription dans l'article 108 du Code de commerce qui s'exprime en ces termes : « Toutes actions contre le commissionnaire et le voiturier, à raison de la perte ou de l'avarie des marchandises, sont prescrites après six mois, pour les expéditions faites dans l'intérieur de la France, et après un an, pour celles faites à l'étranger ; le tout à compter, pour le cas de perte, du jour où le transport des marchandises aurait dû être effectué, et pour les cas d'avaries, du jour où la remise des marchandises aura été faite, sans préjudice des cas de fraude ou d'infidélité ».

On peut se demander à quoi peut servir cet article 108, en présence de l'article 105, dont nous avons parlé plus haut. L'utilité est évidente lorsqu'il s'agit de perte totale des marchandises. Il fixe, en effet, le temps pendant lequel la compagnie peut valablement être actionnée par le destinataire. Mais l'utilité n'apparaît pas aussi clairement lorsqu'il s'agit de perte partielle. A la première lecture de l'article on pourrait même croire qu'il est en contradiction avec l'article 105, puisqu'il dit que les six mois où l'année commencent à courir du jour où la remise des marchandises aura été faite, et que l'article 105 dit que la réception des marchandises éteint toute action contre le voiturier; mais, pour se convaincre qu'il n'y a aucune contradiction, il suffit de lire l'article 105, et on verra qu'il exige deux conditions pour que la responsabilité de la compagnie soit éteinte, savoir la réception par le destinataire et le payement du prix du transport. Eh bien, l'article 108 s'appliquera encore, même s'il y a eu

livraison des marchandises, soit livraison réelle, soit consignation, mais si le prix n'a pas été payé par le destinataire.

L'article 108 ne parle que de la prescription de la responsabilité en cas de perte, soit partielle, soit totale; que déciderons-nous au sujet de la responsabilité en cas de retards dans
l'expédition? Il nous semble raisonnable d'appliquer l'article 108, autrement il faudrait dire que la responsabilité de
la compagnie durera trente ans, le temps de la prescription
ordinaire. Évidemment, ce n'est pas, selon nous au moins, ce
qu'a voulu décider la loi. Nous dirons que l'article 108 contient une lacune qui doit être comblée utilitatis causa. On ne
voit pas, en effet, pourquoi la prescription serait de six mois
ou d'un an, en cas de perte totale ou partielle, et de trente ans,
en cas de retard dans l'expédition. Ce serait là, il faut le reconnaître, une étrange distinction qui n'aurait aucun motif
plausible. La cour de cassation a sanctionné le système que
nous adoptons, dans un arrêt en date du 14 juillet 1858.

La prescription qui nous occupe n'est pas applicable, c'est
l'art. 108 lui-même qui le dit, lorsque le voiturier s'est rendu
coupable de fraude ou a commis une infidélité. Cette disposition
est parfaitement sage. Il ne faut pas, en effet, protéger le voiturier malhonnête. Sa responsabilité ne sera éteinte que par la
prescription ordinaire, c'est-à-dire par trente ans.

Appliquerons-nous l'article 108 dans l'hypothèse suivante :
La marchandise, qui a été transportée successivement par plusieurs compagnies, arrive avariée; le destinataire intente,
comme c'est son droit, une action contre le premier voiturier,
qui est condamné à réparer le dommage, puisqu'il est garant de
toutes les autres compagnies qui ont effectué successivement le
transport. Mais le destinataire n'a agi que le dernier jour restant
à courir pour que la prescription fût accomplie. Le premier
voiturier veut ensuite actionner les autres compagnies, qui sont
réellement responsables, parce que l'avarie s'est produite pendant le transport qu'elles ont effectué; le peut-il, ou bien ces

compagnies actionnées pourront-elles répondre que la prescription étant accomplie, on ne peut plus avoir de recours contre elles? Nous pensons que le premier voiturier aura un recours contre les autres, et que ceux-ci ne pourront pas opposer la prescription de l'article 108. D'abord, décider autrement, serait injuste et contraire à l'équité. Puis, nous justifierons notre opinion en invoquant l'article 2249 1° du Code civil, qui décide que l'interpellation faite à l'un des débiteurs solidaires ou sa reconnaissance, interrompt la prescription contre tous les autres. Les diverses compagnies qui ont successivement effectué le transport doivent être considérées comme débitrices solidaires à l'égard du destinataire, et l'interruption de prescription faite contre la première d'entre elles par l'action intentée par le destinataire, doit également avoir lieu contre toutes. C'est ce qui a été décidé par un arrêt de la cour de Colmar, en date du 12 juillet 1866. La première compagnie aura donc un recours contre la seconde, en vertu de la subrogation de l'article 1251 3° du Code civil, et celle-ci ne pourra, par conséquent, opposer aucune prescription; elle devra, au contraire, rembourser à la première tout ce que celle-ci aura avancé, puisque nous supposons que c'est par sa faute que la perte ou les avaries se sont produites.

SECTION II.

Obligations de l'Expéditeur et du Destinataire.

L'obligation, qui naît du contrat de transport pour l'expéditeur ou le destinataire, est de payer le prix qui est fixé conformément aux tarifs que nous étudierons plus loin.

Le mode de paiement dépend de la convention des parties. L'expéditeur peut payer d'avance, ou bien convenir qu'il paiera le prix lorsqu'on lui justifiera de l'arrivée et de la remise des marchandises au destinataire. A défaut de conventions spéciales, on applique la règle généralement admise, c'est-à-dire que le prix devra être payé par le destinataire à la réception des marchandises. La loi veut que les compagnies de chemins de fer, et plus généralement, que les voituriers soient payés promptement et sûrement. Aussi fait-elle deux faveurs aux voituriers. Elle leur donne d'abord un privilége sur la chose voiturée, en vertu de l'article 2102 6°, puis ensuite, elle leur accorde un autre droit qui est réglementé par l'article 106 du Code de commerce, qui décide, qu'en cas de refus ou de contestation pour la réception des objets transportés, leur état est vérifié par des experts nommés par le président du tribunal de commerce, ou, à son défaut, par le juge de paix et par ordonnance au pied d'une requête. Le dépôt ou sequestre, et ensuite le transport dans un lieu public, peut en être ordonné. La vente peut en être ordonnée en faveur du voiturier jusqu'à concurrence du prix de la voiture. Le droit qui résulte de l'article 106 est un droit de rétention. Ainsi la loi accorde à la compagnie qui a fait le transport deux garanties de paiement. Elle lui accorde : 1° un droit de rétention, et 2° un privilége. L'exercice du privilége est assuré précisément par ce droit de rétention. Pour exercer ce droit de rétention, la compagnie devra faire vérifier les colis par des experts nommés par le président du tribunal de commerce, ou par le juge de paix. Après cette expertise, elle pourra conserver les marchandises dans ses magasins jusqu'à ce que le destinataire consente à payer le prix du transport, ou bien en demander la tierce consignation au président du tribunal de commerce, ou au juge de paix, qui pourra ordonner la vente des marchandises en faveur du voiturier jusqu'à concurrence du prix du transport. La compagnie exerce alors son privilége, en vertu de l'article 2102 6° du Code civil. Lorsqu'il y a des courtiers inscrits dans l'endroit où se fait la vente, elle devra se faire par leur ministère, en vertu de l'article 4 de la loi du 18 juillet 1866.

Remarquons que cette vente ne devra pas être ordonnée, cela

va de soi, lorsque le refus du destinataire est basé sur l'état des marchandises, sur des avaries dont il entend faire peser la responsabilité sur la compagnie. Il est clair alors qu'il faudra conserver les marchandises pour pouvoir en faire opérer la vérification par des experts. Il ne devra donc être procédé à la vente, pour payer la compagnie, que lorsque le refus du destinataire de recevoir les colis ne sera pas motivé sur l'état des marchandises, c'est-à-dire que lorsque le destinataire ne voudra pas ou ne pourra pas payer le prix du transport

La procédure à suivre pour arriver, soit à l'expertise, soit à la consignation, soit à la vente permise par notre article 106 est des plus simples. Il suffit d'adresser une simple requête au président du tribunal de commerce, ou au juge de paix, qui statuera sur le vu de cette requête. Il n'y a pas d'assignation faite au destinataire, il n'y a pas non plus besoin de recourir à un officier ministériel. La procédure est très-expéditive, et il faut qu'il en soit ainsi, car toutes ces matières requièrent célérité.

Lorsqu'on procède à la vente des colis, la compagnie, nous le savons déjà, a un privilége sur le prix provenant de cette vente, c'est-à-dire, que sur ce prix, elle sera payée par préférence à tous autres créanciers jusqu'à concurrence de ce qui lui est dû pour le transport qu'elle a effectué.

C'est une question très-débattue que celle de savoir si la compagnie conserve son privilége, même après qu'elle s'est dessaisie de la chose transportée, en la remettant au destinataire sans recevoir son payement. La question se résume à se demander quelle est la cause du privilége du voiturier. Nous n'hésitons pas à reconnaître que le privilége du voiturier est fondé sur l'idée de gage, que la cause de ce privilége est une constitution tacite de gage et nous dirons, par conséquent, que la compagnie qui voudra l'exercer devra être, selon l'article 2076 du Code civil, restée en possession des colis qu'elle a transportés ; peu importe, au reste, que ces colis aient été consignés dans un endroit désigné par le président du tribunal, selon l'article 106 du Code de commerce, car, dans ce cas encore, la compagnie serait en possession et pourrait parfaitement exercer son privilége. Mais tout le monde n'admet pas le système que nous proposons. Il y a des auteurs qui prétendent que le voiturier pourra exercer son privilége, même s'il n'a plus la possession des colis qu'il a transportés, parce que, disent-ils, la cause de ce privilége n'est pas une constitution tacite de gage, mais bien la création d'une plus-value, attendu que les marchandises valent davantage après le transport; elles ont augmenté de valeur par le fait de ce transport loin du lieu de la production. Ce système se fonde sur l'article 2102 du Code civil et sur l'article 307 du Code de commerce. Nous allons voir comment il raisonne, puis nous le réfuterons, ce qui ne sera pas bien difficile. On dit que l'article 2102 6° n'exige pas que le voiturier, pour pouvoir exercer son privilége, soit encore nanti des objets qu'il a transportés; il ne fait pas même allusion à la possession du voiturier. En outre, on argumente de l'article 307 du Code de commerce qui décide que le capitaine est préféré, pour son fret, sur les marchandises de son chargement, pendant quinzaine après leur délivrance, si elles n'ont passé en mains tierces. Or, dit-on, on voit bien par cet article que le capitaine, qui n'est, en définitive, qu'un voiturier, ne perd pas son privilége, par cela seul qu'il a fait remise des objets qu'il a transportés. On ne voit donc pas pourquoi le voiturier ne serait pas aussi bien traité que le capitaine; il n'y a aucune raison d'établir une distinction entre eux.

Nous répondrons à ces arguments en disant tout d'abord qu'il ne faut tirer aucune conséquence en faveur du premier système de l'article 2102 6°. Sans doute, il est très-vrai qu'il ne fait pas mention de la possession, mais ce n'est pas une raison pour dire qu'elle n'est pas exigée pour l'exercice du privilége. En effet, le même article 2102 5° qui donne un privilége à l'aubergiste sur les effets des voyageurs qni ont été transportés dans son hôtel ne parle pas non plus de la possession et pourtant personne ne songera à dire ici que le privilége n'est pas basé sur un gage tacite et qu'il pourrait être exercé par l'aubergiste même, s'il ne se trouvait plus dans les conditions exigées par l'article 2076, c'est-à-dire s'il avait cessé de posséder les effets. On ne peut donc tirer aucun argument de l'article 2102 6°.

Quant à l'argument tiré de l'art. 307 du Code de commerce, nous y répondrons en disant que la disposition de cet article confirme au contraire l'idée que le voiturier, pour pouvoir exercer son privilége, doit encore être nanti des objets qu'il a transportés, attendu qu'elle est exceptionnelle à la règle générale qui est posée par l'art. 2076. Cette exception est fondée sur ce que, d'après la loi elle-même, d'après l'art. 306 du Code de commerce, le capitaine ne peut pas, faute de paiement de son fret, retenir les marchandises; il y a en effet intérêt à ce qu'elles ne restent pas sur le navire exposées au danger de la mer. Si le voiturier conservait son privilége, même après la remise des objets, comme la loi ne fixe pas de délai dans lequel il devra l'exercer, il faudrait en conclure que si le destinataire est resté en possession, le privilége durerait autant que la créance elle-même, c'est-à-dire trente ans, ce qui est tout-à-fait inadmissible, puisque le voiturier serait mieux protégé que le capitaine qui a seulement quinze jours pour exercer son privilége. L'article 307 du Code de commerce est tout simplement une exception qui confirme la règle. Cette exception est commandée par les circonstances. En effet, le capitaine ne doit pas conserver les marchandises dans son navire de peur de les exposer à des avaries; il est donc tout naturel, puisqu'il est obligé de les débarquer, de lui accorder l'exercice de son privilége pendant quinze jours après la livraison, autrement son privilége serait illusoire. On objectera peut-être qu'au lieu de faire la livraison au destinataire il devrait plutôt consigner les marchandises jusqu'au paiement de son fret, comme le lui permet l'art. 306 2° du Code de commerce. Nous répondrons que cela n'est peut-être pas toujours facile et que cela peut entraîner des lenteurs qu'il faut éviter. D'ailleurs, il n'y a pas à récriminer; la loi est formelle à son égard, elle le protège et elle fait bien. Mais, pour le voiturier, les circonstances ne sont pas les mêmes ; il peut très-bien, sans craindre des avaries, retenir les marchandises dans se m ga- sins et ne pas les livrer au destinataire sans que celui-ci ait payé le prix du transport. Nous avons donc raison de dire que le privilège du voiturier est fondé sur un gage tacite et qu'il ne peut l'exercer qu'autant qu'il est dans les conditions exigées par l'ar- ticle 2070, c'est-à-dire qu'autant qu'il possède les colis qu'il a transportés.

Nous terminerons par cette réflexion qui devra faire tomber complétement le système que nous combattons : Dans notre droit, la conservation d'une chose est bien une cause de privi- lége, mais non la simple amélioration ; or, dans l'espèce qui nous occupe, il ne s'agit que d'une simple amélioration. D'ail- leurs, en adoptant ce système, le privilége ne devrait pas porter sur la valeur entière de l'objet, mais seulement sur la plus- value résultant du transport. Il est donc raisonnable, juridique- ment parlant, et même dans l'intérêt du voiturier de décider que son privilége est basé sur la constitution tacite de gage.

A côté de cette obligation de payer le prix du transport, im- posée à l'expéditeur et au destinataire, obligation dont l'exécu- tion est garantie pour les compagnies par le privilége du voitu- rier, il y en a plusieurs autres parmi lesquelles nous mention- nerons celle de faire des déclarations exactes, en remettant les colis à la compagnie qui devra les transporter. Il arrive malheu- reusement souvent que les expéditeurs, pour payer moins cher, font des déclarations fausses et mensongères. C'est là un acte d'indélicatesse qui doit certainement être réprimé et auquel nous n'hésiterions pas à appliquer la peine édictée par l'art. 21 de la loi du 15 juillet 1845. Non-seulement les expéditeurs qui font des déclarations mensongères commettent un acte d'indé- licatesse, mais encore ils agissent contre leur propre intérêt, attendu que si les marchandises ou valeurs qu'ils expédient viennent à être perdues, ils n'auront pas la prétention de se faire rembourser une valeur supérieure à celle qu'ils ont déclarée eux-mêmes Tout expéditeur doit donc faire la déclaration exacte de la valeur des marchandises qu'il expédie, parce que la bonne foi et l'honneur l'exigent et ensuite c'est leur propre intérêt, en cas de perte de ces marchandises.

Nous mentionnerons encore l'obligation qui est imposée au destinataire de prendre livraison des marchandises après la réception de la lettre d'avis et de payer les frais de magasinage qu'il peut devoir par suite de la garde des marchandises par la compagnie. La lettre d'avis fait en effet courir un délai passé lequel la compagnie a droit de se faire payer une taxe de magasinage.

CHAPITRE IV.

TRANSPORT AU DELA DE LA VOIE FERRÉE.

Les transports au delà de la voie ferrée peuvent s'appliquer également aux voyageurs et aux marchandises, absolument comme les transports effectués sur la voie ferrée. Les transports de voyageurs ne présentent pas de difficulté; nous ne nous occuperons, par conséquent, que des transports de marchandises dont les règles sont au reste applicables aux transports de voyageurs.

Les trains de chemins de fer ne peuvent pas amener les marchandises jusqu'au domicile du destinataire; ils ne peuvent les conduire que jusque dans les gares, qui sont ordinairement situées aux extrémités des villes et souvent assez loin du lieu de destination. Il faut, par conséquent, avoir recours à un transport accessoire qui s'appelle tantôt camionnage, tantôt factage. On entend par camionnage l'opération consistant à transporter, en dehors du chemin de fer, c'est-à-dire au delà des gares, les marchandises à petite vitesse. On désigne par factage la même opération s'appliquant aux marchandises à grande vitesse.

Le camionnage et le factage peuvent être faits par les compagnies elles-mêmes, c'est-à-dire par un service spécialement organisé par elles, à ce sujet, ou par des voituriers étrangers aux compagnies, qui forment des entreprises de transport intermédiaires entre les compagnies et les destinataires.

L'art. 52 du cahier des charges général s'occupe du factage et du camionnage. Il est ainsi conçu : « La compagnie sera tenue de faire, soit par elle-même, soit par un intermédiaire dont elle répondra, le factage et le camionnage, pour la remise au domicile des destinataires de toutes les marchandises qui lui sont confiées. Le factage et le camionnage ne seront pas obligatoires en dehors du rayon de l'octroi, non plus que pour les gares qui desserviraient, soit une population agglomérée de moins de cinq mille habitants, soit un centre de population de cinq mille habitants situé à plus de cinq kilomètres de la gare du chemin de fer. Les tarifs à percevoir seront fixés par l'administration, sur la proposition de la compagnie. Ils seront applicables à tout le monde sans distinction. Toutefois, les expéditeurs et destinataires resteront libres de faire eux-mêmes et à leurs frais le factage des marchandises ».

Le camionnage peut se faire du domicile à la gare ou de la gare au domicile du destinataire.

Dans le premier cas, le camionnage n'est pas obligatoire pour les compagnies. Elles ne sont nullement tenues d'enlever les marchandises au domicile de l'expéditeur pour les porter à la gare, mais dans la pratique, elles le font généralement sur la demande de l'expéditeur.

Au contraire, dans le second cas, c'est-à-dire lorsqu'il s'agit de transporter les marchandises de la gare à domicile, le camionnage est imposé par le cahier des charges général aux compagnies, à moins qu'elles ne soient dans les cas d'exceptions énumérés par l'art. 52 que nous venons de citer. Mais cette obligation ne leur est pas imposée lorsque les marchandises sont adressées en gare, c'est alors au destinataire à les faire prendre, ou à s'entendre avec la compagnie pour qu'elle les fasse camionner. Le camionnage par les agents de la compagnie n'est jamais obligatoire pour le destinataire, qui peut très-bien faire effectuer le camionnage à ses frais et comme il l'entendra, pourvu, bien entendu, qu'il y fasse procéder en temps utile c'est-à-dire avant que la compagnie y ait elle-même procédé. Le monopole des chemins de fer s'arrête aux limites de la voie ferrée, par conséquent, quand même la feuille d'expédition porterait que la marchandise sera livrée à domicile, le destinataire n'est pas lié et il pourra très-bien faire effectuer le camionnage comme il l'entendra. Lorsque cette feuille d'expédition porte que les marchandises seront livrées à domicile, il ne faut voir là qu'une mesure prise par l'expéditeur, dans l'intérêt du destinataire et à laquelle celui-ci peut très-bien renoncer. C'est ce qui a été jugé par la cour de cassation le 5 mars 1866. Mais, pour cela, il faut un ordre spécial et en temps utile émanant du destinataire. En effet, à défaut d'ordres contraires, lorsque la marchandise est adressée à domicile, les compagnies peuvent parfaitement opérer le camionnage, même sans avertissement préalable fait au destinataire. C'est ce qui résulte d'un arrêt de cassation du 19 décembre 1866. Lorsque la marchandise est adressée simplement en gare, la compagnie n'est pas tenue de la faire camionner, sauf, bien entendu, convention contraire avec le destinataire. Elle est seulement tenue de lui envoyer une lettre d'avis faisant courir un certain délai passé lequel le destinataire est débiteur d'une taxe de magasinage s'il n'a pas fait procéder à l'enlèvement des colis.

En résumé, il résulte de cet art. 52 du cahier des charges que le camionnage de la gare à domicile est obligatoire pour la compagnie seulement, si les marchandises sont expédiées à domicile du destinataire. Il résulte aussi que le destinataire peut, lorsque les marchandises sont expédiées en gare, s'entendre avec la compagnie pour qu'elle fasse faire le camionnage par ses agents, mais qu'il peut aussi, même lorsque la marchandise est expédiée à domicile, faire procéder à l'enlèvement par des voituriers indépendants de la compagnie, pourvu, bien entendu, qu'il agisse en temps utile.

Le camionnage peut être fait par des voituriers intermédiaires, par des voituriers qui ont passé un traité avec la compagnie. Il en est ainsi lorsque la compagnie n'organise pas elle-même le service de camionnage qui est alors effectué par un entrepreneur de transport. Le traité passé entre cet entrepreneur et la compagnie doit être soumis à l'approbation de l'administration. Cela a lieu principalement dans les localités secondaires, parce que la compagnie ne veut pas entretenir, dans ces endroits, un personnel d'agents qui lui coûterait trop cher. Le traité passé entre la compagnie et ces voituriers contient plusieurs dispositions auxquelles ils doivent se soumettre; c'est, en quelque sorte, leur cahier des charges. C'est ainsi, par exemple, que ces voituriers doivent faire, dans la journée, des départs en nombre suffisant pour livrer les marchandises promptement. Ils doivent remettre en gare les marchandises à expédier, au moins deux heures avant le départ du convoi. Ils sont responsables, sans réserves, des marchandises qu'ils doivent transporter, lorsqu'ils les ont acceptées Les recouvrements à effectuer les regardent; ils en sont responsables, et cela se comprend, puisqu'ils reçoivent les marchandises; ils jouent, en quelque sorte, à l'égard de la compagnie, le rôle de destinataires; ils reçoivent les marchandises, ils doivent être responsables à l'égard de la compagnie du prix du transport effectué par elle. Ils doivent fournir un cautionnement, pour donner toute sécurité à la compagnie. Maintenant, ils ont droit au prix du transport qu'ils effectuent et ils ont aussi le droit de s'opposer à ce que la compagnie passe un traité semblable avec d'autres voituriers qui leur feraient concurrence, car, lorsque la compagnie a passé un traité avec un entrepreneur intermédiaire de transport, elle ne peut pas en passer un second avec un autre entrepreneur du même genre. Ces entrepreneurs sont soumis à la surveillance de la compagnie, et il y aurait lieu à résiliation du traité, en cas d'infraction par l'entrepreneur à ses dispositions.

Remarquons bien que ces traités passés par les compagnies avec des entreprises accessoires de transports n'empêchent pas les voituriers libres, c'est-à-dire ceux qui n'ont passé aucun traité avec les compagnies, d'effectuer les transports au delà des gares. Le destinataire peut, en effet, charger n'importe qui d'aller chercher les colis à la gare et de les lui amener. Nous dirons même que les compagnies ne peuvent pas empêcher ces voituriers libres de venir stationner dans les gares, pour trouver quelques transports à effectuer. C'est ce qui a été décidé par le tribunal de commerce de la Seine dans un jugement en date du 4 juin 1858, qui a proclamé qu'en principe les voituriers libres devaient avoir accès dans les gares aux mêmes heures que les voituriers qui ont passé un traité avec les compagnies. Un arrêt de cassation du 30 mars 1863 a également admis, en principe, que les camionneurs de la compagnie, c'est-à-dire qui ont passé un traité avec la compagnie ne doivent pas avoir de privilége sur les camionneurs particuliers, en dehors bien entendu, du service obligatoire de la gare à domicile, lorsque les marchandises sont expédiées à domicile et que le destinataire ne les fait pas enlever par un voiturier à lui, pour lequel le camionneur de la compagnie a le droit d'user de toutes facilités appartenant à celle-ci.

Ainsi, en résumé, le camionnage et le factage peuvent être faits d'abord par la compagnie elle-même, puis ensuite par des camionneurs intermédiaires avec lesquels la compagnie a passé des traités, leur permettant d'effectuer, sans crainte de concurrence, les transports au delà de la voie ferrée, qu'elle devrait effectuer elle-même, et enfin par des voituriers libres et complétement étrangers à la compagnie lorsqu'ils en sont chargés par les destinataires. Ceux-ci ont le droit de se tenir dans les gares, aux mêmes heures que les camionneurs de la compagnie. Seulement, remarquons bien que la compagnie ne pourrait pas les employer si elle avait passé un traité avec certains camionneurs, parce que ce serait leur faire du tort, et certes, elle n'a pas ce droit, puisqu'elle est liée par un traité.

Quant aux tarifs des prix que peuvent percevoir la compagnie ou l'entreprise intermédiaire avec laquelle la compagnie a passé un traité pour le camionnage et le factage, nous en traiterons plus loin en étudiant spécialement les tarifs. Remarquons ici que les voituriers libres ne sont soumis à aucun tarif. Ils perçoivent le prix qui est convenu entre eux et le destinataire.

Dans quels délais doivent être faits ces transports de la gare à domicile? Nous avons vu, dans le chapitre précédent, que les délais étaient fixés par un arrêté ministériel du 12 juin 1866. Devons-nous dire que les transports doivent être effectués à domicile dans les délais indiqués par cet arrêté? Évidemment non, car il est parfaitement certain que cet arrêté ne fixe les délais que pour la livraison en gare, autrement les compagnies ne pourraient pas y suffire. Il faut, par conséquent, décider que les délais de camionnage et de factage ne sont pas compris dans les délais fixés pour le transport des marchandises par chemins de fer dans l'arrêté ministériel du 12 juin 1866, qui ne s'occupe que des transports sur la voie ferrée, et non des transports en dehors de la gare. C'est, au reste, ce qui a été décidé par plusieurs arrêts de cassation, notamment par ceux du 12 avril 1870 et du 17 mai 1870. Les marchandises doivent arriver dans les gares, dans les délais fixés par l'arrêté de 1866, et il y a de nouveaux délais pour le transport en dehors de la gare. Les délais de transport au delà de la voie ferrée sont ordinairement réglés dans les tarifs spéciaux de factage et de camionnage soumis à l'approbation du ministre. En principe, pour le factage au départ ou à l'arrivée des marchandises à grande vitesse, le délai maximum est ordinairement de vingt-quatre heures. Pour le camionnage des marchandises expédiées à petite vitesse, à prendre ou à remettre à domicile, les délais sont ordinairement d'un ou de deux jours, suivant l'importance des localités. Pour les marchandises adressées en gare, et qui, par conséquent, ne peuvent être camionnées qu'après que les destinataires, dûment avisés, en ont donné l'ordre, ces délais ne courent qu'à partir du moment où l'ordre écrit du destinataire a été reçu par la gare d'arrivée.

Que décider, en cas de perte, d'avarie ou de retard dans ces transports au delà de la voie ferrée? A qui incombe l'obligation de réparer les dommages? Nous répondrons à cette question par une distinction : Si le voiturier est un voiturier libre, indépendant de la compagnie, il est évident que le destinataire ne pourra que s'en prendre à ce voiturier, et non pas à la compagnie qui est complétement libérée de toute responsabilité, lorsque ce voiturier libre, qui est le mandataire du destinataire, a pris livraison des marchandises. La compagnie n'est nullement responsable des fautes commises par ces voituriers libres. Il en serait autrement, cela va sans dire, si ce transport s'effectuait par les agents de la compagnie, et même s'il s'opérait au moyen de voituriers intermédiaires qui ont passé un traité avec la compagnie. Dans ce dernier cas, il est clair que la compagnie aurait un recours contre ces voituriers intermédiaires, mais il n'en est pas moins vrai que le destinataire pourrait s'adresser à elle pour obtenir réparation du préjudice. L'article 99 du Code de commerce ne peut laisser aucun doute à cet égard. Il est même certain qu'il en est ainsi, à cause de l'article 52 1° du cahier des charges et de l'article 22 de la loi du 15 juillet 1845.

Nous venons de voir qu'il y a lieu à transport en dehors de la voie ferrée pour le camionnage ou le factage des marchandises, soit du domicile à la gare, soit de la gare au domicile; mais ce n'est pas tout, il faut encore avoir recours à ce mode de transport dans le cas de correspondances ou de réexpéditions. A défaut et même souvent comme complément des services libres de voitures publiques desservant les gares, les compagnies sont

dans l'usage, au moins pour les stations importantes, de passer
des traités avec des entrepreneurs spéciaux, soit pour assurer la
réexpédition, par route de terre ou de navigation, des marchandises, soit pour organiser les transports des voyageurs de la gare
à la ville ou à diverses localités, et vice versâ.

Remarquons que ce transport n'est pas obligatoire pour la
compagnie comme l'est le camionnage ou le factage, au moins
dans certains cas. Elle peut, sans doute, s'en charger, mais elle
n'y est pas tenue. Ce transport est même rarement fait par elle.
Il est généralement effectué, soit par des voituriers libres, soit
par des voituriers qui ont traité, à cet effet, avec la compagnie,
mais, dans ce dernier cas, l'autorisation de l'administration est
nécessaire. Les traités de correspondance doivent être ratifiés
par l'administration. C'est ce qui résulte de l'art 53 du cahier
des charges ainsi conçu : A moins d'une autorisation spéciale
de l'administration, il est interdit à la compagnie, conformément
à l'art. 14 de la loi du 15 juillet 1845, de faire directement ou
indirectement, avec des entreprises de transport de voyageurs
ou de marchandises, par terre et par eau, sous quelque dénomination ou forme que ce puisse être, des arrangements qui ne
seraient pas consentis en faveur de toutes les entreprises desservant les mêmes voies de communication. L'administration,
agissant en vertu de l'art. 33 ci-dessus, prescrira les mesures à
prendre pour assurer la plus complète égalité entre les diverses
entreprises de transport dans leurs rapports avec le chemin
de fer.

Ainsi, on le voit, il ne faut pas confondre les traités de correspondance avec les traités de camionnage ou de factage. La
compagnie peut consentir par elle-même aux derniers, tandis
que pour les premiers, il faut une autorisation spéciale de l'administration. Cela tient peut-être à ce que la compagnie est
tenue, au moins dans certains cas, de faire elle-même le factage et le camionnage ; la loi l'autorise alors à se substituer
d'autres voituriers, mais comme elle n'est pas tenue du trans-

port de correspondance, il ne peut pas être question de substitu-
tion de voituriers et, par conséquent, elle ne peut pas passer
des traités de correspondance. C'est l'administration qui reste
juge de l'utilité de ce traité. C'est, en quelque sorte, un autre
transport qui commence puisque celui effectué par la compagnie est terminé, elle ne doit pas s'immiscer dans ce nouveau
transport. L'art. 53 du cahier des charges a pour but de maintenir l'égalité entre les services de correspondance desservant
les mêmes gares de chemins de fer.

Comment se détermine la responsabilité de ces entreprises de
correspondance? Contre qui peut recourir le particulier qui
éprouve un préjudice, soit par suite de perte de marchandises
ou de retard dans l'expédition? Nous répondrons par une distinction : Si le voiturier a été choisi par le particulier, la responsabilité de la compagnie de chemin de fer cesse dès qu'elle
a fait remise des colis à l'entreprise de correspondance; c'est
donc contre celle-ci que le particulier devra agir. Et, cela se
comprend, c'est absolument comme si la compagnie avait remis
les marchandises au destinataire lui-même: le voiturier qu'il a
choisi étant son mandataire. Mais, si le voiturier a été choisi
par la compagnie, nous déciderons qu'elle est responsable à l'é-
gard du destinataire, en vertu de l'art. 99 du Code de commerce, sauf, bien entendu, son recours contre cette entreprise
de correspondance.

CHAPITRE V.

DES TARIFS DE CHEMINS DE FER.

SECTION PREMIÈRE.

Généralités sur les Tarifs.

La question des tarifs est certainement une des plus importantes qui se présentent à propos des transports effectués par les chemins de fer. Aussi, allons-nous l'étudier avec autant de détails que le permet le cadre de notre travail.

Dans cette section nous allons rechercher comment peuvent s'établir les tarifs quel est leur caractère; puis nous examinerons les règles sur l'application des tarifs.

§ 1". — *De l'établissement des tarifs.*

L'État, en concédant aux compagnies les lignes de chemins de fer, les a autorisées à percevoir des droits pour le transport. C'est ce qui résulte de l'art. 42 du cahier des charges qui est ainsi conçu : « Pour indemniser la compagnie des travaux et dépenses qu'elle s'engage à faire par le présent cahier des charges, et sous la condition expresse qu'elle en remplira exactement toutes les obligations, le gouvernement lui accorde l'autorisation de percevoir, pendant toute la durée de la concession, les droits de péage et les prix de transport ci après déterminés». Suit alors un tarif pour le transport des voyageurs et pour celui des marchandises.

Ainsi, il est parfaitement établi, par cet art. 42, que les compagnies ne peuvent percevoir aucun tarif sans une autorisation du gouvernement. Cette autorisation peut être donnée par le cahier des charges qui est annexé à l'acte de concession ou bien par une autorisation postérieure si le cahier des charges est insuffisant, s'il contient une lacune.

Ce n'est pas tout, cette autorisation générale du gouvernement ne suffit pas; il faut de plus une homologation du ministre des travaux publics. Le gouvernement donne son approbation générale à la perception des tarifs et le ministre approuve chaque tarif séparément; il contrôle en quelque sorte la perception des tarifs afin de voir si les compagnies ne s'écartent pas du cahier des charges. Cette nécessité de l'homologation du ministre résulte de l'art 44 de l'ordonnance de 1846, qui s'exprime en ces termes : « Aucune taxe, de quelque nature qu'elle soit, ne pourra être perçue par la compagnie, qu'en vertu d'une homologation du ministre des travaux publics ».

Ainsi donc, aucune taxe ne peut être perçue par les compagnies si la perception n'a été autorisée par le gouvernement et de plus si cette taxe n'a été homologuée par le ministre des travaux publics.

On comprend facilement toutes ces précautions prises à l'égard des tarifs qui doivent être perçus par les compagnies. Ces dernières, en vertu de la concession qui leur est faite de l'exploitation des voies ferrées, ont une sorte de monopole, puisqu'il n'y a pas de concurrence possible. Eh bien, il ne faut pas que les particuliers qui, à cause de ce monopole, ne peuvent s'adresser à d'autres voituriers, soient à la discrétion des compagnies. L'État agit donc sagement en veillant à ce que les compagnies ne puissent pas percevoir des taxes fixées à leur gré.

Lorsque le gouvernement autorise une compagnie à percevoir certaines taxes de transport, il fixe un maximum au dessus duquel les prix ne pourront être élevés, mais au dessous duquel ils pourront très-bien être abaissés. Une fois ces prix maxima déterminés, il faut que les compagnies soumettent à l'homologation du ministre des travaux publics les taxes qu'elles entendent exiger pour chaque espèce de transports. Il doit en être ainsi, même dans le cas où les compagnies voudraient percevoir le maximum autorisé. L'art. 44 de l'ordonnance de 1846 ne fait aucune distinction; ses prescriptions sont des plus générales; il faut que l'administration supérieure soit avertie de la quotité des taxes, non-seulement pour éviter les exagérations de prix vis-à-vis du public et pour empêcher que le maximum du prix soit dépassé, mais encore pour veiller à ce qu'au moyen de certaines combinaisons de tarifs, les compagnies ne favorisent pas certains expéditeurs au préjudice de leurs concurrents.

Pour soumettre les taxes à l'approbation du ministre des travaux publics, la compagnie devra, selon l'art 45 de l'ordonnance de 1846, dresser un tableau des prix qu'elle a l'intention de percevoir, dans la limite du maximum autorisé par le cahier des charges, pour le transport des voyageurs, des bestiaux, marchandises et objets divers. Une fois ce tableau dressé, elle en transmettra une expédition au ministre, qui examinera ces tarifs, les approuvera ou les rejettera.

Les tableaux approuvés par le ministre seront constamment, selon l'article 48 de l'ordonnance de 1846, affichés dans les lieux les plus apparents des gares et des stations, afin que les particuliers puissent facilement en prendre connaissance.

L'art. 49 de l'ordonnance prévoit le cas où il y a lieu de modifier les taxes approuvées. Il s'exprime ainsi : « Lorsque la compagnie voudra apporter quelques changements aux prix autorisés, elle en donnera avis au ministre des travaux publics, aux préfets des départements traversés et aux commissaires royaux (aujourd'hui ces derniers fonctionnaires sont remplacés par les inspecteurs de l'exploitation commerciale, depuis un décret du 26 juillet 1852). Le public sera en même temps informé, par des affiches, des changements soumis à l'approbation du ministre. A l'expiration du mois, à partir de la date de l'affiche, lesdites taxes pourront être perçues, si, dans cet intervalle, le ministre des travaux publics les a homologuées. Si des modifications à quelques-uns des prix affichés étaient prescrites par le ministre, les prix modifiés devront être affichés de nouveau et ne pourront être mis en perception qu'un mois après la date de ces affiches ».

On le voit, les intérêts du public sont suffisamment garantis. Cet affichage préalable à l'homologation du ministre a pour but de permettre aux particuliers d'adresser leurs réclamations, s'il y a lieu, au ministre, avant que celui-ci ait statué sur la demande de la compagnie. Le public est donc prévenu, par la voie de l'affichage et des taxes, que les compagnies se proposent de percevoir, si le ministre les homologue, et de celles qu'elles peuvent percevoir par suite de l'approbation du ministre.

Pour combien de temps sont fixés les tarifs ? Il n'y a pas de durée préfixe ; les tarifs approuvés par le ministre sont appliqués tant qu'ils ne subissent pas de modifications. Mais les compagnies peuvent-elles immédiatement revenir sur les taxes qu'elles ont fait adopter ; toujours, bien entendu, dans les limites du maximum posé dans les cahiers des charges ? Il faut répondre à cette question par la distinction suivante : Les nouvelles propositions faites au ministre tendent-elles à abaisser le tarif tel qu'il est actuellement fixé ? les taxes pourront être immédiatement modifiées. S'agit-il, au contraire, d'élever les taxes à un taux supérieur à celui fixé actuellement, les compagnies seront obligées de subir certains délais. C'est ce que dit l'art. 48 du cahier des charges général, ainsi conçu : « Dans le cas où la compagnie jugerait convenable, soit pour le parcours total, soit pour les parcours particls de la voie ferrée, d'abaisser, avec ou sans conditions, au dessous des limites déterminées par le tarif, les taxes qu'elle est autorisée à percevoir, les taxes abaissées ne pourront être relevées qu'après un délai de trois mois au moins pour les voyageurs, et d'un an pour les marchandises ».

Les dispositions de l'art. 48 que nous venons de citer s'expliquent facilement. Une compagnie de chemin de fer, si elle pouvait abaisser et élever brusquement ses tarifs, agirait peut-être

de la sorte pour ruiner une entreprise rivale, un canal, par
exemple. Pour atteindre ce but elle abaisserait ses tarifs à un tel
point que cette autre entreprise de transport ne pourrait pas
soutenir la concurrence et succomberait. Alors, la compagnie
élèverait ses tarifs excessivement haut, et le tour serait joué ;
elle aurait tué sa rivale et se serait ainsi assuré tous les transports à effectuer dans les localités qu'elle traverse. De cette façon elle nuirait à l'entreprise rivale et en même temps au commerce, qui serait, en quelque sorte, à la discrétion de la compagnie, puisque celle-ci se trouverait désormais toute seule. Il
faut que les abaissements de tarif aient une autre cause que
celle de nuire à des entreprises rivales et il faut que ce soit
dans l'intérêt du commerce et non contre lui. C'est pourquoi
on a décidé que les taxes abaissées ne pourraient être relevées
qu'après un certain délai. Quant à la faculté d'abaisser immédiatement les taxes après un précédent changement, on en a laissé
le libre exercice aux compagnies, parce qu'elles ne pouvaient
pas porter atteinte au public en y ayant recours; au contraire,
puisque le relèvement ne peut avoir lieu qu'après un certain
délai.

Les taxes que peuvent percevoir les compagnies, en vertu de
l'article 52 du cahier des charges, se décomposent, comme l'indique cet article lui-même, en un droit de péage et en un prix
de transport. Le droit de péage est un droit de circulation qui
a pour but de rémunérer les compagnies des frais qu'elles ont
faits pour construire la voie ferrée et des frais d'entretien. Le
prix de transport est un droit qui est payé pour rémunérer la
compagnie qui, avec son matériel et par ses soins, transporte,
soit les voyageurs, soit les marchandises, d'un lieu à un autre.
Dans la pratique, cette distinction de deux droits intéresse peu
les voyageurs ou les expéditeurs puisqu'ils se trouvent confondus
dans le prix qu'ils doivent payer. Pour que cette distinction présente un intérêt il faudrait supposer, ce qui n'a jamais lieu, que
la voie ferrée ne serait pas exploitée par la compagnie qui a fait

les travaux d'établissement. Les droits de péage seraient perçus par la compagnie qui a fait à ses frais les travaux d'établissement et les droits de transport par la compagnie qui effectue le transport.

Outre les taxes qui ont pour but de rémunérer les compagnies du transport des marchandises et de la circulation sur la voie ferrée, c'est-à-dire outre les droits de transport et les droits de péage, il y a des taxes accessoires. Ce sont les droits de chargement, de déchargement et d'entrepôt dans les gares et magasins du chemin de fer, et enfin les taxes de transports en dehors de la voie ferrée, lorsqu'ils sont effectués par la compagnie elle-même, ou par des entreprises intermédiaires, en vertu de traités passés avec la compagnie.

Le montant de ces divers droits doit être fixé, chaque année, par le ministre des travaux publics sur la proposition des compagnies, conformément à l'article 47 de l'ordonnance de 1846 et à l'article 51 du cahier des charges. Ce dernier article est ainsi conçu : « Les frais accessoires non mentionnés dans les tarifs, tels que ceux d'enregistrement, de chargement et de déchargement, de magasinage dans les gares et magasins du chemin de fer, seront fixés annuellement par l'administration, sur la proposition de la compagnie ».

L'article 51 du cahier des charges ne s'applique pas aux transports en dehors de la voie ferrée; les taxes que l'on perçoit pour ces transports, bien qu'elles puissent être qualifiées de frais accessoires, sont perçues en vertu d'un tarif spécial dressé également par le ministre sur la proposition des compagnies, mais ce tarif n'est pas dressé pour une année seulement, comme pour les frais accessoires prévus par l'article 51.

§ 2. — *Caractère des tarifs.*

Les tarifs ne pouvant être valablement perçus par les compagnies qu'après l'homologation par le ministre des travaux pu-

blics et qu'après avoir été rendus exécutoires par des arrêtés
préfectoraux participent évidemment des actes administratifs. Il
est évident alors qu'en matière d'établissement et de modification de tarifs approuvés par l'administration, les expéditeurs ne
peuvent recourir qu'au ministre des travaux publics pour obtenir la réformation des mesures dont ils se plaignent; car il est
de principe que les actes administratifs ne peuvent être attaqués que devant l'autorité administrative elle-même. Il faut donc
reconnaître qu'aucune réclamation ne peut être portée contre
l'établissement des tarifs devant les tribunaux ordinaires, et par
conséquent qu'aucune demande en dommages-intérêts ne peut
être portée devant eux, contre les compagnies de chemins de
fer, à raison de l'établissement d'une taxe dont la fixation et la
perception ont été approuvées par le ministre.

Toute contestation, toute réclamation en matière d'établissement de tarifs doit donc être portée devant l'autorité administrative, puisque l'établissement de tarifs est un acte administratif.

Est-ce à dire que les tribunaux ordinaires n'ont pas le droit
d'examiner la légalité de l'établissement des tarifs? Nous ne le
pensons pas. Lorsque les tribunaux sont saisis d'une question
concernant les tarifs, nous admettons très-bien qu'ils auront le
droit et même le devoir d'examiner si toutes les conditions imposées par la loi pour l'établissement des tarifs ont été remplies;
en effet, si les conditions imposées par la loi n'ont pas été remplies, on ne peut pas dire que le tarif ait une existence en droit;
il n'a qu'une existence de fait; il ne forme pas une loi et les tribunaux ne doivent appliquer une loi qu'autant qu'elle existe
réellement en droit. Mais il est à remarquer que le tribunal ordinaire qui jugerait que le tarif est illégalement dressé,
ne pourrait pas l'annuler d'une manière générale; il ne l'annu-
lerait pas, mais il l'infirmerait en quelque sorte pour le cas sur
lequel il est appelé à statuer présentement. L'annulation générale ne pourrait provenir que de l'autorité administrative.

Nous avons parlé de la compétence des tribunaux ordinaires en matière de tarifs; nous devons maintenant indiquer dans quels cas elle se présentera. L'autorité judiciaire est compétente toutes les fois qu'il s'agit de difficultés relatives à l'application des tarifs par les compagnies. Dans ce cas, en effet, les actes administratifs ne sont pas attaqués il ne s'agit que de les appliquer et d'en assurer l'exécution. C'est ce qui a été décidé par le conseil d'État le 26 février 1857. C'est dans ces cas que les tribunaux ordinaires pourront rechercher si les tarifs ont été dressés conformément aux prescriptions de la loi, par exemple, si la publication exigée par l'article 49 de l'ordonnance de 1846 a été réellement faite. Au reste, ce droit d'examiner la légalité des tarifs a été parfaitement reconnu au profit des tribunaux ordinaires par un arrêt de cassation du 31 décembre 1866 qui contient, entre autres ces dispositions : « L'ordonnance de 1846 et le cahier des charges des concessions de chemins de fer sont des actes législatifs, dont l'interprétation et l'application à l'égard des tiers appartiennent aux tribunaux judiciaires. Il en est de même des tarifs dressés en exécution de ces dispositions et qui, comme elles, deviennent la loi du public et des compagnies. En conséquence, les tribunaux chargés d'appliquer ces tarifs ont le droit et le devoir d'examiner s'ils ont été faits, publiés et homologués, conformément auxdites dispositions ».

Ainsi, en résumé, nous dirons que l'autorité administrative seule est compétente pour connaître des réclamations qui s'élèvent au sujet de l'établissement des tarifs, et que les difficultés qui surgissent au sujet de l'application et de l'exécution de ces tarifs sont de la compétence des tribunaux ordinaires.

§ 3. — *Règles sur l'application des tarifs.*

Lorsque les taxes sont établies, la compagnie peut les appliquer aux voyageurs et aux expéditeurs. Le mode de perception est indiqué par l'article 42 du cahier des charges, qui s'exprime ainsi : « La perception aura lieu d'après le nombre de kilomètres parcourus. Tout kilomètre entamé sera payé comme s'il avait été parcouru en entier. Si la distance parcourue est inférieure à six kilomètres, elle sera comptée pour 6 kilomètres. Le poids de la tonne est de 1,000 kilogrammes; les fractions de poids ne seront comptées, tant pour la grande que pour la petite vitesse, que par centième de tonne ou par dix kilogrammes. Ainsi, tout poids compris entre zéro et 10 kilogrammes, paiera comme 10 kilogrammes; entre 10 et 20 kilogrammes, comme 20 kilogrammes, etc. Toutefois, pour les excédants de bagages et marchandises à grande vitesse, les comptes seront établis : 1° de zéro à 5 kilogrammes; 2° au dessus de 5 jusqu'à 10 kilogrammes; 3' au-dessus de 10 kilogrammes, par fraction indivisible de 10 kilogrammes. Quelle que soit la distance parcourue, le prix d'une expédition quelconque, soit en grande, soit en petite vitesse, ne pourra être moindre de 40 centimes ».

On voit, en outre, dans le tarif compris dans cet article 42, que les perceptions doivent se faire :

Pour les voyageurs, par personne et par kilomètre;

Pour les bestiaux, par tête et par kilomètre;

Pour les marchandises, par tonne et par kilomètre.

Pour les voyageurs, il y a généralement trois classes de voitures, qui sont plus ou moins confortables, mais qui doivent toutes être couvertes et fermées. Les enfants au dessous de trois ans ne paient rien, à la condition d'être portés sur les genoux des personnes qui les accompagnent; les enfants de trois à sept ans paient demi-place, et ont droit à une place distincte; toutefois, dans un même compartiment, deux enfants ne pourront occuper que la place d'un voyageur. Au dessus de sept ans, ils paient place entière.

Pour les animaux, les perceptions se font par tête et par kilomètre; mais, cela va sans dire, le prix n'est pas le même pour tous les animaux. Ainsi, il est clair qu'un bœuf doit payer plus qu'un mouton, par la simple raison qu'il tient plus de place et qu'il est plus lourd.

Pour les marchandises, la perception se fait par tonne et par kilomètre, mais il est clair que l'on tiendra compte, pour fixer les taxes de la valeur, du poids et du volume des marchandises qui sont rangées par classes soumises à des prix différents et gradués. Ainsi, par exemple, les huiles, les spiritueux, le café, sont rangés dans la première classe et paieront 0,16 par tonne et par kilomètre, tandis que les pierres de taille et les produits des carrières sont rangées dans la troisième classe et paieront seulement 0,10 par tonne et par kilomètre. Cela tient à ce que un kilogramme d'huile tiendra beaucoup plus de place que un kilogramme de pierre de taille. Les matières encombrantes doivent payer davantage que celles qui ne le sont pas. Les tarifs sont combinés pour que toutes les marchandises transportées rapportent à peu près autant aux compagnies.

Mais cette division par classes n'existe que pour les marchandises transportées par la petite vitesse. Toutes les marchandises, quelle que soit leur nature, transportées par la grande vitesse, sont taxées à 36 centimes par tonne et par kilomètre. Tel est le maximum du tarif.

L'article 44 du cahier des charges contient, à propos des bagages, une disposition que nous avons rencontrée dans notre chapitre 2, à propos du transport des voyageurs. Nous nous bornerons à citer cet article pour mémoire : « Tout voyageur dont le bagage ne pèsera pas plus de 30 kilogrammes n'aura à payer, pour le port de ce bagage, aucun supplément du prix de sa place. Cette franchise ne s'appliquera pas aux enfants transportés gratuitement, et elle sera réduite à 20 kilogrammes pour les enfants transportés à moitié prix ».

Revenons maintenant au transport des marchandises. Nous avons vu que l'article 42 du cahier range en plusieurs classes, il y en a quatre, les marchandises qui sont transportées à petite vitesse ; mais comment fera-t-on, si on présente à la compagnie des marchandises qui ne sont pas désignées dans l'une de ces quatre classes, car on comprend bien que l'article 42 n'a pas pu énumérer toutes les marchandises qui peuvent exister? L'article 45 du cahier a tranché la question, en décidant qu'on procéderait alors à assimilation de classes, c'est-à-dire que l'objet qui n'est pas classé par l'article 42, devra être taxé d'après le prix de la classe des marchandises avec lesquelles il a le plus d'analogie. Voici, au reste, comment s'exprime cet article 45 : « Les animaux, denrées, marchandises, effets et. autres objets non désignés dans le tarif, seront rangés, pour les droits à percevoir, dans les classes avec lesquelles ils auront le plus d'analogie, sans que jamais, sauf les exceptions formulées aux art. 46 et 47 ci-après, aucune marchandise non dénommée puisse être soumise à une taxe supérieure à celle de la première classe du tarif ci-dessus. Les assimilations de classes pourront être provisoirement réglées par la compagnie ; mais elles seront soumises immédiatement à l'administration qui prononcera définitivement ».

Voyons maintenant les exceptions indiquées par cet art. 45 et qui sont contenues dans les articles 46 et 47 du même cahier des charges.

L'art. 46 dit que les droits de péage et les prix de transports déterminés au tarif ne seront point applicables à toute masse indivisible pesant plus de trois mille kilogrammes. Néanmoins la compagnie, ajoute cet article, ne pourra se refuser à transporter les masses indivisibles pesant de trois mille à cinq mille kilogrammes, mais les droits de péage et de transport seront augmentés de moitié. La compagnie ne pourra être contrainte à transporter les masses pesant plus de cinq mille kilogrammes. Si, nonobstant la disposition qui précède, la compagnie transporte des masses indivisibles, pesant plus de cinq mille kilogrammes, elle devra, pendant trois mois au moins, accorder les mêmes facilités à tous ceux qui en feraient la demande. Dans ce cas les prix de transport seront fixés par l'administration sur la proposition de la compagnie. Ce dernier paragraphe de l'article 46 est conçu pour assurer l'égalité entre tous les expéditeurs, car on ne veut pas que la compagnie fasse des faveurs aux uns qui seraient refusées aux autres. Les dispositions de cet art. 46 s'expliquent facilement. Il s'agit de masses encombrantes, plus difficiles à manier et exigeant pour le transport des mesures spéciales, il est donc tout naturel que le prix de transport ne soit pas le même que pour les objets ordinaires.

Les autres exceptions indiquées par l'art. 45 sont contenues dans l'article 47 qu'il nous faut maintenant examiner.

Cet article contient des dispositions relatives au transport de certains objets qui exigent des soins spéciaux et des dispositions relatives au groupage des colis. Nous allons examiner successivement ces dispositions.

Les prix de transport déterminés au tarif, ne sont pas applicables : 1° aux denrées et objets qui ne sont pas nommément énoncés dans le tarif, et qui ne pèseraient pas deux cents kilogrammes sous le volume d'un mètre cube ; 2° aux matières inflammables ou explosibles, aux animaux et objets dangereux, pour lesquels des règlements de police prescrivent des précautions spéciales ; 3° aux animaux dont la valeur déclarée excéderait 5.000 fr. ; 4° à l'or et à l'argent, soit en lingots, soit monnayés ou travaillés, au plaqué d'or et d'argent, au mercure et au platine, ainsi qu'aux bijoux, dentelles, pierres précieuses, objets d'art et autres valeurs.

Dans les cas ci-dessus spécifiés, les prix de transport seront arrêtés annuellement par l'administration, tant pour la grande vitesse que pour la petite vitesse, sur la proposition de la compagnie.

Ces dispositions de l'art. 47 s'expliquent par le soin tout spécial qu'exigent tous les objets que nous venons d'énumérer, soit à cause de leur valeur, soit à cause des dangers qui peuvent résulter de ce transport.

La seconde partie de notre article 47 s'occupe du groupage

des colis. En voici les dispositions : « Les prix de transport déterminés au tarif ne sont pas applicables ; 5° en général, à tous paquets, colis ou excédants de bagages, pesant isolément quarante kilogrammes et au-dessous. Toutefois, les prix de transport déterminés au tarif sont applicables à tous paquets ou colis, quoique emballés à part, s'ils font partie d'envois, pesant ensemble plus de quarante kilogrammes, d'objets envoyés par une même personne à une même personne. Il en sera de même pour les excédants de bagages qui pèseraient, ensemble ou isolément, plus de quarante kilogrammes.

Le bénéfice de la disposition énoncée dans le paragraphe précédent, en ce qui concerne les paquets et colis, ne peut être invoqué par les entrepreneurs de messageries et de roulage et autres intermédiaires de transport, à moins que les articles, par eux envoyés, ne soient réunis en un seul colis.

Les prix de transport seront arrêtés annuellement par l'administration, tant pour la grande que pour la petite vitesse, sur la proposition de la compagnie. En ce qui concerne les paquets ou colis mentionnés à notre paragraphe 5, les prix de transport devront être calculés, de telle manière, qu'en aucun cas, un de ces paquets ou colis ne puisse payer un prix plus élevé qu'un article de même nature pesant plus de quarante kilogrammes.»

Cette deuxième partie de notre art. 47 commence par dire que le tarif ordinaire ne s'applique pas, en général, aux petits colis, c'est-à-dire aux colis pesant moins de quarante kilogrammes. En effet, ces colis demandent plus de travail que les colis ordinaires. Il est donc tout naturel que la compagnie ait un tarif spécial pour eux. Seulement, cet article admet pour les expéditeurs la faculté du groupage. Qu'est-ce que le groupage ? C'est tout simplement la réunion de plusieurs colis en un seul. Alors, on n'aura qu'un seul colis au lieu et place de plusieurs petits ; alors, évidemment, on rentre dans le droit commun, c'est-à-dire que le tarif ordinaire devient applicable. A quelles conditions peut-on recourir au groupage ? Notre art. 47 distingue entre les particuliers et les commissionnaires de transport.

Pour qu'un particulier puisse avoir recours au groupage des colis, il faut que les colis ou paquets soient expédiés par une même personne à une même personne, et que les colis qu'il groupe pèsent ensemble, cela va de soi, plus de quarante kilogrammes, autrement, malgré le groupage, nous resterions toujours dans le cas des petits colis, et le tarif exceptionnel resterait applicable. Le particulier n'est pas tenu de faire le groupage couvert, c'est-à-dire qu'il n'est pas tenu de réunir réellement tous les petits colis. Le groupage se fait, quoique ces petits colis soient emballés séparément. C'est ce qu'on appelle le groupage à découvert.

Les commissionnaires de transport peuvent avoir recours au groupage des colis. Seulement, le groupage doit être fait à couvert, c'est-à-dire qu'ils doivent emballer, en un seul colis, tous les petits colis qu'ils se sont chargés de faire transporter. Tous les colis doivent être réunis sous une même enveloppe. La raison de cette différence entre le groupage fait par un commissionnaire et celui fait par un simple expéditeur, vient de ce que le groupage par un simple particulier, un simple expéditeur est un fait isolé, un fait qui se présentera assez rarement en comparaison du groupage fait par un commissionnaire de transport, puisque ce dernier en fait métier. La compagnie peut tolérer d'un simple expéditeur, ce qu'elle ne pourrait pas supporter d'un commissionnaire. Puis, la compagnie aurait trop de mal dans ce dernier cas, sans retirer aucun bénéfice. Il est juste, puisque la compagnie renonce, en quelque sorte, au profit du commissionnaire, au bénéfice qu'elle retirerait des tarifs exceptionnels appliqués aux petits colis, qu'elle n'ait pas au moins le mal et qu'elle soit dispensée du travail de chargement et de déchargement de tous ces petits colis. Le commissionnaire de transport doit donc réunir ses envois sous une même enveloppe. Il ne doit donc pas se borner à les rassembler par une simple corde. C'est ce qui a été jugé par le tribunal de commerce de la Seine le 7 juillet 1858.

Le groupage ne doit pas permettre au commissionnaire de frauder la compagnie. Ainsi, par exemple, la faculté de grouper les colis n'entraîne pas le droit de réunir, sous une même enveloppe, des colis payant le transport au poids et des colis payant le transport ad valorem. Si un commissionnaire emballait clandestinement des métaux précieux, des dentelles dans des colis de mercerie ou de lingerie, par exemple, il pourrait être condamné à payer des dommages-intérêts à la compagnie. C'est ce qui a été jugé par le tribunal de commerce de la Seine le 23 juillet 1864. Nous ajouterons même que l'art. 21 de la loi du 15 juillet 1845 serait applicable et que la peine qu'il édicte pourrait parfaitement être prononcée contre ce commissionnaire, car il est évident qu'il s'est rendu coupable des contraventions visées par cet article.

SECTION II.

Des diverses espèces de Tarifs.

Nous avons à examiner dans cette section les tarifs de transport par la voie ferrée, d'une part, et en dehors de la gare, d'autre part.

§ 1er. — *Tarifs des Transports par la voie ferrée.*

I. TARIFS GÉNÉRAUX. — L'art. 48 du cahier des charges, pose le principe que la perception des taxes doit se faire indistinctement et sans aucune faveur. Il est donc tout naturel que nous parlions d'abord des tarifs généraux. Au reste, après ce que nous avons déjà dit sur les tarifs, nous n'avons que quelques mots à en dire. Les tarifs dits généraux sont ceux qui, égaux ou inférieurs au tarif officiel maximum, sont applicables à tous les voyageurs ou expéditeurs, sans autres conditions que

celles du cahier des charges ou des conventions spéciales arrêtées de concert avec les compagnies, pour en régler l'application
sur les divers réseaux. Le tarif officiel du cahier des charges ne
doit pas être confondu avec les tarifs généraux qui nous occupent. Le tarif officiel du cahier des charges est un maximum
que les compagnies ne peuvent pas dépasser, et qui est fixé
par décret. Au contraire, les tarifs généraux, qui nous occupent
et qui peuvent être inférieurs au maximum du tarif officiel du
cahier des charges, sont fixés par les compagnies, mais ils doivent être approuvés par le ministre des travaux publics, même
s'ils atteignent le maximum du tarif officiel. Ces tarifs généraux
peuvent s'appeler tarifs d'application par opposition aux tarifs
du cahier des charges qui, eux aussi, sont généraux. On comprend très-bien que nous n'allons pas ici donner des chiffres
pour établir un tarif général d'application. Cela nous entraînerait beaucoup trop loin, et de plus ne présenterait aucun intérêt.
Nous nous bornerons à ce que nous avons dit, savoir que les tarifs généraux d'application ne peuvent pas dépasser le maximum du tarif du cahier des charges, avec lequel ils ne doivent
pas être confondus; que les tarifs d'application sont établis par
les compagnies avec approbation du ministre des travaux publics.
Il en est de même pour les modifications aux tarifs. Il doit de
plus y avoir publication des tarifs et des modifications qui y sont
apportées selon les règles que nous avons vues dans la section
précédente, en étudiant l'établissement des tarifs.

II. Tarif exceptionnel. — Pour le transport de certains
objets que nous avons indiqués à propos de l'art. 47 du cahier
des charges, tels que les matières inflammables ou explosibles,
les animaux dangereux, l'or, l'argent, les dentelles, on n'applique pas le tarif général, car la compagnie est obligée d'apporter plus de soin, elle a plus de travail et elle est tenue à plus
de surveillance, attendu que sa responsabilité est plus grande;
il est donc tout naturel que ces objets ne soient pas transportés

pour un prix fixé d'après le tarif général. Il est tout naturel qu'il y ait pour ces objets un tarif exceptionnel, qui est arrêté annuellement par l'administration, tant pour la grande que pour la petite vitesse, sur la proposition de la compagnie. Lorsque le renouvellement des tarifs exceptionnels n'a pas eu lieu en temps utile, ces tarifs sont prorogés de droit, en vertu de l'article 47 de l'ordonnance de 1846; ils sont, par conséquent, obligatoires pour les expéditeurs. C'est ce qui a été jugé par la cour d'Amiens le 3 juin 1854.

III. TARIF DES FRAIS ACCESSOIRES. — Il en est question dans l'art. 51 du cahier des charges qui décide que les frais accessoires non mentionnés dans les tarifs, tels que ceux d'enregistrement, de chargement et de déchargement, de magasinage dans les gares et magasins du chemin de fer, seront fixés tous les ans par l'administration, sur la proposition de la compagnie. Ici encore nous déciderons que si le renouvellement n'a pas eu lieu en temps utile, ces tarifs sont prorogés; ici encore nous appliquerons l'article 47 de l'ordonnance de 1846.

IV. TARIFS A PRIX RÉDUIT. — Il peut paraître étonnant au premier abord que l'on parle de tarifs à prix réduit après avoir rapporté le principe consacré dans l'art. 48 du cahier des charges qui décide que la perception des taxes doit se faire indistinctement et sans aucune faveur, mais en examinant plus à fond la question, on voit parfaitement que la disposition de l'article 48 du cahier des charges ne s'oppose pas à ce qu'on introduise à côté des tarifs ordinaires des tarifs à prix réduit, bien entendu, pourvu que ces derniers ne soient pas établis pour favoriser tel ou tel expéditeur. Il faut que ces tarifs exceptionnels, ces tarifs à prix réduit, pour être valables, soient applicables à tous les expéditeurs placés dans les mêmes conditions. Alors le principe de l'art. 48 du cahier des charges reste vrai, puisqu'il n'y a aucune faveur, tout le monde étant placé dans les mêmes conditions.

On peut ranger les tarifs à prix réduits en deux catégories : les tarifs conditionnels et les tarifs différentiels.

1° *Tarifs conditionnels*. — On appelle ainsi des tarifs qui fixent un prix inférieur à celui du tarif ordinaire pour les personnes qui se soumettent à certaines conditions : par exemple, à assurer des expéditions journalières s'élevant au moins à un certain tonnage, ou bien à livrer toujours une quantité de marchandises représentant le chargement d'un wagon entier. Il y a là une sorte d'abonnement avec la compagnie. L'expéditeur a encore droit à ce tarif conditionnel, lorsqu'il s'engage, d'après l'article 50 du cahier des charges, à accepter, pour le transport des marchandises, des délais plus longs que ceux déterminées pour la petite vitesse. Mais remarquons bien que tout le monde peut bénéficier de ces tarifs conditionnels, de ces tarifs à prix réduit; il n'y a pas là une faveur faite par la compagnie au profit de telle ou telle personne. Tout le monde, encore une fois, peut en bénéficier.

Avant le 1ᵉʳ janvier 1858, les compagnies pouvaient établir des tarifs spéciaux en vertu de traités particuliers. Cette faculté blessait le principe que les transports doivent être faits sans faveur aucune pour tel ou pour tel; aussi, une circulaire ministérielle du 20 septembre 1857 invite-t-elle les compagnies à s'abstenir, à partir du 1ᵉʳ janvier 1858, d'appliquer aucun tarif spécial résultant de ces traités particuliers, alors même qu'ils auraient pris naissance avant l'époque de cette circulaire. Il ne doit y avoir de faveur pour personne spécialement, si une faveur est faite par une compagnie de chemins de fer, elle doit pouvoir être invoquée par toutes les personnes qui se trouvent dans les mêmes conditions. Mais remarquons bien que les dispositions des tarifs généraux qui ne sont pas modifiées par les tarifs spéciaux ou conditionnels sont conservées et par conséquent restent applicables.

2° *Tarifs différentiels*. — On appelle tarifs différentiels des tarifs qui, pour une même nature de marchandises, varient, soit en raison de la quantité livrée par l'expéditeur, soit en raison des distances à parcourir, soit en raison du sens dans lequel le transport s'effectue.

Supposons un tarif qui fixerait, pour le transport d'une certaine marchandise, un prix de 10 centimes par tonne et par kilomètre pour les expéditions de 1 à 100 tonnes, et qui ne fixerait que 8 centimes par tonne et par kilomètre pour les expéditions au-dessus de 100 tonnes; ce sera un tarif différentiel en raison de la quantité de marchandises à transporter.

Supposons un tarif qui fixe le prix du transport d'une certaine marchandise à 10 centimes par tonne et par kilomètre de Paris à Tours, et qui, pour la même marchandise ne fixe qu'à 8 centimes de Paris à Nantes : ce sera un tarif différentiel, en raison des distances à parcourir.

Supposons enfin un tarif qui fixe le prix du transport à 10 centimes par tonne et par kilomètre de Marseille à Paris, et qui pour la même marchandise expédiée de Paris à Marseille ne le fixe qu'à 8 centimes; ce sera un tarif différentiel, en raison du sens dans lequel le transport s'effectue.

Les tarifs différentiels sont très-licites. Ils ne portent préjudice à personne puisque tout le monde peut en profiter. Ils sont très-équitables, puisqu'on ne peut jamais payer moins pour un transport plus long que pour un transport plus court. Les tarifs différentiels présentent même une grande utilité pour le commerce et l'industrie, puisqu'ils permettent de ne pas trop grever de frais le tranport des marchandises qui se fait au loin. Si le tarif différentiel n'existait pas, il faudrait ne pas transporter au loin certaines marchandises, car il serait à craindre qu'on ne pût pas les vendre à cause du prix trop élevé qu'elles atteindraient en raison du transport. On conçoit parfaitement alors le préjudice que l'industrie et le commerce éprouveraient par suite de l'absence des tarifs différentiels. Nous pensons même qu'il serait excellent d'étendre le principe des tarifs différentiels au transport des voyageurs. Les compagnies y gagneraient certainement ainsi que les particuliers. Les voyages, en effet, deviendraient plus fréquents Les compagnies encaisseraient donc forcément de plus gros bénéfices et les particuliers s'instruiraient davantage, puisqu'ils visiteraient plus de localités, et se rendraient compte par eux-mêmes à la fois et de la situation géographique et topographique des divers pays et des mœurs, des institutions et des usages des divers peuples

V. Tarifs communs et combinés. — Ces tarifs sont, à proprement parler, des tarifs à prix réduit; mais cependant nous en traitons à part, à cause de leur importance. Ce sont des tarifs par lesquels deux compagnies s'engagent à transporter, à prix réduit, les marchandises partant d'un point de l'une des deux lignes, pour aboutir à un point de l'autre ligne.

Ces tarifs sont légaux et obligatoires, pourvu qu'ils aient été soumis à l'approbation administrative, conformément aux dispositions du cahier des charges. On appelle encore ces tarifs des tarifs de détournement. Les marchandises qui voyagent, entre deux localités non desservies par une voie directe, paient seulement un prix de transport comme si cette voie existait.

L'engagement de la compagnie qui se charge du transport des marchandises de l'une des gares de sa ligne à l'une des gares de l'autre ligne, l'oblige vis-à-vis de l'expéditeur, pour tout le trajet, sans que celui-ci ait à prendre aucune mesure pour le transport sur la partie empruntée de l'autre ligne ; l'expéditeur se libère valablement de la totalité du prix de transport en le versant dans la caisse de la gare d'où les marchandises sont expédiées, et la responsabilité pèse, pour le tout, sur la compagnie qui se charge du transport. C'est ce qui résulte d'un arrêt de la cour de cassation du 8 décembre 1858.

L'application des tarifs communs, cela est digne de remarque, n'aura lieu que sur la demande expresse de l'expéditeur. Les tarifs contiennent à ce sujet cette disposition : « Les prix des tarifs ne seront appliqués qu'autant que l'expéditeur en aura fait la demande expresse sur la déclaration. A défaut de cette demande préalable, l'expédition sera taxée de droit aux prix et conditions des tarifs généraux d'application de chaque compagnie ». Cette disposition du tarif, qui cependant a été approuvée par le ministre, dans une circulaire du 29 juin 1861, a soulevé des critiques et des réclamations, et ce n'est peut-être pas à tort.

VI. **Tarifs internationaux.** — Ces tarifs s'appliquent aux marchandises de transit, c'est-à-dire qui traversent la France d'une frontière à une autre; aux marchandises d'exportation et à certaines marchandises d'importation. Les formalités relatives à ces tarifs sont contenues dans un décret du 26 avril 1862. Il y aurait, sans doute, des questions intéressantes à examiner à propos des tarifs internationaux, mais nous ne le pouvons pas. Nous nous contenterons de dire que ces tarifs pourraient encore être rangés dans notre quatrième classe, c'est-à-dire parmi les tarifs à prix réduits.

VII. **Tarifs des chemins d'intérêt local.** — L'art. 2 de la loi du 12 juillet 1865 confère aux préfets le droit d'homologuer les tarifs de chemins de fer d'intérêt local. Toutefois, l'administration supérieure, qui peut avoir intérêt à connaître ces tarifs, afin de pouvoir se rendre compte, le cas échéant, des prix de transport applicables aux voyageurs et aux marchandises transitant d'un chemin d'intérêt local sur l'un des réseaux concédés aux grandes compagnies ou réciproquement, se fait adresser par les préfets quelques exemplaires des arrêtés par lesquels ils ont homologué les tarifs des chemins d'intérêt local.

Lorsque la compagnie concessionnaire d'un chemin départemental concerte des tarifs communs avec la grande compagnie qui exploite le réseau auquel aboutit le chemin d'intérêt local, la perception des tarifs ne peut avoir lieu qu'avec l'homologation du ministre pour la grande compagnie et qu'avec celle du préfet pour le chemin d'intérêt local. Pour ne pas scinder l'homologation, le préfet doit faire connaître au ministre, avant que celui-ci donne son approbation, s'il n'a aucune objection à faire au sujet de ces tarifs communs.

Voilà tout ce que nous avons à dire au sujet des tarifs pour le transport par la voie ferrée.

En résumé, nous voyons qu'il y a tout d'abord le tarif du cahier des charges qui est établi par un décret et qui fixe un maximum que les compagnies ne peuvent pas dépasser. Nous trouvons ensuite plusieurs espèces de tarifs qui sont présentés par les compagnies et qui doivent être homologués par le ministre des travaux publics. Ce sont les tarifs généraux d'application, les tarifs exceptionnels, les tarifs des frais accessoires et les tarifs à prix réduits qui comprennent les tarifs conditionnels, les tarifs différentiels, les tarifs communs et les tarifs internationaux. Il y a enfin les tarifs des chemins de fer départementaux, qui sont présentés par les compagnies concessionnaires à l'homologation des préfets qui doivent les porter à la connaissance du ministre des travaux publics.

§ 2. — *Tarifs des Transports en dehors des gares.*

Il est clair que nous n'avons pas à parler ici de tarifs pour le transport fait en dehors de la voie ferrée par des voituriers libres et indépendants de la compagnie. Le prix du transport est, en effet, fixé à l'amiable entre le destinataire et le voiturier.

La question des tarifs ne peut se présenter qu'autant qu'il s'agit de transport effectué, soit par la compagnie elle-même, soit par des voituriers avec lesquels la compagnie a passé un traité.

Lorsque les transports sont faits par la compagnie, celle-ci doit, en vertu de l'art. 52 du cahier des charges, faire fixer par le ministre des travaux publics, les tarifs à percevoir. Les taxes à percevoir par la compagnie sont subdivisées proportionnellement, suivant les séries de marchandises ; elles sont plus ou moins élevées pour chaque série, suivant l'importance des localités. A Paris et dans les autres gares de premier ordre, le camionnage est effectué par les compagnies, moyennant une taxe qui varie, suivant les zones et les séries, de 2 à 8 fr. par tonne pour les vins et autres marchandises, et de 0,30 à 0,50 par sac pour les farines et grains. Le tarif des autres gares varie suivant les séries et les distances, de 1 fr. à 4 fr. par tonne de marchandises et de 0,15 à 0,30 c. par sac de farine ou de grains. Les taxes sont établies par fraction indivisible de 10 kilogrammes. Maintenant, pour les marchandises exceptionnelles, telles que celles qui ne pèsent pas 200 kilogrammes sous le volume d'un mètre cube, telles que les matières inflammables ou explosibles, les objets d'art, les masses indivisibles de 1,500 à 3,000 kilogrammes et les objets encombrant, de 6 mètres 50 à 10 mètres de longueur, la compagnie est ordinairement autorisée à percevoir moitié en sus du tarif ordinaire que nous venons de citer plus haut.

La cour de cassation a jugé, avec raison, le 20 mai 1865, que les compagnies étaient obligées, en vertu de l'art. 44 de l'ordonnance de 1846, de soumettre tous leurs tarifs à l'homologation du ministre des travaux publics, alors même qu'il s'agirait de taxes perçues à l'occasion de services purement facultatifs.

Lorsque la compagnie a passé un traité avec une entreprise intermédiaire de transport, celle-ci, étant substituée aux droits de la compagnie, doit également faire homologuer ses tarifs par le ministre. Si elle percevait des droits plus élevés que ceux fixés par le tarif, elle tomberait sous le coup de l'art. 21 de la loi de 1845 et serait, par conséquent, passible d'une amende de 16 fr. à 3,000 fr. C'est ce qui a été décidé par l'arrêt de cassation de 1865, que nous venons de citer. La question ne peut présenter aucun doute, puisque le traité tout entier, passé entre la compagnie de chemins de fer et l'entreprise intermédiaire de transport, doit être présenté à l'approbation du ministre des travaux publics statuant sur le traité tout entier; il est clair que le ministre statuera par la force même des choses, sur les taxes que cette entreprise pourra percevoir.

CHAPITRE VI.

OBLIGATIONS IMPOSÉES AUX COMPAGNIES DANS L'INTÉRÊT DE DIVERS SERVICES PUBLICS.

Nous allons terminer notre travail par l'étude de quelques obligations imposées aux compagnies par les art. 54 à 58 du cahier des charges général en matière de douanes, de postes, de télégraphie et au sujet du transport des militaires et marins, des indigents et des prisonniers.

I. Postes. — Au sujet du service postal, l'art. 56 du cahier des charges prescrit les règles suivantes :

A chacun des trains de voyageurs et de marchandises circulant aux heures ordinaires de l'exploitation, la compagnie sera tenue de réserver gratuitement, deux compartiments spéciaux d'une voiture de deuxième classe ou un espace équivalent, pour recevoir les lettres, les dépêches et les agents nécessaires au service des postes; le surplus de la voiture restant à la disposition de la compagnie. Si le volume des dépêches ou la nature du service rend insuffisante la capacité de deux compartiments, de sorte qu'il y ait lieu de substituer une voiture spéciale aux wagons ordinaires, le transport de cette voiture sera également gratuit.

Lorsque la compagnie voudra changer les heures de départ de ses convois ordinaires, elle sera tenue d'en avertir l'administration des postes quinze jours à l'avance.

Indépendamment de ces deux compartiments réservés à chaque train, un train spécial régulier, dit train journalier de la poste, doit être mis gratuitement par la compagnie, chaque jour, à l'aller et au retour, à la disposition du ministre des finances, pour le transport des dépêches sur toute l'étendue de la ligne. Si un train spécial ne suffit pas, il pourra y en avoir plusieurs, seulement, pour ces derniers, la compagnie a droit à une rétribution qui ne pourra excéder 75 centimes par kilomètre parcouru, pour la première voiture, et 25 centimes pour chaque voiture en sus de la première.

La compagnie peut très-bien placer dans les convois spéciaux de la poste, des voitures de toutes classes, pour le transport, à son profit, des voyageurs et des marchandises. Elle ne peut être tenue d'établir des convois spéciaux ou de changer les heures de départ, la marche et le stationnement de ces convois, qu'autant que l'administration l'aura prévenue, par écrit, quinze jours à l'avance.

Tout cela ne peut se rapporter qu'aux services réguliers. Mais toutes les fois que l'administration requerra l'expédition d'un convoi extraordinaire, soit de jour, soit de nuit, cette expédition devra être faite immédiatement, sauf l'observation des règlements de police. Le prix dû, en ce cas, par l'administration des postes aux compagnies est de 8 francs par kilomètre.

L'administration des postes peut être tenue de faire construire à ses frais les voitures qu'il pourra être nécessaire d'affecter spécialement au transport et à la manutention des dépêches. La forme et la dimension de ces voitures doivent être approuvées par le ministre des travaux publics.

La compagnie est obligée de transporter gratuitement, par tous les convois de voyageurs, tout agent des postes chargé d'une mission ou d'un service accidentel et porteur d'un ordre de service. L'agent des postes en mission a droit à une place dans une voiture de deuxième classe, ou dans une voiture de première classe, si le convoi ne comporte pas de deuxièmes classes.

La compagnie peut être tenue de fournir à l'administration des postes un emplacement pour que celle-ci puisse faire construire des bureaux de poste aux stations, seulement, la compagnie a le droit de percevoir un loyer pour ce terrain qui, cela va sans dire, devra être pris de façon à ne pas nuire à l'exploitation de la voie ferrée.

Voilà les dispositions principales qui sont contenues, au sujet des postes, dans l'article 56 du cahier des charges. Il y a encore une foule de questions et de dispositions qui sont en dehors du cahier des charges et qui se rapportent, soit aux agents entreposeurs fournis par les compagnies, soit aux boîtes mobiles des gares, soit aux bureaux ambulants, etc. ; mais ces questions nous entraîneraient trop loin, c'est pourquoi nous nous dispenserons de les examiner.

Un mot maintenant sur la responsabilité de la compagnie et et sur le privilége de la poste.

La compagnie est responsable, vis-à-vis des employés des postes aussi bien que vis-à-vis des autres voyageurs, des accidents survenus pendant la marche des trains. C'est ce qui a été décidé par la cour de Paris dans un arrêt du 17 août 1866. Le conseil d'État a admis la même décision le 10 novembre 1868.

L'administration des postes a un privilége pour le transport des lettres, des journaux et de certains imprimés. C'est ce qui résulte de l'arrêté du 27 prairial an ix et de la loi du 25 juin 1856. Les compagnies de chemins de fer ne doivent pas transporter ces écrits pour lesquels l'administration des postes a un privilége. Ce n'est pas à dire que les compagnies ne peuvent transporter aucuns écrits, non, seulement elles doivent respecter le privilége de la poste. Ainsi elles pourraient très-bien transporter des livres et imprimés non périodiques, des registres, des papiers et des dossiers de procédure, des échantillons et même des écrits et journaux périodiques, mais purement littéraires et seulement jusqu'à concurrence de un kilogramme. La cour de cassation a décidé le 5 mai 1855 et le 28 février 1856, que la compagnie était responsable, même si elle avait été de bonne foi, si elle avait ignoré qu'une lettre avait été placée dans les paquets ou colis par elle transportés. Cette décision n'est peut-être pas exempte de critiques, n'est peut-être pas irréprochable.

II. Télégraphie. — C'est l'article 58 du cahier des charges général qui s'occupe des obligations imposées aux compagnies en matière de télégraphie. Le gouvernement se réserve la faculté de faire, le long des voies, toutes les constructions, de poser tous les appareils nécessaires à l'établissement d'une ligne télégraphique, sans nuire au service du chemin de fer.

La compagnie, sur la demande de l'administration des lignes télégraphiques, devra réserver dans les gares des villes et des localités, qui lui sont désignées, le terrain nécessaire à l'établissement des maisonnettes destinées à recevoir le bureau télégraphique et son matériel.

Les agents de la compagnie doivent surveiller les fils et les appareils de la ligne télégraphique; ils doivent donner connaissance aux employés du télégraphe de tous les accidents qui peuvent survenir et leur en faire connaître les causes.

La compagnie doit transporter gratuitement les agents de la télégraphie voyageant pour le service de la ligne télégraphique. En cas de rupture du fil télégraphique ou d'accidents graves, la compagnie devra mettre une locomotive à la disposition de l'inspecteur de la ligne télégraphique, pour le transporter sur le lieu de l'accident avec les hommes et les matériaux nécessaires à la réparation. Ce transport sera gratuit et devra être effectué dans des conditions telles, qu'il ne puisse entraver en rien la circulation publique. S'il était nécessaire, par suite des travaux à exécuter sur la voie ferrée, de déplacer les fils, les poteaux ou les appareils télégraphiques, ce serait aux frais de la compagnie, par les soins de l'administration des lignes télégraphiques.

La compagnie pourra être autorisée et au besoin requise par

le ministre des travaux publics, agissant de concert avec le ministre de l'intérieur, d'établir, à ses frais, les fils et les appareils télégraphiques destinés à transmettre les signaux nécessaires pour la sûreté et la régularité de son exploitation. Elle pourra, avec l'autorisation du ministre de l'intérieur, se servir des poteaux de la ligne télégraphique de l'État, lorsqu'une semblable ligne existera le long de la voie. Elle sera tenue de se soumettre à tous les règlements d'administration publique concernant l'établissement et l'emploi de ces appareils, ainsi que l'organisation, aux frais de la compagnie, du contrôle de ce service par les agents de l'État.

Voilà ce que décide le cahier des charges général. Indépendamment de ce texte, il y en a plusieurs autres qui réglementent la matière de la télégraphie, seulement nous n'entrerons pas dans l'examen de ces textes, nous allons nous borner à les mentionner. Ce sont : la loi du 29 novembre 1850, un arrêté du 2 février 1857 et un règlement du 20 juin 1857. Ces textes réglementent le service télégraphique dans les gares. Mentionnons aussi un arrêté du ministre de l'intérieur du 6 juin 1865 sur les dépêches spéciales du service des chemins de fer et un décret du 27 décembre 1851 sur la police des lignes télégraphiques.

III. DOUANES ET OCTROI. — L'institution des douanes, qui remonte à Colbert, a un double caractère. Elle a d'abord un caractère fiscal et ensuite un caractère de protection pour le travail national. La question des douanes soulève de très-grands débats entre les partisans du libre échange et les protectionnistes. Il est clair que nous n'allons pas ici entamer cette discussion qui nous entraînerait trop loin de notre sujet. Nous nous contenterons de dire qu'il faut, à notre avis, suivre un système de protection raisonnable, conforme aux intérêts de l'industrie, de l'agriculture et du commerce de notre pays auxquels Colbert, en instituant les douanes, a donné des béquilles qu'ils ne sont pas encore en état de rejeter. Le commerce est une lutte, üne guerre. et pour faire la guerre, les derniers événements ne nous l'ont que trop démontré, il faut être prêt et parfaitement prêt. La sagesse et la prudence nous commandent de rester maîtres de nos frontières, de repousser sans hésiter les théories funestes du cosmopolitisme, aussi bien en matière politique qu'en matière commerciale, et de n'ouvrir notre pays à l'étranger qu'autant que de ce commerce nous pourrons espérer retirer utilité et avantage.

Lorsque les voies ferrées furent établies, il a fallu prendre des mesures pour que les droits de douanes fussent néanmoins perçus; c'est ce qu'a prévu l'article 8 de la loi du 11 juin 1842, qui a décidé que des règlements d'administration publique détermineraient les mesures à prendre pour concilier l'exploitation des chemins de fer avec l'exécution des lois et règlements sur les douanes.

Il y a un service douanier installé dans toutes les gares frontières afin de percevoir les droits de douanes. L'organisation de ce service se trouve dans un règlement en date du 27 juin 1857.

. Les compagnies sont tenues de transporter gratuitement dar s des voitures de 2ᵉ classe les agents de l'administration des douanes voyageant pour le service. C'est ce qui résulte de l'article 55 du cahier des charges et de l'article 6 du décret du 8 janvier 1859.

L'institution de l'octroi n'a qu'un seul caractère, un caractère purement fiscal C'est un moyen, pour les villes, d'augmenter leurs revenus afin de faire face à leurs dépenses. Le nom d'octroi vient de ce qu'il fallait, pour qu'une ville pût percevoir ces taxes, que le roi en eût octroyé la permission. Si nous admettons les douanes à cause de leur caractère protecteur pour l'industrie nationale, nous pensons que l'institution des octrois devrait peut-être disparaître, au moins dans l'avenir, car il est évident que présentement on ne peut pas songer à diminuer les ressources, pas plus de l'État que des communes.

De même qu'il y a un service douanier dans les gares frontières, de même il y a un service de l'octroi dans les gares des villes chargé de percevoir les droits d'octroi sur les objets qui y sont soumis.

IV. Transport des militaires ou marins — Nous trouvons les conditions générales de transport des militaires dans l'article 54 du cahier des charges.

Les militaires ou marins voyageant en corps aussi bien que les militaires ou marins voyageant isolément pour cause de service, envoyés en congé limité, ou en permission, ou rentrant dans leurs foyers après libération, ne seront assujettis, eux, leurs chevaux et leurs bagages qu'au quart de la taxe du tarif fixé par le cahier des charges. Lorsque le transport s'effectue sur un chemin d'intérêt local, ils doivent payer la moitié de la taxe et non plus le quart.

Si le gouvernement avait besoin de diriger des troupes et un matériel militaire ou naval sur l'un des points desservis par le chemin de fer, la compagnie serait tenue de mettre immédiatement à sa disposition, pour la moitié de la taxe du même tarif, tous ses moyens de transport.

Le tarif militaire est réglementé par un arrêté ministériel du 15 juin 1866.

Depuis la dernière guerre, les règlements sur l'emploi des chemins de fer par l'armée ont été jugés insuffisants. On a senti le besoin de créer un organe de direction, qui permette, le cas échéant, de tirer des chemins de fer tout le parti possible. En conséquence, le décret du 18 novembre 1872 a institué au ministère de la guerre une commission chargée à la fois de régler toutes les questions relatives à l'emploi des chemins de fer par l'armée, et lorsque les circonstances l'exigeront, de centraliser la direction des transports. Cette commission prend le nom de commission militaire supérieure des chemins de fer, et elle est composée de membres civils et de membres militaires présidés par un général de division. C'est là une mesure excellente, car les chemins de fer sont appelés à jouer un rôle immense dans les guerres modernes.

V. TRANSPORT DES INDIGENTS. — Bien qu'aucune obligation ne soit imposée, à ce sujet, aux compagnies par le cahier des charges, les indigents porteurs d'un certificat régulier sont transportés à demi-place par les compagnies, sur une réquisition de l'autorité compétente. La plupart des compagnies accordent même des billets réduits, à quart de place, aux enfants d'indigents, âgés de trois à sept ans. Lorsque les indigents devront emprunter plusieurs lignes de chemins de fer, ils devront être porteurs d'autant de réquisitions distinctes qu'il y aura de réseaux à traverser, de façon que chaque compagnie intéressée puisse avoir à produire une pièce justificative lors de la réclamation de ses frais.

Nous savons que les traités particuliers sont prohibés, c'est-à-dire qu'il est interdit aux compagnies d'accorder à un ou à plusieurs voyageurs ou expéditeurs une réduction sur les tarifs approuvés qui doivent être appliqués d'une façon uniforme. Mais cette prohibition ne s'applique pas aux traités qui peuvent intervenir entre le gouvernement et la compagnie dans l'intérêt des services publics, comme nous en avons vu des exemples à propos du service des postes et de la télégraphie, ni aux réductions ou remises qui seraient accordées par la compagnie aux indigents. C'est ce qui résulte de l'article 48 du cahier des charges. Cette disposition est très-juste et très-équitable; il faut, en effet, faciliter aux indigents les moyens de retourner dans les localités où ils sont nés, où ils sont connus, et où ils pourront peut-être sortir de la triste situation où ils se trouvent.

VI. TRANSPORT DES PRISONNIERS. — Enfin, la dernière obligation, dont nous allons dire quelques mots, est l'obligation de transporter les prisonniers. Cette obligation résulte de l'article 57 du cahier des charges, pour les détenus et prisonniers civils, et de l'article 16 de l'arrêté ministériel du 15 juin 1860, que nous avons cité à propos du transport des militaires, pour les prisonniers militaires

L'article 57 du cahier des charges décide que la compagnie sera tenue, à toute réquisition, de faire partir, par convoi ordinaire, les wagons ou voitures cellulaires employés au transport des prévenus, accusés ou condamnés. Le transport des wagons et des voitures sera gratuit, seulement ces voitures ou wagons devront être construits aux frais de l'État ou des départements. Dans le cas où l'administration voudrait faire usage des voitures appartenant à la compagnie, celle-ci devra mettre à sa disposition des voitures de deuxième classe, dont le prix de location sera de 0,20 par compartiment et par kilomètre. Les employés de l'administration, les gardiens et les prisonniers placés dans les wagons ou voitures cellulaires ne seront assujettis qu'à la moitié de la taxe des voitures de troisième classe, fixée par le cahier des charges. Les gendarmes ne paieront que un quart de la même taxe.

L'article 16 de la circulaire du 15 juin 1860 décide que dans le cas où les départements de la guerre et de la marine feraient construire des voitures cellulaires pour le transfèrement de leurs détenus, les employés et gardiens, soit militaires, soit marins, ainsi que les détenus placés dans ces voitures seront transportés au tarif militaire. Le transport des voitures cellulaires sera gratuit. Provisoirement, les administrations de la guerre et de la marine feront transférer leurs détenus dans un compartiment spécial de deuxième classe à deux banquettes; ce compartiment sera payé au prix de 0,20 par kilomètre.

Pour les prisonniers de guerre, une circulaire ministérielle du 6 juillet 1859 a décidé que ces militaires devaient être considérés et traités comme les militaires français, suivant le grade, soit en station, soit en route, soit à l'hôpital. Cette circulaire ajoute que les prisonniers de guerre, porteurs d'une feuille de route délivrée par les intendants militaires, doivent être traités sur le pied des nationaux, et admis, par suite, à voyager sur les chemins de fer français au quart du tarif.

On le voit, la France a toujours traité ses ennemis vaincus avec générosité et même avec bienveillance. Bien que cet exemple, qu'elle avait donné, n'ait pas été suivi à son égard pendant les tristes et douloureux événements dont elle a été victime, la France restera toujours, quoi qu'on fasse, malgré ses erreurs et malgré ses fautes, le pays de l'esprit, du progrès et du désinté-ressement. C'est par là qu'elle sera toujours grande, car, par ce moyen, elle acquerra la force morale qui finit toujours, tôt ou tard, par l'emporter sur la force matérielle. La grandeur d'âme et la libéralité valent certainement mieux que la force brutale et la violence qui ne peuvent rien fonder de durable parce qu'au fond elles sont un signe de faiblesse et dénotent des succès inespérés dont les résultats finissent toujours par crouler et par disparaître.

POSITIONS.

DROIT ROMAIN.

I. Les Romains ont connu l'expropriation pour cause d'utilité publique.

II. La nature de la servitude de passage ne s'oppose pas à ce qu'elle soit affectée, même jure civili, d'une modalité.

III. Le demandeur, dans l'action négatoire, doit prouver l'inexistence de la servitude.

IV. Il n'y a pas opposition de doctrine entre la loi 18, au Digeste, de duobus reis et la loi 32 § 4, au Digeste, de usuris.

V. A l'époque classique, le possesseur de bonne foi devenait propriétaire des fruits dès qu'ils étaient détachés du sol. Il n'était pas nécessaire qu'il les eût consommés pour ne pas être obligé de les restituer.

DROIT CIVIL.

I. Le droit qui appartient à une compagnie de chemin de fer est un droit d'emphytéose.

II. Le voiturier ne peut exercer son privilége qu'autant qu'il est nanti des objets qu'il a transportés.

III. L'art. 1792 s'applique en matière de travaux publics comme en matière de travaux privés.

IV. L'art. 203 du Code civil contient le principe de l'instruction obligatoire.

V. L'époux qui a demandé la séparation de corps n'est plus recevable à demander la nullité du mariage dans les cas où le mariage peut être ratifié par lui.

VI. La ratification faite par le mari de l'acte passé par la femme sans son autorisation n'enlève pas à la femme son droit de demander la nullité de l'acte.

VII. Le système du Code civil sur l'incapacité légale de la femme mariée ne peut se justifier par aucun motif sérieux et déterminant.

VIII. La prohibition de la recherche de la paternité n'est pas fondée. De plus, elle est injuste et funeste.

IX. L'interdit peut très-bien faire tous les actes pour lesquels il ne peut pas être représenté par son tuteur, pourvu, bien entendu, qu'il soit dans un intervalle lucide et qu'il ne soit pas déclaré incapable par une loi spéciale. Il peut, par exemple, se marier ou reconnaître un enfant naturel.

X. Les engagements dans les ordres supérieurs, ainsi que les vœux monastiques, ne constituent pas, d'après le droit civil, des empêchements de mariage.

PROCÉDURE CIVILE.

I. On peut actionner une compagnie de chemin de fer, non-seulement devant le tribunal du siége social, mais encore devant le tribunal dans le ressort duquel il y a une gare principale.

II. L'article 46 de la loi du 20 avril 1810 ne donne pas au ministère public le droit d'agir en dehors d'un texte spécial, dans toutes les questions intéressant l'ordre public.

DROIT PÉNAL.

I. L'intérieur d'un wagon est un lieu public, même pendan que le train, dont il fait partie, est en marche.

II. Le désistement de la plainte ferait tomber l'action publique dans le cas de l'art. 336 du Code pénal.

DROIT COMMERCIAL.

I. En cas de faillite d'une compagnie de chemin de fer, les porteurs d'obligations ne peuvent pas produire pour la valeur nominale.

II. En cas d'avarie, l'expéditeur qui n'a traité qu'avec un commissionnaire peut néanmoins agir directement contre la compagnie qui a effectué le transport.

III. L'article 105 du Code de commerce ne peut pas être invoqué par le voiturier en cas de dol de sa part, en cas d'avaries intérieures, en cas de réserves faites à ce sujet par le destinataire. Cet article ne s'applique pas non plus entre voituriers et commissionnaires de transport.

DROIT ADMINISTRATIF.

I. Le conseil de préfecture n'est pas compétent pour connaître des contestations qui peuvent s'élever entre une compagnie de chemins de fer et les entrepreneurs avec lesquels elle a traité pour l'exécution des travaux.

II. L'article 10 de la loi du 3 mai 1841 n'est pas modifié par la loi du 23 mars 1855 sur la transcription.

III. Les personnes qui doivent faire valoir leurs droits elles-mêmes pour obtenir une indemnité par suite d'expropriation, et qui ne le font pas, ont néanmoins un recours contre le propriétaire de l'immeuble exproprié.

ANCIEN DROIT.

I. La nationalité se déterminait jure soli. Pourtant, dans le dernier état du droit, on admettait que les enfants nés à l'étranger de parents français étaient français.

II. La noblesse tire son origine de l'inféodation des offices Le tiers-état prit naissance lors du mouvement communal du XIIᵉ siècle.

DROIT DES GENS.

I. Les nationaux d'un pays neutre peuvent, sans compromettre la neutralité de leur gouvernement, au moins dans les états où la fabrication des armes est libre, fournir des armes à l'un des belligérants.

II. Les assiégeants n'ont pas le droit d'empêcher les agents diplomatiques des nations neutres, résidant dans la place assiégée de communiquer avec leurs gouvernements. Ils ne peuvent pas non plus exiger que les lettres de ces agents diplomatiques soient envoyées décachetées.

Vu par le Président de la thèse,

CH. BEUDANT.

Vu par le Doyen de la Faculté,

G. COLMET-DAAGE.

Permis d'imprimer :

Le Vice-Recteur de l'Académie de Paris,

A. MOURIER.

17.

TABLE DES MATIÈRES.

DROIT ROMAIN.

DES CHEMINS PUBLICS ET PRIVÉS.

PREMIÈRE PARTIE.

DES CHEMINS PUBLICS.

DEUXIÈME PARTIE.

DES CHEMINS PRIVÉS.

DROIT FRANÇAIS.

DE LA LÉGISLATION DES CHEMINS DE FER.

PREMIÈRE PARTIE.
NOTIONS GÉNÉRALES.

DEUXIÈME PARTIE.
DU TRANSPORT PAR CHEMINS DE FER.